MANFRED HELLMANN

GRUNDZÜGE DER GESCHICHTE VENEDIGS

GRUNDZÜGE

BAND 28

MANFRED HELLMANN

GRUNDZÜGE DER GESCHICHTE VENEDIGS

1976
WISSENSCHAFTLICHE BUCHGESELLSCHAFT
DARMSTADT

Bestellnummer 3909

Satz: Maschinensetzerei Janß, Pfungstadt
Druck und Einband: Wissenschaftliche Buchgesellschaft, Darmstadt
Printed in Germany
Schrift: Linotype Garamond, 9/11

ISBN 3-534-03909-2

Für Barbara und Gerd Frederking

Alles, was mich umgibt, ist würdig, ein großes, respektables Werk versammelter Menschenkraft, ein herrliches Monument, nicht eines Gebieters, sondern eines Volks. Und wenn auch ihre Lagunen sich nach und nach ausfüllen, böse Dünste über dem Sumpf schweben, ihr Handel geschwächt, ihre Macht gesunken ist, so wird die ganze Anlage der Republik und ihr Wesen nicht einen Augenblick dem Beobachter weniger ehrwürdig sein. Sie unterliegt der Zeit, wie alles, was ein erscheinendes Dasein hat.

Goethe
(am 26. September 1786 in Venedig)

INHALT

VORWORT

Dichter und Schriftsteller, Musiker und Maler, Gelehrte und viele reisefrohe Wanderer haben durch die Jahrhunderte Venedig gepriesen; Staatsmänner und Diplomaten haben das politische Geschick und die diplomatische Kunst der Venezianer bewundert. Zahllose Bücher sind über Venedig geschrieben worden; wer sie sammeln wollte, dem käme eine stattliche Bibliothek zusammen. Sie legt Zeugnis ab von dem Zauber dieser wundersamen Stadt zwischen Land und Meer, der noch heute jeden Besucher in seinen Bann zieht. Nicht anders als heute noch jedem Fremden, der zum ersten Mal auf dem schmalen Damm von Mestre über die Lagune nach Venedig hineinfährt, ist es Goethe gegangen, als er am 28. September 1786, von der Mündung der Brenta auf einer Gondel herüberfahrend, in S. Marco an Land stieg. Mit der ihm eigenen untrüglichen Witterung für das Wesen dessen, was er sah, schrieb er am nächsten Tage in sein Notizbuch:

„Dieses Geschlecht hat sich nicht zum Spaß auf diese Inseln geflüchtet; es war keine Willkür, welche die Folgenden trieb, sich mit ihnen zu vereinigen: die Not lehrte sie ihre Sicherheit in der unvorteilhaftesten Lage suchen, die ihnen nachher so vorteilhaft ward und sie klug machte, als noch die ganze nördliche Welt im Düstern gefangen lag; ihre Vermehrung, ihr Reichtum war notwendige Folge. Nun drängten sich die Wohnungen enger und enger, Sand und Sumpf wurden durch Felsen ersetzt; die Häuser suchten die Luft, wie Bäume, die geschlossen stehen; sie mußten an Höhe zu gewinnen suchen, was ihnen an Breite abging. Auf jede Spanne des Bodens geizig und gleich anfangs in enge Räume gedrängt, ließen sie zu Gassen nicht mehr Breite, als nötig war, eine Hausreihe von der gegenüberstehenden zu trennen und dem Bürger notdürftige Durchgänge zu erhalten.

Übrigens war ihnen das Wasser statt Straße, Platz und Spaziergang. Der Venezianer mußte eine neue Art von Geschöpf werden, wie man denn auch Venedig nur mit sich selbst vergleichen kann. Der große schlangenförmig gewundene Kanal weicht keiner Straße in der Welt, dem Raum vor dem Markusplatz kann wohl nichts an die Seite gesetzt werden: ich meine den großen Wasserspiegel, der diesseits von dem eigentlichen Venedig im halben Mond umfaßt wird. Über der Wasserfläche sieht man links die Insel San Giorgio Maggiore, etwas weiter rechts die Giudecca und ihren Kanal, noch weiter rechts die Dogana und die Einfahrt in den Canal Grande, wo uns gleich ein paar ungeheure Marmortempel entgegenleuchten. Dies sind mit wenigen Zügen die Hauptgegenstände, die uns in die Augen fallen, wenn wir zwischen den zwei Säulen des Markusplatzes hervortreten. . ."

„Sie unterliegt der Zeit, wie alles, was ein erscheinendes Dasein hat." In diesem inhaltsschweren Worte Goethes ist das Thema angeschlagen, dem wir lauschen wollen, wenn wir den Gang durch die Geschichte dieser Stadt, die mehr ist als eine Stadt im gewöhnlichen Verstande, antreten. Es bedarf wohl kaum des Hinweises, daß wir uns nicht auf Einzelheiten, auf Probleme der geschichtlichen Forschung einlassen können, sondern nur versuchen wollen, an den Grundlinien und Grundtatsachen venezianischer Geschichte ihr Schicksal zu erkennen und vielleicht auch einige allgemeine Beobachtungen zu gewinnen; denn letztlich hat alle Geschichtsbestrachtung nur dann einen Sinn, wenn sie über das Besondere und Einmalige des Gegenstandes hinaus zum Allgemeinen vorstößt.

Die folgenden Seiten werden daher nicht nur vom geschichtlichen Schicksal einer sehr bedeutenden, eigenartigen, nach eigenen Formprinzipien gewachsenen städtischen Kommune in dem an reizvollen und eigentümlichen Städteschicksalen so reichen Italien zu erzählen haben. Vom Wesen und Wirken einer *europäischen Großmacht* ist zu berichten, die kein reiches Land und kein zahlreiches Volk schufen und trugen, sondern die gegründet war auf den Geist und kühnen Willen *weniger* Menschen; gewölbt über einem Abgrund, der jeden Augenblick sich auftun konnte, es zu verschlingen, in nichts anderem ruhend als in dem eigenen Gefüge, widerstand Venedig jahrhundertelang einer Welt von Feinden. Gehaßt mehr als geliebt, gefürchtet und bewundert zugleich, hat die Stadt Reichtum angehäuft, Macht gewonnen und festgehalten, während ringsum die Reiche und die Herrschaften erblühten und vergingen. Als die europäische Welt sich nach Übersee erweiterte, begann Venedigs Stern zu verblassen. Es war so ganz eine europäische Großmacht, daß die Verlagerung des wirtschaftlichen und politischen Schwergewichts in die Randzonen — Spanien, Portugal, England, Rußland — es aufs empfindlichste treffen mußte. Als vollends die Masse zum historischen Subjekt wurde, war es verloren. Die stolze Herrin der Meere, die Serenissima, beugte sich vor dem Soldatenstiefel des korsischen Eroberers. Zwei Jahrhunderte später, da die fortschreitende Technik den alten Kontinent Europa zur bescheidenen Provinz herabsinken läßt, welkt auch die äußere Hülle. In Venedig erkennt der europäische Geist das Symbol seines Geschicks. Ihn schaudert.

Der Verfasser bekennt, daß ihn bei der Beschäftigung mit dem ungeheuren Stoff der Gleichmut gründlich verlassen, die Liebe zu seinem Gegenstand aufs heftigste bewegt hat. Gleichwohl hat er sich ehrlich bemüht, zu sagen, was gesagt werden mußte, auch dort, wo es schmerzlich war. Denn über der historischen Landschaft Venedigs stehen tiefe Schatten, und sein Weg durch die Jahrhunderte entbehrt sowenig der modrigen Finsternis wie die Gäßchen und Bogengänge seiner abseitigeren Stadtviertel. Wieviel diese Skizze dem Werke von Heinrich Kretschmayr, ›Geschichte Venedigs‹ und den zahlreichen Arbeiten von Roberto Cessi verdankt, wird der Kundige leicht feststellen. Weitere Literatur ist am Schluß genannt. Vollständigkeit konnte nicht beabsichtigt sein.

Die Schrift ist außer den in der Widmung genannten jungen Freunden all' denen, insbesondere den Jungen zugeeignet, für die Europa mehr ist als ein geographischer Begriff und ein modisches Schlagwort.

Münster/Westf. Der Verfasser

I. DIE GRUNDLAGEN

Die Anfänge Venedigs verlieren sich im Dunkel der Sage. Sicher ist nur eines: die Geschichte Venedigs beginnt nicht in Venedig. Wie die Stadt selbst ihren Namen von jenem Küstenlande im nördlichen Adriabogen, von Venetien, erhielt, so beginnt dort, im Lande des Bauernvolkes der Veneter, auch ihre Geschichte. Es ist die Geschichte früher Handelsbeziehungen und Seefahrten. Die unvergleichlich günstige Lage im Gebiet der durch schmale Inseln und Sandbänke, die Lidi, vom offenen Meer getrennten Lagunen im Mündungsgebiet großer Ströme, des Po, der Etsch, der Brenta, der Sile, der Piave, der Livenza, des Tagliamento, des Isonzo, lockte schon früh die Griechen herbei, denen sich hier der Zugang ins Innere der oberitalienischen Ebene und des friaulisch-istrischen Vorlandes der Ostalpen zu eröffnen schien.

Im Gebiet der Po-Mündung entstanden die ersten Handelsplätze und städtischen Ansiedlungen, darunter Adria, das heute weit im Inneren des Landes liegt, im Altertum aber durch einen Kanal mit dem Meer verbunden war und später namengebend für das gesamte Meer zwischen der italienischen und der Balkanhalbinsel geworden ist, und Spina im Lagunengebiet von Comacchio. Die Versuche der Griechen von Athen und Sparta, sich hier festzusetzen, scheiterten und wurden vollends unmöglich, als *Rom* seine Herrschaft immer weiter nach Norden vorschob, über Venetien ausdehnte und 181 v. Chr. die Kolonie Aquileja in dem von den Venetern infolge dauernder Einfälle der nördlichen Gebirgsvölker verlassenen Gebiet zwischen Tagliamento und Timavo begründete. Roms Sieg über die Todfeindin Karthago ermöglichte die endgültige Einbeziehung Venetiens in das römische Weltreich. Im Jahre 42 v. Chr. wurde es der Provinz Italien einverleibt und unter Augustus zu einem eigenen Verwaltungsbezirk, der (10.) regio Venetia, umgebildet. In dieser Zeit blühten die küstennahen Städte auf: Padua (Patavium), Aquileja, Oderzo (Opitergium), Concordia, Ravenna, eine etruskische Gründung, damals mitten in der Lagune gelegen, und Altino (Altinum), ein berühmter Badeort im Lagunengebiet zwischen Padua und Aquileja. Straßen oder Kanäle verbanden alle diese Städte miteinander und mit dem übrigen Römischen Reich. Wohlstand sammelte sich in ihren Mauern. Als das Christentum sich ausbreitete, entstanden im 4. Jh. n. Chr. die ersten Bischofssitze, allen voran das Patriarchat von Aquileja, das, um seiner Bedeutung Nachdruck zu verleihen, seine Gründung auf den angeblichen Apostelschüler Hermagoras, eine legendäre Gestalt, zurückführte. Der Sage nach soll der Evangelist Markus den Rialto besucht haben. Daher beriefen sich die Patriarchen von Aquileja schon früh auf ihn als den Schutzherrn ihres Erzbistums und beanspruchten durch die Annahme des Patriarchentitels die Gleichstellung mit den alten Patriarchaten des Ostens.

Stolze, reiche und unternehmungslustige stadtadlige Geschlechter übten in den Küstenstädten die Herrschaft aus; prachtvolle Bauten entstanden, innerhalb und außerhalb der Mauern, auf den Landsitzen. Da brachen allmählich, die Grenzen des Römischen Reiches umbrandend und die festen Kastelle am Rhein und an der Donau zerstörend, im 5. Jh. die Barbarenstürme herein. Noch freilich erreichten sie das Innere des Reiches nicht; aber 452 verheerten die Hunnen Attilas auch das venetische Küstenland. Aquileja wurde von ihnen erobert und verbrannt. Nach der Inbesitznahme Oberitaliens durch die Ostgoten schien Ruhe einzutreten. Theodorich d. Gr. regierte von Ravenna aus Italien, nominell für den in Konstantinopel sitzenden römischen Kaiser, tatsächlich jedoch fast unabhängig, bis er im Jahre 493 in seinem gewaltigen Grabmal, das noch heute steht, zur ewigen Ruhe einging. Unter seinen schwachen Nachfolgern wurden die Ostgoten vertrieben und nicht nur Ravenna, sondern auch das venetische Küstenland zusammen mit dem übrigen Italien wieder an das Reich gebunden. Allein schon 568 rückten die Langobarden aus der Ebene zwischen Donau und Theiß durch Istrien und Friaul auch in Venetien ein und begründeten unter König Alboin ihr ober- und mittelitalisches Königreich mit Pavia als Mittelpunkt, das bis 774 dauern sollte. Nur in Teilen des südlichen Küstenlandes, in Ravenna vor allem, konnten sich die Byzantiner noch lange halten, und da die Grenze zwischen Langobarden- und Römerreich zuerst an der Etsch, dann am Po verlief, wurden die Küstenlandschaften für über ein Jahrhundert hart umkämpft.

In diesen stürmischen Zeiten begann die Bevölkerung aus den Städten des Küstenlandes hinaus auf die Laguneninseln zu fliehen. Die Bewegung kam mehrfach zum Stillstand, ja, die Flüchtlinge versuchten immer wieder in ihre Heimat zurückzukehren, an der sie mit großer Zähigkeit festhielten. Schon im 5. Jh. waren zahlreiche Menschen an die Küste und auf die Inseln übersiedelt: die von Altino auf die Insel Torcello, die von Concordia nach Caorle, die von Aquileja auf die Insel Grado, die von Opitergium nach Heracliana (dem alten Melidissa), das auch die „neue Stadt" (Civitas nova = Cittanova) genannt wurde. Die Epoche Theodorichs schien die Wiederkehr friedlicher Verhältnisse zu gewährleisten. Aber der Langobardeneinfall des Jahres 568 erwies, daß die Stadtbevölkerung Venetiens sich getäuscht hatte. Mit unnachsichtiger Härte gingen die Langobarden insbesondere gegen die Städte vor, die zum größten Teil zerstört wurden. Man vermutete in ihnen die gefährlichsten Widerstandsnester gegen die langobardische Herrschaft. Hinzu kam der konfessionelle Gegensatz; wie fast alle Germanen, soweit sie das Christentum angenommen hatten, waren auch die Langobarden Arianer und lehnten die offizielle Reichskirche mit dem Papst in Rom und dem Kaiser in Konstantinopel an der Spitze auf das entschiedenste ab.

Unter den Flüchtlingen, die nun auf den Laguneninseln eine neue Heimstatt suchen mußten, befanden sich daher auch die Bischöfe; der Patriarch Paulinus von Aquileja floh 568 nach Grado. Wenn man ein „Gründungsdatum" für Venedig angeben will, dann ist es dieses Jahr, da der Patriarch mit Heiligtümern und Kostbarkeiten seiner Kirche die kleine Insel Grado zwischen Lagune und offenem Meer zur neuen Residenz erkor. Auch Bistümer wurden verlegt: das Bistum von Altino nach Torcello, das von Concordia nach Caorle an der Mündung der Livenza, das von Oderzo nach Heracliana-Cittanova.

Im Jahrhundert zwischen 568 und 667 sind alle Städte des Küstenlandes mindestens einmal, wenn nicht mehrfach zerstört worden, und je mehr die Langobarden nach Süden gegen Ravenna vorrücken konnten, desto mehr wurden auch die südlichen Gebiete in die allgemeine Flucht- und Abwanderungsbewegung einbezogen. Als Padua im Jahre 602 von den Langobarden genommen wurde, strömten die Flüchtlinge nach Malamocco und Chioggia, und es ist möglich, daß damals die ersten auch auf der Inselgruppe des Rivus altus Zuflucht fanden. Immerhin gelang es den byzantinischen Kaisern im 7. Jh., ihre Herrschaft wenigstens in einem schmalen Küstenstreifen und in den Lagunen zu behaupten. Ravenna wurde der Sitz des Exarchen, des Chefs der zivilen Verwaltung und militärischen Macht. Ihm unterstanden die als Mittelinstanz fungierenden Magistri militum, die Verwaltung, Militärwesen und Gerichtsbarkeit in ihrem Amt vereinigten. Lokale Behörde waren die von der Bevölkerung gewählten Tribunen. Sie hoben die Steuern ein, nahmen die örtliche Gerichtsbarkeit wahr und befehligten die aus der einheimischen Bevölkerung rekrutierte Truppe, den Numerus. Die Tribunen wurden aus den gehobenen Schichten der reichen Grundbesitzer gewählt, so daß sich eine tribunizische Aristokratie herausbildete, die oft im Gegensatz zu den von Byzanz nach Oberitalien entsandten griechischen obersten Beamten, dem Exarchen, den Magistri militum oder Duces gerieten. Zu Ende des 7. Jh. wurde vorübergehend Venetien als Dukat aus dem Amtsbezirk des Magister militum für das ganze nordadriatische Küstenland und Istrien ausgegliedert. Sitz des Dux, des Verwaltungschefs, wurde Heracliana. Die ersten Duces wurden von der Reichsregierung in Byzanz ernannt. 726 wurde in harter Auseinandersetzung mit der byzantinischen Verwaltung mit Unterstützung des Klerus und des Papstes Gregor II.

ein einheimischer Dux, Ursus, erhoben. Der Langobardenkönig Liutprand, dem diese Kämpfe die Möglichkeit eröffneten, nicht nur den byzantinischen Machtbereich in Oberitalien weiter einzuengen, sondern vor allem Rom und das Papsttum unter seinen Einfluß zu bringen, schloß in dieser Zeit mit dem byzantinischen Kaiser Leon III. ein Übereinkommen, das die Grenze zwischen dem Langobardenreich und den byzantinischer Herrschaft unterstehenden venetischen Gebieten festlegte, wobei kleine Küstenstreifen auf dem Festlande als Besitz der venetischen Kirchen und Städte anerkannt wurden. 751 wurde Ravenna von dem Langobardenkönig Aistulf erobert; unter byzantinischer Oberhoheit verblieb allein noch der Dux von Venetien. Mehr als vorher drohte jetzt die Gefahr, daß der Papst in Rom gänzlich unter langobardische Herrschaft geriet. Dies war der Anlaß, daß Papst Stefan II. im August 754 in Quierzy den Frankenkönig Pippin zum Schutzherrn der Kirche erkor. Allerdings führte diese römisch-fränkische Vereinbarung, die offenbar im Einverständnis mit Byzanz erfolgte, nicht zur Wiederherstellung des Exarchats von Ravenna. Die Stadt und ihr Gebiet wurden vielmehr dem Papst übergeben, der seinerseits formell die byzantinische Oberhoheit anerkannte. Damit bereiteten sich jene politischen Veränderungen auf der italischen Halbinsel vor, die in der Folgezeit auch Venetien berühren sollten: die Entstehung des römischen Kirchenstaates und die Unterordnung des Langobardenreiches unter den Frankenkönig. Der Dux von Venetien stand in den Kämpfen der 40er und 50er Jahre des 8. Jh. loyal zu Byzanz und unterstützte Rom gegen die Langobarden. Durchgesetzt wurde 764 das Wahlrecht dieses obersten Beamten des Lagunengebietes durch die örtliche Bevölkerung, d. h. deren führende Schicht, die tribunizischen Geschlechter der einzelnen Siedlungen. Hierbei kam es zu Rivalitäten zwischen den Nachbarstädten Heracliana und Jesolo, doch konnte zunächst Heracliana sich durchsetzen. 804 wurde ein Dux in Malamocco, das für einige Jahre zum Regierungszentrum des Insellandes aufstieg, gewählt. Vielleicht entstand damals auch das dortige Bistum, das nach 1110, als eine Springflut die Stadt zerstörte, nach Chioggia verlegt wurde. Der Versuch des Heraclioten Mauritius, die Würde des Dux in seiner Familie erblich zu machen, scheiterte am Widerstande der übrigen vornehmen Familien, welche die Ämter der Tribunen besetzten. Diese tribunizischen Geschlechter waren es, die den ersten Versuch einer Dynastiegründung schließlich vereitelt haben; die Wählbarkeit des Dux oder, wie es bald in venezianischer Mundart hieß, des Dogen blieb seither ein Kennzeichnen venezianischer Geschichte.

Kirchliches Oberhaupt des Lagunengebietes war der nach Grado geflohene Patriarch von Aquileja, dem bisher die Bistümer Concordia, Opitergium, Altinum und Patavium sowie weitere Bistümer auf dem Festlande unterstanden hatten. Wann das Bistum Jesolo entstanden ist, dessen schöne Kathedrale gerühmt wird, ohne daß sich Spuren von ihr erhalten haben, ist ungewiß; wahrscheinlich gehört es erst ins 8. Jh. In die wechselvollen Kämpfe zwischen Langobarden und Byzantinern wurde auch die Kirche hineingezogen. Als 607 der Patriarch Severus starb, wurde in Grado Candidianus, in dem von den Langobarden beherrschten Gebiet ein Abt Johannes zum Nachfolger gewählt. Beide beanspruchten, rechtmäßige Inhaber der Patriarchenwürde von Aquileja zu sein. Damit begann nicht nur der viele Jahrhunderte währende Streit zwischen den Patriarchen von Grado (Neu-Aquileja) und Aquileja, sondern auch die Geschichte des Patriarchats von Venedig. Die Sympathien der römischen Päpste gehörten von Anfang an den Patriarchen von Grado, da der in dem kleinen Cormons, später in Cividale residierende Patriarch Arianer war und sich erst Ende des 7. Jh. zusammen mit den Langobarden zu Rom bekannte. Seither galt das langobardische Venetien als Sprengel von Aquileja, das byzantinischer Herrschaft unterstehende Lagunengebiet als Sprengel von Grado. Diese Teilung entsprach den politischen Grenzen zwischen Langobardenreich und byzantinischem Kaiserreich.

Die Bevölkerung, die sich auf den Inseln und in den Küstenstädten versammelte, war bunt zusammengesetzt. Es waren vor allem die reichen und vornehmen Stadtgeschlechter, die vor den

Langobarden in die Lagunen flüchteten und sich dort inmitten der Fischer, der Salzsieder und Weinbauern niederließen. In der Chronik von Altinum, einer freilich erst um die Mitte des 11. Jh. entstandenen und vielfach unzuverlässigen Quelle, werden 95 solcher vornehmen Familien aufgezählt, die aus den Küstenstädten und den später verfallenen Lagunenstädten Malamocco und Torcello auf die Inselgruppe des Rialto, d. h. ins spätere Venedig, auswanderten. Da dieses Geschlechterverzeichnis im Laufe der Zeit immer wieder ergänzt und fortgesetzt worden ist, erweist sich, daß der venezianische Adel seine Herkunft von eben diesen Auswanderern herzuleiten bemüht war. Hervorgehoben wird, daß diese Geschlechter das Amt der Tribunen besetzt hatten oder doch besetzen konnten bzw. später zu Tribunen — nunmehr wohl nur ein Ehrentitel — gemacht worden waren. Wirtschaftliche Basis dieser ältesten Aristokratie Venetiens war Grundbesitz; hierzu zählte auch der Besitz von Salinen. Zu geordneten Besitzverhältnissen wird es freilich erst im 7. Jh. gekommen sein, als sich auch verschiedene Zentren herauszubilden begannen: Grado als kirchlicher, Heraclìana als politischer, Torcello als wirtschaftlicher Mittelpunkt. Erste Sorge der Zuzügler aus den Städten des Festlandes mußte es sein, den neuen Lebensraum zu sichern. Nichts war für die Lagunenbewohner gefährlicher als die schnell fortschreitende Veränderung der Lagunen durch die Flüsse, die von den Bergen her jährlich riesige Mengen Steine, Sand und Schlamm heranführten. Flußmündungen zu sperren, Flüsse abzuleiten, Kanäle und Gräben zu ziehen, die Inseln aufzuschütten und zu befestigen, um sie vor Überschwemmungen zu schützen, wohlüberlegte und in Fortführung der hochentwickelten altrömischen Wasserbautechnik getroffene Maßnahmen wurden in Angriff genommen. Wird man sich die ersten Unterkünfte so primitiv vorzustellen haben wie die Hütten der Fischer und Salzsieder, die die Ankömmlinge vorfanden (noch heute kann man derartige Fischerhütten in der Lagune von Grado sehen), so drängten sie sicherlich schon bald zur Errichtung von Häusern, die dem ihnen vertrauten Lebensniveau entsprachen. Zwar war auf den Inseln Holz noch reichlich vorhanden, denn sie waren vielfach bewaldet. Aber es fehlte der Stein, den nun allerdings die zerstörten und verlassenen Städte zu liefern vermochten. Er diente zunächst zum Bau von Kirchen, von denen sich auf Grado die Ende des 6. Jh. begonnene Basilika S. Eufemia, die Taufkirche S. Giovanni, die Kirche S. Maria delle Grazie, auf Torcello S. Maria und S. Fosca aus dieser Zeit bis in unsere Tage erhalten haben. Die Wohnhäuser waren aus Holz, nur in Ausnahmefällen schon aus Stein. Sie ruhten auf tief in den weichen Untergrund gerammten Pfählen, welche allmählich steinhart wurden. Die Grundstücke waren schmal, denn es mußte an Platz gespart werden; ein Hofraum mit der unumgänglich notwendigen Zisterne zum Sammeln des Regenwassers wurde ausgespart; hier und dort mag es zwischen den durch schmale Seitenkanäle voneinander getrennten Häuserzeilen wohl auch kleine Plätze (fundamentum, campus) gegeben haben. Die vielen Wasserarme wurden von Brücken überspannt, deren elegante Architektur sich früh herausgebildet haben mag. Baumeister oder Künstler, die Kirchen, öffentliche und private Gebäude mit Mosaiken schmückten, kamen nicht selten aus dem höchsten Adel. Noch auf lange hinaus war Byzanz das große Vorbild für die künstlerische Betätigung und den Geschmack; im 8. Jh., während der Zeiten des „Bildersturmes", als alle Verehrer und Schöpfer der heiligen Bilder, der Ikonen, im Kaiserreich unnachsichtig verfolgt wurden, mögen manche griechischen Künstler in den Lagunen Zuflucht gefunden und ihre Kenntnisse und Fähigkeiten hier weitergegeben haben. Bauhütten und Werkstätten der Mosaikkünstler, aber auch der Gold- und Silberschmiede mögen jetzt entstanden sein und ein in Venetien arbeitender Orgelmacher, vielleicht selber ein Grieche oder doch in Byzanz ausgebildet, wurde zu Beginn des 9. Jh. von Karl d. Gr. persönlich empfangen und nach Aachen geschickt, um auch dort eine Orgel zu bauen.

Wenn auch Wein, Obst und Gemüse auf den Inseln reichlich gediehen und Weideland für Vieh vorhanden war, dazu die Schilfwälder Nistplätze für viele Arten von Wasservögeln boten und in den Hochwäldern, die es damals noch gab, Hirsch und Wildschwein hausten und die Lagunen wie das offene Meer reich mit Fischen und anderen Meerestieren besetzt waren, so fehlte es doch an Ackerland für Getreide. Dieses mußte eingeführt werden. Die Lagunenbewohner verfügten über eine Ware, die auf dem italienischen Festland kaum vorhanden und dafür um so mehr gesucht war: Salz. Die Adria als besonders salzhaltiges Binnenmeer bot die besten Bedingungen für die Salzgewinnung, die auf einfachste Weise erfolgen konnte. Ein „Stück Wasser" wurde durch kleine Dämme abgeteilt, künstlich abgedeckt und durch die Verdampfung des Wassers das Salz auf natürliche Weise gewonnen, wie heute noch an der Küste Istriens. Das Salz mußte verfrachtet und verschickt werden; schon Cassiodor, der „Minister" Theodorichs d. Gr., berichtet im ausgehenden 5. Jh., daß die Lagunenbewohner ihre Ware, Salz und Pökelfisch, über das offene Meer und flußaufwärts weit ins Festland hinein auszuführen pflegten. Die größten Salinen befanden sich bei Comacchio, das früh Hauptort des Salzhandels wurde. Dieser bedingte seinerseits den Bau von Frachtschiffen und die Ausbildung von Schiffern und Schiffshändlern. Kein Wunder, daß die Zuzügler vom Festland sich bald in diesen Handel einschalteten, daß sie schnell wohlhabend wurden, neben dem notwendigen Tauschhandel von Salz und Pökelfisch gegen Getreide auch die Einfuhr anderer Waren betrieben und sich schon früh, sicher im 8. Jh., im wirtschaftlichen Austausch zwischen Orient und Westen betätigten. Neben die alten tribunizischen Geschlechter trat bereits im 9. Jh. eine Gruppe von im Handel reich und einflußmächtig gewordenen neuen Familien, die sehr bald auch entscheidenden Einfluß auf die Geschicke des Lagunengebietes gewann. Diese neuen Familien verschmolzen mit der alten Grundbesitzeraristokratie zu einer mehr oder weniger einheitlichen sozialen Schicht, in der Grundbesitz und handelspolitische Aktivität einander ergänzten. Dabei waren diese Handelsleute von keinerlei Skrupeln über die Ware, die sie verhandelten, geplagt. Vom Handel mit germanischen und slawischen Sklaven ist bereits im 8. Jh. die Rede; sie wurden über das Mittelmeer an die mohammedanischen Herrscher Nordafrikas geliefert. Versuche kirchlicher Persönlichkeiten und Instanzen, diesen Menschenhandel einzudämmen, erwiesen sich als vergeblich. Er wurde zwar auch durch Verordnungen der Dogen verboten, hat aber das Mittelalter hindurch eine gute Einnahmequelle gebildet. Die Schiffe für die Reise über das hohe Meer waren in der ersten Zeit sicherlich griechischer Herkunft. Mit der Ausweitung des Handelsvolumens dürften die ersten einheimischen Schiffswerften zum Bau von kleineren Schiffen entstanden sein, für die das Holz vom Festlande herangeschafft werden mußte. Von Anfang an haben die Unterhändler Venetiens mit den Langobarden, später mit den Franken Wert auf die Gewährung von Holzeinschlagsrechten gelegt. Beruhte die Wirtschaft Venetiens im 7. und wohl auch noch im 8. Jh. auf dem naturalwirtschaftlichen Warenaustausch, so drangen seither geldwirtschaftliche Einflüsse vom Festlande, aber auch aus Byzanz ein und bestimmten in zunehmendem Maße das Wirtschaftsleben.

Von größter Bedeutung für Venetien war es, daß im Jahre 774 das Langobardenreich durch die Franken Karls d. Gr. erobert und in das fränkische Großreich einbezogen wurde. 787/88 wurde auch Istrien durch die Franken erobert. Vorerst blieben die Inseln den Franken, die nicht über eine Flotte verfügten, unerreichbar. Als Karl d. Gr. am Weihnachtstage des Jahres 800 zum Kaiser ausgerufen wurde, sah sich Venetien, das nach wie vor byzantinischer Oberhoheit unterstand, in den Gegensatz zwischen dem östlichen und dem westlichen Kaisertum gespannt. Schon in der Reichsteilung von 806 hatte Karl d. Gr. seinem Sohne König Pippin die neuen italienischen Erwerbungen, darunter Istrien und Venetien zugesprochen. Der junge König unternahm im Herbst 809 einen Unterwerfungsfeldzug über die Lidi und traf das solchem Angriff schutzlos preisgegebene Malamocco. Nun wurde der Regierungssitz Venetiens 811 auf die Inselgruppe des Rivus altus (Rialto) verlegt, wo sich bis dahin nur ein kleines Kastell an der Spitze der Insel Olivolo befunden hatte. Auch nach diesem ersten Angriff der Festlandsmacht aber blieb das Lagunengebiet byzantinisch, denn Karl d. Gr. verzichtete im Vertrage zu Aachen mit Byzanz (812) auf das Inselland, um dafür die Anerkennung seiner Kaiserwürde durch Byzanz einzuhandeln. Besonders wichtig war, daß Karl die Grenzen zwischen dem Königreich Italien und Venetien, die seinerzeit die Langobardenkönige festgelegt hatten, im wesentlichen bestätigte. Die Venetier erhielten Handelserlaubnis in einem Teile des Königreiches und behielten ihre Holzeinschlagsrechte. In Rialto wurde ein dem byzantinischen Kaiser ergebener Doge, Agnellus Parteciacus (811—827), eingesetzt, mit dem die durch nahezu ein Jahrtausend fortgeführte Reihe der Dogen von Venedig begann. Auch wurde jetzt, nicht schon 774, wie die venezianische Überlieferung berichtet, ein Bistum Olivolo geschaffen, dessen Kathedralkirche S. Piero di Castello sein erster Bischof Ursus zwischen 820 und 836 erbauen ließ und in seinem Testament reich bedachte. Zwar ist nach venezianischer Überlieferung bereits 421 in der Nähe der späteren Rialto-Brücke eine erste Kirche angeblich an der Stelle errichtet worden, an der heute S. Giacomo di Rialto steht, doch ist dieses zum offiziellen Gründungsdatum von Venedig erklärte Jahr ebenso ungewiß, wie der Kirchenbau, von dem sich Spuren nicht erhalten haben. Der byzantinische Einfluß verstärkte sich in der nächsten Zeit. Byzanz verlangte venetische Hilfe bei kriegerischen Unternehmungen gegen die Sarazenen auf Sizilien; schon jetzt muß das Inselland über eine ansehnliche Kriegsflotte verfügt haben. Sie wurde um so wichtiger, als sich die Venetier, deren Handel nicht nur die istrische, sondern auch die dalmatinische Küste erreichte, gegen Seeräuber zur Wehr setzen mußten.

Der Doge Agnellus baute an der Stelle des späteren Dogenpalastes ein zunächst wohl bescheidenes Amtshaus für die Verwaltung und vielleicht auch die Kirche des Klosters S. Ilario am linken Mündungsarm der Brenta auf dem Festlande, die älteste Basilika mit drei Apsiden in Italien. Sein Sohn Justinian, der nur zwei Jahre das Amt des Dogen bekleidete, gründete nicht nur das Frauenkloster S. Zaccaria, dessen Kirche griechische Bauleute errichteten, sondern neben der dukalen Palastkapelle des hl. Theodor, des Schutzpatrons des Bistums Olivolo, eine Basilika, die dem Evangelisten Markus geweiht war, dessen Gebeine 828 mit List aus Alexandria geraubt und an verborgener Stelle im Amtshause versteckt wurden. Damit war nicht nur der Grundstein für den Markusdom gelegt, sondern auch der Schutzherr für das auf der Inselgruppe des Rialto sich bildende Gemeinwesen gewonnen. Freilich hatte die Übertragung der Gebeine des Evangelisten Markus deutliche politische Hintergründe. 827 hatte in Mantua unter fränkischem Druck eine Bischofssynode dem Patriarchen von Aquileja die kirchliche Oberhoheit über Istrien zugesprochen und Grado zu einer einfachen Pfarrei von Aquileja erklärt. Außerdem hatte der Patriarch Fortunatus von Grado (803—825) in einem politisch ehrgeizigen Spiel zwischen Frankenreich und Byzanz seinem Bischofssitz die entscheidende Machtstellung im Lagunengebiet zu gewinnen versucht. Der Doge Justinian wollte durch die Übertragung der Gebeine des hl. Markus nach Rialto aller Welt kundtun, wer allein den Anspruch auf die rechtmäßige Nachfolge des angeblich vom Evangelisten Markus begründeten alten Patriarchats von Aquileja erheben durfte. Zugleich sollte der Patriarch von Grado veranlaßt werden, seine Residenz, die noch Fortunatus in seinem Testament reich ausgestattet hatte, an den neuen Regierungssitz auf dem Rialto zu verlegen.

In den ersten zweieinhalb Jahrhunderten seit dem Langobardeneinfall in Oberitalien waren damit alle Grundlagen geschaffen worden, auf denen sich das Leben der Bewohner Venetiens weiter entfalten konnte und sollte.

II. DER AUFSTIEG

Im Jahre 836 wählten Adel und Klerus Venetiens Petrus Trandenicus (836—864) zum Dogen. In die Regierungszeit dieses einem aus Istrien nach Jesolo und von dort nach Rialto gezogenen Geschlechte angehörigen Mannes fallen zwei für die weitere Geschichte Venetiens entscheidende politische Ereignisse: die Vereinbarung mit den das italienische Festland beherrschenden Franken und die Lösung von der byzantinischen Oberhoheit.

Zunächst mußte der neue Doge allerdings Gefahren begegnen, die das Leben der Lagunenbewohner unmittelbar bedrohten. In der Zeit, da die Langobarden in Oberitalien einrückten und die Bewohner der venetischen Städte auf die Laguneninseln flüchteten, waren auf der Balkanhalbinsel slawische Gruppen, teils im Gefolge der reiternomadischen Awaren, teils unabhängig von ihnen erschienen und hatten nicht nur die Ebenen und Flußtäler der inneren Balkanhalbinsel besiedelt, sondern waren bis an die Adria vorgedrungen, wo sich nur die Küstenstädte mit ihrer provinzialrömischen Bevölkerung, soweit sie nicht, wie Salona, zerstört waren, ihrem Zugriff entzogen. Als letzte dieser slawischen Gruppen waren die Kroaten und die Serben auf die Balkanhalbinsel gekommen. Istrien war wohl schon vorher von slawischen Einwanderern besetzt worden. Nunmehr drangen Kroaten auch dort ein, bis an die Küste Norddalmatiens. Im Süden um die Mündung und im Flußtal der Narenta (Neretva) und auf den der Küste vorgelagerten Inseln hatte sich eine Gruppe von Slawen angesiedelt, die sehr bald zu kühnen Seeräuberfahrten in die Adria aufbrachen. Kroaten und Narentaner waren nie wirklich der byzantinischen Herrschaft untergeordnet und wußten sich ihr in Zeiten der Schwäche des Reiches stets völlig zu entziehen. Gerade dies trat ein, als

Petrus Trandenicus sein Amt als Doge Venetiens übernahm. Venetische Schiffe, die in der Adria auftauchten, wurden, auch wenn sie an der italischen Adriaküste entlangfuhren, von den Narentanern überfallen und ausgeplündert. Vereinbarungen, die der Doge mit ihren Oberhäuptern oder Gesandten traf, wie z. B. 830, wurden von ihnen nicht eingehalten. Petrus Trandenicus rüstete daher eine Flotte aus und fuhr, wie der Chronist Johannes Diaconus zum Jahre 839 berichtet, zunächst gegen das kroatische Küstenland. Er schloß mit dem Kroatenherrscher Mislav in dessen Residenz Klis in der Nähe von Salona Frieden. Dann rückte er gegen die Inseln vor der Narentamündung. Auch hier traf er mit einem der Oberhäupter der Narentaner eine Vereinbarung, die die Beeinträchtigung der venetischen Schiffahrt beseitigen sollte. Der Erfolg muß auch bei den Nachbarn Venetiens, den Franken in Oberitalien, Eindruck gemacht haben. Der fränkische Markgraf Eberhard von Friaul, Schwiegersohn Kaiser Ludwigs des Frommen, sah sich gerade in diesen Jahren Angriffen der Slawen an der Ostgrenze ausgesetzt. Es mag damit im Zusammenhang stehen, daß der vom Kaiser 818 zum Herrn Italiens bestimmte, schon 817 zum Mitkaiser erhobene älteste Sohn, Lothar I., am 22. Februar 840 einen Vertrag mit dem Dogen abschloß, der, in der Geschichtsschreibung als Pactum Lotharii bezeichnet, die lange Reihe der Kaiserpakta Venedigs eröffnet. Lothar I. vermittelte darin auf Bitten des Dogen mit den im einzelnen aufgeführten benachbarten Städten des Königreiches Italien (u. a. Ravenna, Rimini, Ancona, aber auch Comacchio) vertragliche Regelungen. Sie bezogen sich sowohl auf rechtliche als auch auf handelspolitische Probleme. Der Kaiser sagte dem Dogen und den Bewohnern Venetiens zu, daß er weder Flüchtlingen, sie seien aus welchen Gründen immer ins Königreich gekommen, Zuflucht gewähren, noch über Leute des Insellandes, sofern sie im Königreich Italien straffällig würden, Gerichtsbarkeit ausüben werde. Auch sollten christliche Untertanen des Dogen weder gekauft noch verkauft werden — ein Zeichen für den offenbar blühenden Menschenhandel. Dafür verlangte der Kaiser die Unterstützung der venetischen Flotte gegen die Slawen. Den Venetiern wurde der Handel im Königreich zu Lande und auf den Flüssen gestattet, „wo immer sie wollten“ (... homines vestri licentiam habeant per terram ambulandi vel flumina transeundi), wie andererseits den Leuten des Königreiches der Handel über See erlaubt sein sollte. Ferner wurden die Grenzen zwischen dem Königreich und den küstennahen Städten festgelegt, wobei man sich an die Abmachungen mit den Langobardenkönigen hielt. Falls es zu Auseinandersetzungen käme, seien die von Lothar I. bestimmten Königsboten jederzeit bereit, das Urteil zu fällen. Ausdrücklich verpflichtete sich Lothar I., Feinden Venetiens keine Unterstützung zu gewähren. Das Paktum sollte alle fünf Jahre erneuert werden. In einem Dekret vom September 840 nahm Lothar I. die Besitzungen des Dogen, des Patriarchen, der Bischöfe und des „Volkes“, d. h. der Adligen Venetiens auf dem Boden des Königreiches in seinen Schutz, um sie vor jeglicher Beeinträchtigung zu sichern.

Bedeutsam und in die Zukunft weisend waren nicht die einzelnen Bestimmungen des Paktums Lothars I., nicht einmal jene, die Venetien zur Stellung von Schiffen im Dienste der Interessen des westlichen Kaisers und seines Königreiches Italien verpflichteten und damit die werdende Seemacht von Rialto betrafen, sondern die Anerkennung des Dogen als eines gleichberechtigten Vertragspartners. Dies kommt in dem Titel zum Ausdruck, den das Paktum dem Dogen einräumt: der „ruhmreichste Doge der Venetier“ (gloriosissimus dux Veneticorum) ist kein Provinzialbeamter von Byzanz mehr und berechtigt, Bündnis (foedus) und Vertrag (pactum) mit den Nachbarn abzuschließen, ohne daß ihn irgendeine übergeordnete Macht dazu bevollmächtigen müßte. Wenn Lothar I. durch eine Verordnung (praeceptum) am 1. September 840 in Diedenhofen Venetiens Besitz in Italien unter Berufung auf die Bestimmung des Aachener Friedens von 812 unter seinen Schutz stellte, so bestätigte er damit zugleich auch die Grenze zwischen dem Königreich und dem Insellande. Das aber war nichts anderes als die Anerkennung der Selbständigkeit Venetiens. Es mutet wie eine weitere

Bekräftigung derselben an, wenn schon im Jahre nach dem Tode Lothars I. (855) sein zweiter Sohn und Nachfolger in Italien, Kaiser Ludwig II. und die Kaiserin Angilberga, sich mit dem Dogen Petrus Trandenicus und seinem zum Mitregenten erhobenen Sohne Johannes im Kloster S. Michele di Brondolo am Südrande des Inselstaates trafen, eine durch die Übernahme der Patenschaft für ein Enkelkind des Dogen Petrus bewirkte geistliche Verwandtschaft mit der Familie des Dogen eingingen und Ludwig II. die mit Lothar I. geschlossenen Vereinbarungen am 23. März 856 zu Mantua feierlich bestätigte. In Zukunft sollte Venedig an diesem Vertragsverhältnis zum benachbarten Reich mit großer Zähigkeit und Gewandtheit festhalten und sich zwar im Notfall zur Zahlung von Geldmitteln oder Stellung von Schiffen oder Mannschaften herbeilassen, ohne doch jemals ausdrücklich die kaiserliche Oberhoheit anzuerkennen.

Nicht anders als gegenüber dem Westreich hat sich der Doge gegenüber Byzanz verhalten, das in den Jahrzehnten seiner Regierung ohnehin eine Periode der inneren wie äußeren Schwäche durchlebte und nicht nur mit den Arabern in schwere Kämpfe verwickelt war, sondern durch das Erscheinen eines neuen Gegners, der Rhos, d. h. der aus Osteuropa kommenden Waräger und Ostslawen 860 tödlich bedroht wurde. 840 noch verlangte der byzantinische Kaiser Theophilos von Venetien die Stellung von Schiffen gegen die Sarazenen Unteritaliens. Das Unternehmen war im übrigen wenig glücklich; auch machten die Narentaner wiederum die Adria unsicher, griffen sogar Caorle im venetischen Lagunenbereich an. Der Doge, zwar glücklos heimgekehrt, ließ sich indes nicht entmutigen, sondern ordnete den Bau der großen griechischen Galeeren, die bisher aus Byzanz bezogen worden waren, auf den heimischen Werften an. Damit wurde die Voraussetzung zur eigenen Kriegsflotte geschaffen, für die der Doge im Paktum mit Lothar I. bereits Aufgaben übernommen hatte. Zugleich war eine der wirksamsten Abhängigkeiten von der Reichszentrale in Byzanz dadurch beseitigt. Dort wußte man anscheinend, daß die faktische Oberhoheit über Venetien nicht mehr aufrechtzuerhalten war. Den

Grundsätzen byzantinischer Diplomatie entsprechend hielt man zwar weiterhin an der Fiktion der Unterordnung des Dogen fest, aber dieser selbst ließ seit 853 gelegentlich in den venetischen Urkunden die Zählung nach den Herrscherjahren der byzantinischen Kaiser fort; daß die faktische Unabhängigkeit des werdenden Inselstaates längst erreicht war und der Doge sich anschickte, seine Herrschaft über die nördliche Adria zu errichten, zeigte nichts deutlicher als die Verträge mit den Nachbarn im Westen und Osten. Allerdings gab es auf dem Wege zur Unabhängigkeit und zur Vorherrschaft in der Adria immer wieder Hemmnisse und mancherlei Rückschläge.

Der Doge Petrus Trandenicus, der der Politik Venetiens so energisch und erfolgreich die Bahn gewiesen hatte, erntete keinen Dank. Sein Sohn und Mitregent Johannes war 863 gestorben. Er selbst fiel ein Jahr später einer Verschwörung von Adligen zum Opfer, die einen Angehörigen des Hauses der Parteciaci zum Nachfolger wählten. Dieser, Ursus Parteciacus (864—881), konnte gar nichts anderes tun, als die Politik seines Vorgängers fortsetzen. Damit erwies sich nur um so deutlicher die bahnbrechende und bahnweisende Tätigkeit des ermordeten Petrus Trandenicus — und es ist kennzeichnend für die venezianische Geschichte geworden, daß bei allem Wechsel der führenden Persönlichkeiten in der venezianischen Politik diese Grundsätze festgehalten worden sind: Unabhängigkeit von den führenden Mächten in Ost und West, Gewinnung bzw. Erhaltung der Vorherrschaft in der Adria, Offenhaltung der Handelswege und Ausbau der eigenen Machtgrundlagen, vorab der Flotte als des wichtigsten Unterpfandes derselben. Sie war um so notwendiger, als nicht nur die Seeräubereien der Narentaner andauerten, sondern auch die Kroaten unter ihrem Fürsten Domagoj nach anfänglich friedlichen Beziehungen 875 eine räuberische Expedition gegen Istrien unternahmen und den Patriarchatssitz Grado bedrohten. Außerdem zeigten sich auch die Sarazenen Siziliens und Unteritaliens jetzt in der Adria und belagerten im Sommer 875, kurz nach einem Siege des Dogen über die Kroaten, ebenfalls Grado, verschwanden allerdings, als eine venetische Flotte unter des Dogen Sohn Johannes nahte. Da der byzantinische Kaiser Basileios I. die zeitweilig von Kaiser Ludwig II. besetzte Hafenstadt Bari wieder unter oströmische Herrschaft zurückbrachte und die südliche Adriaküste befriedete, trauten sich die Narentaner vorerst nicht aus ihren Schlupfwinkeln an der Narentamündung und den ihr vorgelagerten Inseln aufs offene Meer. Basileios I. aber erkannte die Seemacht Venetien an, ehrte ihren Dogen durch Verleihung eines hohen Beamtentitels (Protospatharios = erster Schwertträger) und nahm es hin, daß dieser sich durch reiche Geschenke wie ein ebenbürtiger Souverän revanchierte.

Die Erneuerung des Paktums von 840 durch Kaiser Karl III. am 11. Januar 880 brachte einige wichtige Veränderungen. Karl III. erschien darin in seiner Eigenschaft als König von Italien als Vertragspartner; dies bedeutete, daß nicht nur einige oberitalienische Städte Handel mit Venetien treiben durften, sondern der Handel des Insellandes nun ganz Italien, soweit es zum Königreich gehörte, erreichen konnte. Durch eine Verordnung (praeceptum) vom 10. Mai 883, die sich an ähnliche Urkunden Lothars I. und Ludwigs II. anlehnte, gestattete der Kaiser dem Dogen den von allen Abgaben freien Handel im Königreich für seine Untertanen und nahm die Besitzungen desselben in Venetien wie im Königreich unter seinen besonderen Schutz. Diese Bestimmung, die auf die Anerkennung der Oberhoheit des Kaisers durch den Dogen Johannes Parteciacus schließen lassen könnte, ist bei der Erneuerung 891 durch Wido von Italien wieder entfallen.

Wiederum wurde der Sklavenhandel untersagt und noch durch ein eigens erlassenes Dekret des Dogen und des Patriarchen von Grado die Einhaltung dieses Verbotes angemahnt. Sehr wirkungsvoll ist wohl auch dies nicht gewesen. Auf jeden Fall ging der Handel mit Sklaven aus den slawischen Ländern weiter. Dabei lieferten die Narentaner und andere Slawen diese menschliche „Ware“ selbst nach Venedig oder ließen sie durch jüdische oder syrische Zwischenhändler dort feilbieten. Verboten war im Grunde nur der Handel mit christlichen Sklaven aus dem Königreich Italien bzw. dem Frankenreich. Als der „Slawenapostel" Methodios, Erzbischof von Sirmium, der im Mährischen Reich die von ihm und seinem in Rom verstorbenen Bruder Konstantin-Kyrill geschaffene slawische Liturgie nach byzantinischem Ritus einführen wollte, 885 gestorben war, wurden seine Schüler und Anhänger durch den Mährerfürsten Svatopluk vertrieben. Einige von ihnen, Priester und Diakone, wurden nach glaubwürdiger Nachricht in die Sklaverei verkauft und tauchten auf dem Sklavenmarkt am Rialto auf. Dort sah sie angeblich ein byzantinischer Beamter, der sie loskaufte und nach Byzanz mitnahm. Die Entschuldigung der Venetier war, daß es sich um Häretiker gehandelt habe. Das Beispiel zeigt, daß die vielgewandten venetischen Kaufleute sich skrupellos über ihre wirtschaftliche Tätigkeit einengende Bestimmungen hinwegzusetzen wußten, sofern nicht — dies wird sich zeigen — die Interessen des Gemeinwesens als solchen und damit ihre eigenen gefährdet wurden. Das war beim Sklavenhandel nicht der Fall, der infolgedessen das gesamte Mittelalter hindurch betrieben worden ist, denn die mohammedanischen Herrscher des Vorderen Orients, Nordafrikas und Spaniens benötigten für ihre Heere, aber auch für ihre Hofhaltungen ständig Nachschub. Auch weibliche Sklaven wurden über Venetien in die mohammedanischen Länder verhandelt.

Venetien hat in den bewegten Jahrzehnten um die Mitte des 9. Jh. auch eine Auseinandersetzung zwischen weltlicher und geistlicher Gewalt durchlebt. Seit jeher und ohne daß bisher Widerspruch oder gar Widerstand erfolgt wäre, war die Besetzung der Bischofsstühle durch die Dogen erfolgt, oft mit Angehörigen ihres Hauses. Als 876 der Doge Ursus Parteciacus einen Mann seines Vertrauens zum Bischof von Torcello bestimmte, weigerte sich, „entgegen dem Erlaß des Dogen" (contra ducis decretum) der Patriarch Petrus von Grado, ihn, der eine etwas abenteuerliche Vergangenheit hatte, zu weihen, ja er verhängte sogar den Kirchenbann über ihn. Der Doge drohte mit Gewaltmaßnahmen. Patriarch Petrus floh nach Rom und wandte sich an den Papst Johannes VIII. Im Bewußtsein seiner Herrscherstellung in der Kirche, wie sie seit seinem Vorgänger Nikolaus I. an der päpstlichen Kurie für selbstverständlich gehalten wurde, lud der Papst die Bischöfe Venetiens zur Rechtfertigung über ihr Verhalten gegenüber ihrem kirchlichen Vorgesetzten, dem Patriarchen, nach Rom. Aber die Bischöfe leisteten der päpstlichen Aufforderung keinen Gehorsam; vermutlich hatte der Doge ihnen dies untersagt. Johannes VIII. wandte sich nun an den Dogen selbst, aber dieser suchte ihn hinzuhalten. Darauf lud der Papst die Bischöfe Venetiens in ultimativer Form abermals nach Rom. Der Doge weigerte sich, den päpstlichen Legaten, den Bischof von Rimini, überhaupt zu empfangen; Johannes VIII. mußte einlenken und lud nun die venetischen Bischöfe in einem versöhnlicheren Schreiben für den Mai 877 zu einer Synode nach Ravenna. Die Geladenen erschienen zwar, aber erst nachdem die Synode bereits geschlossen worden war. Der Kirchenbann, der dort über sie verhängt worden war, erwies sich als gänzlich wirkungslos, und der Papst war genötigt, ihn von sich aus aufzuheben, als der Doge sich energisch dagegen verwahrte. Der Patriarch Petrus von Grado verweigerte dem zum Bischof von Torcello Ernannten zwar weiterhin die Weihe, konnte im Grunde aber nichts dagegen ausrichten, daß dieser das Bistum in Besitz nahm. Sein Nachfolger hat auf Weisung des Dogen 878 auch die Weihe nachgeholt, und der Papst sie stillschweigend anerkannt. Damit wurde in Venetien ein Verhältnis zwischen der weltlichen und der geistlichen Gewalt geschaffen, das dem in Byzanz nicht unähnlich war; auf jeden Fall gab die weltliche Gewalt den Ausschlag, und sie duldete es nicht, daß die römische Kurie sich einmischte. Zwar hat Venetien sich seit den Anfangsjahren des Patriarchats von Grado Rom untergeordnet; aber hier hatten sich ganz eigentümliche Zustände herausgebildet, die nicht nur dadurch gekennzeichnet waren, daß Venetien ja bis zur Mitte des 8. Jh. ein Teil des byzantinischen Reiches war oder doch als solcher angesehen wurde, sondern daß die hohen kirchlichen Ämter, die Bischofssitze und die Abteien, in die Hand der venetischen Aristokratie geraten waren. Dadurch erklären sich manche Auseinandersetzungen, nicht zuletzt die zwischen dem Patriarchen Petrus und dem Dogen Ursus Parteciacus, so daß persönliche und prinzipielle Motive sich oft vermengen. Gleichwohl ist es in Venetien der Doge, der über die Kirche des Insellandes bestimmt. Dies hat schon in den nächsten Jahren unter dem Dogen Johannes Parteciacus (881—887) zu abermaligen Spannungen mit Rom geführt, als der Doge die Stadt und die Herrschaft Comacchio, die seit 774 von Karl d. Gr. endgültig dem Papsttum zugesprochen war, für sich beanspruchte. Comacchio war, nicht zuletzt durch seine zahlreichen Salinen, eine gefährliche Konkurrentin für den Salzhandel Rialtos und des übrigen Insellandes. Es ist daher verständlich, daß der Doge diese Konkurrenz ausschalten wollte. Aber Rom lehnte die Belehnung des Dogen mit Comacchio ab, da es bereits einen Bischof, den von Pavia, damit belehnt habe, wohl um die finanziell einträgliche Besitzung nicht einem weltlichen Herrn anzuvertrauen. Der Doge ließ Comacchio überfallen und dort eine venetische Statthalterschaft einrichten, doch war dies allem Anschein nach nur vorübergehend, denn wenig später ist Comacchio wieder päpstlicher Lehnsbesitz. Auch ein zweiter Versuch, in den 30er Jahren des 10. Jh. Comacchio zu unterwerfen, führte nur zur vorübergehenden Besetzung der Stadt.

Das Ende des 9. und der Beginn des 10. Jh. bedeuteten für Venetien, soweit Nachrichten darüber vorliegen, eine Zeit, in der das bisher Erreichte bewahrt wurde. Versuche, die narentanischen Seeräuber von der Adria zu vertreiben, schlugen zwar fehl, aber die unruhigen Nachbarn wagten sich doch nicht mehr in die Lagunen vor. Die Niederlage, die der Doge Petrus I. Candianus, Angehöriger eines alten Adelsgeschlechtes, am 18. September 887 bei Makarska an der dalmatinischen Küste erlitt — er selbst fiel dabei und ist später in der Kathedrale S. Eufemia auf Grado bestattet worden — scheint dazu geführt zu haben, daß Venetien, um sich Ruhe für seine Handelswege zu erkaufen, mindestens gelegentlich den Narentanern und wohl auch den Kroaten Tribut zahlte. Das Verhältnis zum benachbarten Königreich Italien, in dem seit der Absetzung Kaiser Karls III. (887) die Herrscher aus verschiedenen Häusern einander ablösten, wurde durch die Erneuerung der „Kaiserpakta" gesichert, wobei die geschickten venetischen Unterhändler jeweils mancherlei Verbesserungen herauszuschlagen wußten, wie die Fixierung des Uferzolls für Waren aus Venetien auf ein Vierzigstel des Wertes statt des bisher offengelassenen Betrages und dadurch die Ausschaltung von willkürlich bestimmten Zahlungen, die Abschwächung der Unterstützungspflicht für den König gegen dessen slawische Feinde — nur auf diese hatte sich ohnehin die Bestimmung bezogen — und das Recht, in Venetien Münzen des Königreichs Italien zu schlagen. Allerdings hat Berengar I. in seinem Paktum vom 7./11. Mai 888 Venetien einen jährlichen Tribut von 25 Pfund in Münzen (Denaren) von Pavia auferlegt; aber dies war doch wohl eher eine Gegenleistung für die Fixierung des Uferzolls für venetische Waren, als Ausdruck der Oberhoheit über das Inselland, die durchzusetzen ihm die Machtmittel gefehlt hätten. Daß in den Vereinbarungen immer wieder die völlige Abgabenfreiheit des Dogen selbst und seiner unfreien Handelsagenten betont wurde, ist gewiß eine Bevorzugung der Herrscher des Insellandes; andererseits aber hatten sie auch für ihre Würde große Aufwendungen zu tätigen.

Wie zum Westen, so wurde das Verhältnis zum Osten, zu Byzanz, in gewohnter Weise gepflegt. Nur einmal ist Venetien am Rande von den sich auf dem Festlande im Nordosten anbahnenden Veränderungen berührt worden, als im Jahre 900 die reiternomadischen Ungarn, die seit dem Ende des 9. Jh. die Balkanhalbinsel, Oberitalien und die Länder nördlich der Alpen heimzusuchen begannen, auch Städte Venetiens plünderten und sogar Rialto selbst bedrohten. Der Doge Petrus Tribunus (888—911) ließ daraufhin den Rialto befestigen und den Canal Grande, die große Wasserstraße, die die Inselgruppe s-förmig durchschnitt, durch eine Eisenkette sperren, wie sie auch das Goldene Horn, den Hafen der Kaiserstadt Konstantinopel, gegen feindliche Einfälle sicherte. Aus den Nachrichten, die in diesem Zusammenhang auf uns gekommen sind, läßt sich erkennen, daß Rialto mehr und mehr besiedelt und ausgebaut worden war, so daß man seither mit Recht von Venedig im eigentlichen

Sinne sprechen kann. Die Ungarn freilich haben die Stadt nicht mehr belästigt. Auch die schicksalhaften Kämpfe, die Byzanz zu Beginn des 10. Jh. mit dem Bulgarenherrscher Simeon (893 bis 927) zu bestehen hatte, haben Venedig nicht näher berührt, obwohl ein Dogensohn auf der Rückreise aus Konstantinopel 912 in die Gefangenschaft der Bulgaren geriet und für viel Geld ausgelöst werden mußte.

Von den Veränderungen, die sich nördlich der Alpen vollzogen, von der Teilung des karolingischen Reiches in ein französisches West- und ein deutsches Ostreich und vom Übergang der Herrschaft an das sächsische Herzogshaus der Ottonen wußte man anscheinend im venetischen Insellande recht genau Bescheid, ohne daß es doch zu mehr als gelegentlichen Gesandtschaften gekommen wäre. Immerhin ist von einer solchen an König Heinrich I. die Rede, die ihm über Maßnahmen zur gewaltsamen Judentaufe in Byzanz berichtet haben soll. Man weiß, daß Heinrich I. in seinen letzten Jahren sein Augenmerk zunehmend auf Italien gerichtet hat. Die Anknüpfung von losen Beziehungen zu Venedig wird ihm daher nicht unerwünscht gewesen sein.

Von um so größerer Bedeutung waren die Beziehungen zum ottonischen Königshause, als Otto d. Gr. im Jahre 951 über die Alpen zog und das Königreich Italien erwarb. Sein Sieg über die Ungarn auf dem Lechfelde (955) und endlich seine Krönung zum römischen Kaiser am 2. Februar 962 gaben Venetien einen Nachbarn, dessen Herrschaftsbereich sich von der Nordsee und der Elbe bis nach Unteritalien erstreckte. Die Erneuerung des Paktums mit Otto d. Gr. erfolgte am 2. Dezember 967 in Rom, wo sein Sohn Otto II. zum Kaiser gekrönt wurde. Sie fiel zeitlich zusammen mit Verhandlungen über die geplante Heirat seines Sohnes mit einer byzantinischen Prinzessin. Dabei war ihm Venetien wichtig genug, nicht nur als Seemacht, sondern auch als Mittler zwischen West und Ost. Otto d. Gr. griff auf das Paktum Lothars I. zurück, schränkte die Geltung auf genannte Orte Italiens ein und hob die Fixierung des Uferzolls auf; er sollte „nach dem Herkommen" erhoben werden. Der Kaiser fand sich nicht bereit, die im Reiche weilenden Venetier allein der Gerichtsbarkeit des Dogen zu unterstellen, wie dies die meisten vorhergehenden Pakta verbrieft hatten. Auch erhöhte er die jährlichen Abgaben des Inselstaates auf das Doppelte. Dafür aber sollte der Vertrag nicht, wie dies bisher vorgesehen gewesen war, alle fünf Jahre erneuert werden, sondern für eine unbegrenzte Zeit (per cuncta annorum curricula), d. h. bis zum Tode des Ausstellers, gelten. Am gleichen Tage bestätigte Otto d. Gr. den Besitzstand Venetiens. Das war insofern nicht unwichtig, als Ottos zweite Gemahlin, die Kaiserin Adelheid, in erster Ehe mit dem früh verstorbenen König Lothar von Italien vermählt gewesen war. Otto d. Gr. hatte zwar dem Papst Leo VIII. einen Teil des ehemaligen Exarchats Ravenna, der in den inneritalienischen Wirren der voraufgegangenen Jahre entfremdet worden war, zurückgegeben. Der Papst übertrug jedoch seine Rechte über Ravenna und Commacchio auf die Kaiserin, die zur Wahrnehmung derselben kaiserliche Beamte einsetzen ließ. Damit war sie aber auch unmittelbare Nachbarin Venetiens geworden. Es zeugt von dem Geschick des regierenden Dogen Petrus IV. Candianus (959—976), daß er es verstand, nach Scheidung von seiner ersten Gattin, die er in das Kloster S. Zaccaria stecken ließ, eine Nichte der Kaiserin, Waldrada von Tuszien, die Tochter ihres Bruders, zu heiraten und damit zum Kaiserhause in enge familiäre Beziehungen zu treten. Nun war von der mächtigen Nachbarin nichts zu befürchten, sondern im Gegenteil durch reiche Mitgift insbesondere in der Gegend von Ferrara, der gerade jetzt aufblühenden Handelsstadt am Po, im Königreich Italien selbst Besitz zu erwerben und darüber hinaus sich eine kleine Privatarmee von Söldnern anzuwerben. Sein Sohn aus erster Ehe, Vitalis, wurde zum Patriarchen von Grado erhoben. Wer sich dem im Inneren gewiß harten Regiment des Dogen widersetzte, hatte mit Repressalien zu rechnen. Dennoch taten sich die Angehörigen der alten venetischen Adelsfamilien zu einer Verschwörung zusammen, um ihn zu beseitigen. Am 11. August 976 wurde der Dogenpalast angesteckt. Das Feuer ergriff die Palastkapelle S. Teodoro, den Markusdom, die Häuser am Canal Grande bis zur Kirche S. Maria di Zobenigo. Der Doge wurde ermordet. Waldrada scheint man als Nichte der Kaiserin Adelheid geschont zu haben. Am Tage darauf wurde Petrus I. Orseolus (976—978) zum Dogen gewählt.

Ihm fiel keine leichte Aufgabe zu. Kaiser Otto II., der 973 seinem Vater in der Herrschaft über das Reich nachgefolgt war, empfand die Ermordung des Dogen Petrus IV. Candianus als eine seiner Familie zugefügte Schmach. Die Kaiserin Adelheid verlangte durch einen nach Venedig entsandten Beauftragten Entschädigung für das ihrer Nichte Waldrada Angetane, die der neue Doge sofort bewilligte. Der Sohn des Ermordeten, der Patriarch Vitalis von Grado, weilte aber am Hofe Ottos II., wo er die feindselige Stimmung gegen das Inselland geschürt haben wird. Der Doge Petrus I. Orseolus, ohnehin kein Mann der politischen Tat und dem Kreis der Eremiten um Romuald von Camaldoli verbunden, verließ 978 heimlich Venedig und zog sich in ein spanisches Kloster zurück. Er ist später als Heiliger verehrt und 1731 durch Papst Clemens XII. als einziger Doge Venedigs sogar heiliggesprochen worden — eine ungewöhnliche Auszeichnung für einen Inhaber dieses Amtes. Zum Nachfolger wählten die nun doch recht eingeschüchterten Adligen des Insellandes einen Bruder des ermordeten Dogen Petrus IV. Candianus namens Vitalis und, als dieser bald darauf starb, einen mit den Candiani verschwägerten Homo novus, den reichen Tribunus Menius (979—991), zum Dogen.

Die Situation, die er vorfand, war sehr schwierig. Im Inselande bekämpften einander zwei große Geschlechter, die Morosini und die Caloprini, von denen die letzteren gute Beziehungen zum Hofe Kaiser Ottos II. hatten. Dieser verfügte 980 eine Handelssperre gegen Venetien, die dem Insellande viel Schaden zufügte. Er erreichte, daß der Patriarch Vitalis von Grado entschädigt wurde und war nun erst bereit, das Paktum seines Vaters zu erneuern. Es geschah dies in feierlicher Form am 7. Juni 983 auf einem Reichstag zu Verona. Der Wortlaut der Urkunde von 967 wurde freilich verändert — die Venezianer sollten jährlich im März ein kostbares Tuch (pallium) liefern —, das Präzept Ottos d. Gr. über den Besitzstand Venetiens in den Text hineingenommen und die Regelung der gegenseitigen Handelsbeziehungen durch die Bestimmung ergänzt, daß auch die Untertanen des Reiches jetzt „über das Meer bis zu Euch" (per mare ad vos) Schiffahrt und Handel betreiben durften. Die Venezianer haben hieraus den Anspruch auf das Stapelrecht abgeleitet und später auch durchgesetzt. Man geht nicht fehl in der Annahme, daß diese Bestimmung, die die gleichen Rechte für die Vertragschließenden festlegen sollte, von den Unterhändlern des Dogen so geschickt formuliert worden ist, daß die Deutung als Stapelrecht möglich wurde. Im übrigen wird ausdrücklich von einem Bündnispakt (pactionis foedus) gesprochen, der von der Bevölkerung des Reiches wie der des Dukats von Venetien in gleicher Weise zu beachten sei. Eine Woche später, am 15. Juni 983, erhielt der Patriarch Vitalis von Grado den Besitz seines ermordeten Vaters zurück, und die alte Kaiserin Adelheid, die in Verona anwesend war, setzte durch, daß der Doge den vertriebenen Caloprini die Rückkehr gestattete. Es war der erste massive Eingriff des Reiches in die inneren Verhältnisse des Insellandes.

Nur vorübergehend konnte der Doge Tribunus Menius die Morosini und die Caloprini miteinander versöhnen, die gemeinsam die Urkunde über die Gründung des Benediktinerklosters S. Giorgio Maggiore auf der dem Dogenpalast gegenüberliegenden Insel ausstellten (986). Die Kämpfe zwischen den rivalisierenden Geschlechtern flammten wieder auf, nachdem Kaiser Otto II. gestorben war (983) und das Reich unter der Vormundschaftsregierung für den kleinen Otto III. andere Sorgen hatte. Der Doge wurde schließlich abgesetzt und in das Kloster S. Zaccaria verwiesen. Zu seinem Nachfolger wählten Adel und Bischöfe Petrus II. Orseolus (991—1009), den Sohn des 978 entwichenen gleichnamigen Dogen. Mit ihm übernahm eine bedeutende Persönlichkeit das Amt; der neue Doge habe, so sagt der Chronist Johannes Diaconus, der als sein Zeitgenosse, sein Kaplan und enger Mitarbeiter spricht, nahezu alle bisherigen Dogen an Rechtlichkeit und Tatkraft (probitas et actus) überragt. Er habe seinem Vater nicht nur die frühere gesicherte Stellung zurück-, sondern so viel dazugewonnen, daß zu seinen Zeiten Venedig alle benachbarten Länder an Glanz und Reichtum übertroffen habe. Allerdings war der Anfang seiner Regierungszeit von den Geschlechterkämpfen des Adels überschattet. Es bedurfte offenbar der ganzen Energie des Dogen, um sie zu überwinden und dem Adel jenes schriftliche Versprechen abzufordern, das mit seinen neunzig Unterschriften ein im strengen Wortsinne merkwürdiges Dokument darstellt, versprechen doch die Unterzeichner darin, nicht nur jede bewaffnete Auseinandersetzung zu vermeiden, sondern vor allem dem Dogen getreulich Gehorsam zu leisten. Damit war die monarchengleiche Stellung, die Petrus II. Orseolo mehr noch als die bedeutendsten seiner Vorgänger einnahm, sozusagen auf dem Pergament gesichert. Es galt, sie auch real zu festigen. Dies geschah dadurch, daß zwei seiner Söhne die wichtigsten geistlichen Ämter, das des Patriarchen und das des Bischofs von Torcello, übernahmen, zwei andere nacheinander seine Mitregenten wurden. Der älteste Sohn, Johannes, wurde mit einer byzantinischen Prinzessin, einer Nichte des großen Kaisers Basileios II. verheiratet. Der jüngere Sohn, Otto, gewann später die Hand der Schwester des Ungarnkönigs Stephan d. Hl. Sein Enkel aus dieser Ehe ist König von Ungarn geworden. Damit trat die Familie Orseolo für kurze Zeit in den kleinen Kreis der „Familie der Könige“ ein.

Kaum waren die inneren Verhältnisse einigermaßen stabilisiert, wandte sich der Doge der Außenpolitik zu, und hier dem Verhältnis zu den beiden Kaiserreichen. Im März 992 wurden die Verhandlungen, die schon sein Vorgänger mit Byzanz begonnen hatte, durch eine feierliche Urkunde (Chrysobull) der Kaiser Basileios II. und Konstantin VIII. beendet; sie sollte die venezianischen Schiffe und Kaufleute vor Willkür und überhöhten Abgaben schützen, die man ihnen vorher abverlangt haben muß. Dafür sollte Venedig gehalten sein, Byzanz bei Angriffen auf das immer noch zum Ostreich gehörende Unteritalien mit seiner Kriegs- und Transportflotte zu helfen. Diese Vereinbarung richtete sich gegen die Sarazenen auf Sizilien. Sie vertrug sich nicht mit den guten und einträglichen Beziehungen, die die Venezianer schon früher mit verschiedenen mohammedanischen Höfen unterhalten hatten, ging doch der Sklavenhandel weiter. In den Monaten der Handelssperre hatten die mohammedanischen Herrscher Schiffe mit notwendigen Waren nach Venetien geschickt. Als Petrus II. Orseolo sein Amt antrat, entsandte er Beauftragte an diese alten Freunde und Vertragspartner und ließ die Verträge mit ihnen, sofern dies nottat, erneuern. Darin wurde eine Maxime venezianischer Politik offenbar, an die man sich in Zukunft stets gehalten hat. Oberstes Gebot war das eigene wirtschaftliche Interesse. Man hat sich in Venedig nie gescheut, diesem zuliebe jede Möglichkeit einseitiger Festlegung zu vermeiden und unbequeme Verpflichtungen, denen man sich nicht zu entziehen vermochte, zu umgehen oder zu ignorieren.

Die nächsten Bemühungen galten der Lösung eines Problems, das, wie die 80er Jahre gezeigt hatten, für das Inselland von größter, ja, lebenswichtiger Bedeutung war: dem Verhältnis zum benachbarten Westreich. Schon am 19. Juli 992 erneuerte und bestätigte auf Fürsprache der alten Kaiserin Adelheid der junge Otto III. in einem in Mühlhausen in Thüringen ausgestellten Präzept das Paktum seines Vaters mit Venedig. Wiederum handelt es sich um einen zweiseitigen Vertrag. Nichts kennzeichnet indes den Wandel der Verhältnisse besser als ein Vergleich der Bestimmungen der beiden Pakta von 983 und 992. Otto III. stellte z. B. die Gerichtsbarkeit des Dogen über Leute aus dem Insellande im Reich wieder her, von denen in den Verträgen von 967 und 983 nicht mehr die Rede gewesen war. In Zukunft sollten sie nur in Gegenwart des Dogen oder seines Vertreters abgeurteilt werden dürfen. Der Doge sollte sich gegen die benachbarten, zum Reiche gehörigen Grafen oder andere Amtswalter des Reiches selbst helfen dürfen, wenn diese nach dreimaliger Aufforderung nicht zur Einsicht zu bringen waren. Dies war besonders wichtig, da zwischen Venetien und den benachbarten Bistümern von Ceneda, Treviso und Belluno seit längerem Streitigkeiten um Grenzgebiete bestanden, die auf die Zeit der Handelssperre zurückgingen, als die Nachbarn glaubten, sich ohne Risiko Landstücke bei Heracliana aneignen zu können. Die Stadt Cavarzere, die im Sommer 983 von Venedig abgefallen war und sich dem Kaiser unterstellt hatte, wofür sie sogar mit Landbesitz belohnt worden war, wurde wieder Venetien angeschlossen. Eine drei Jahre später, am 1. Mai 995 ausgestellte Urkunde hat die Grenzen Venetiens mit dem Reich nochmals ausdrücklich festgelegt. Der Mann, der die Ausfertigung dieser Urkunde erreichte, war niemand anders als der Diakon Johannes, der Chronist Venedigs bis 1008. Zwar ist von einer Treueverpflichtung des Dogen und seines Volkes (fidelitas predicti ducis sueque gentis) gegenüber dem König die Rede, aber von einer Unterordnung oder Eingliederung Venedigs in das Reich wird man nicht sprechen können.

Wenn sie überhaupt erfolgen konnte, dann nur im Rahmen der Reichskonzeption, die den jungen Otto III. seit seiner Kaiserkrönung (21. Mai 996) erfüllte. Nachdem er im Jahre 1000 Polen in dieses römische Universalreich, das ihm vorschwebte, eingefügt und den König Stephan von Ungarn, den Gatten seiner Cousine Gisela von Bayern, lose daran gebunden hatte, besuchte er mit wenigen Begleitern im April 1001 von der Abtei Pomposa aus die Stadt am Rialto. Wiederum, wie schon 856, als Kaiser Ludwig II. die Patenschaft für ein Enkelkind des damaligen Dogen Petrus Trandenicus übernommen hatte, wurde die Gelegenheit benutzt, um die bereits bestehende geistliche Verwandtschaft zwischen der Familie des Dogen und dem ottonischen Kaiserhause weiter zu festigen. Otto III. hatte zwar schon 996 die Firmpatenschaft über den zweiten Sohn des Dogen, Otto, übernommen; jetzt wurde er Taufpate einer kleinen Tochter Petrus' II. Orseolo. In großer Heimlichkeit kehrte er nach wenigen Tagen nach Pomposa zurück. Einige Tage darauf erst verkündete der Doge öffentlich, wer sein Gast gewesen war. Über den Besuch und die seltsamen äußeren Umstände, unter denen er ablief, ist viel gerätselt worden. Die einfachste Erklärung ist wohl die, daß Otto III., der zur gleichen Zeit in Byzanz um die Hand einer byzantinischen Prinzessin anhielt, alles vermeiden wollte, was am stets mißtrauischen byzantinischen Kaiserhof als feindseliger Akt hätte mißdeutet werden können. Noch aber galt Venetien in der politischen Theorie der Byzantiner als Teil ihres Reiches. Ein offizieller Besuch des westlichen Kaisers hätte in Byzanz vermutlich Befremden, wenn nicht gar Protest ausgelöst. So schien es ratsamer, den Besuch als „privat" und als Pilgerfahrt zu den Gebeinen des Evangelisten Markus erscheinen zu lassen. In der Tat ist Otto III. in einfachen Kleidern in Venedig erschienen, während der Doge seine Begleiter als Abgesandte des angeblich in Pomposa weilenden Kaisers offiziell empfing.

Der Anstoß zu diesem Besuch war vermutlich der siegreiche Zug des Dogen nach Istrien und Dalmatien. Hier hatten sich seit dem Ende des 9. Jh. insofern Wandlungen vollzogen, als das kroatische Fürstentum sich nicht nur weiter gefestigt und aus der seit Karl d. Gr. bestehenden fränkischen Oberherrschaft gelöst hatte, sondern Tomislav (910—928) im Jahre 924 den Königstitel angenommen hatte; in einem Vertrag mit Byzanz hatte er die Verwaltung auch über die dalmatinischen Städte Zara/Zadar, Traù/Trogir und Spalato/Split und die Inseln im Quarnero übertragen erhalten. Der kroatische König wurde als Prokonsul von Byzanz mit einem der höchsten byzantinischen Titel (Anthypatos und Patrikios) geehrt. Anscheinend hat er seine Herrschaft auch auf das von Kroaten besiedelte Binnenkroatien im pannonischen Zwischenstromland zwischen Drau und Save und in den südwestlich daran angrenzenden Gebirgstälern der Dinariden ausgedehnt, so daß er eine ansehnliche Macht verkörperte. Unter seinen Nachfolgern konnte diese nur mit Mühe und unter Einbußen behauptet werden. König Stephan Držislav (969—997) wurde für Byzanz ein besonders wichtiger Bundesgenosse, als sich im Gebiet um Ochrid- und Prespa-See in Mazedonien ein bulgarisches Reich unter Samuel (976—1014) bildete und es schon bald zur Auseinandersetzungen kam. Samuel besetzte Serbien und die slawischen Herrschaften im südlichen Dalmatien, überfiel aber auch die dalmatinischen Küstenstädte Cattaro/Kotor und Ragusa/Dubrovnik, vielleicht auch Spalato und Traù. Die Narentaner scheinen sich

Kroatien angeschlossen zu haben, um dessen Schutz zu genießen. Stephan Držislav wurde vom byzantinischen Hof zum Eparchen (Statthalter) der byzantinischen Städte Dalmatiens ernannt und mit dem Titel eines Patrikios ausgezeichnet. Dies geschah zu einer Zeit, als Kaiser Basileios II. eine empfindliche Niederlage gegen den Bulgarenherrscher Samuel erlitten hatte (986) und Byzanz genötigt war, sich nach Bundesgenossen umzusehen.

Man muß in Venedig sehr genau gewußt haben, welche Gefahren dem östlichen Kaiserreich drohten, denn im Sommer 996 erklärte der Doge Petrus II. Orseolus, er werde Tribute, die der Diakon Johannes in seiner Chronik als „gewohnten Zins" (solitum censum) bezeichnet, nicht mehr zahlen. Darüber kam es zum Kriege, den die Venezianer mit einem Angriff auf Lissa/Vis, eine der Inseln vor der kroatischen Küste, eröffneten. Die Forderung des kroatischen Königs, den schuldigen Tribut zu entrichten, beantwortete der Doge mit der Mitteilung, er werde persönlich erscheinen, um ihn zu bezahlen. Das war eine offene Kriegsdrohung. Während die Venezianer rüsteten, starb König Stephan Držislav, und in Kroatien kam es zu inneren Wirren; jetzt wandten sich die dalmatinischen Städte hilfesuchend an den Dogen, dem nichts erwünschter sein konnte. Am Himmelfahrtstage, dem 26. Mai des Jahres 1000, nach einem feierlichen Gottesdienst in der Kathedralkirche des Bistums Olivolo, S. Pietro di Castello, segelte er mit einer Flotte über Grado, die istrischen Städte Parenzo/Poreč und Pola/Pula nach Ossero/Osor auf der Insel Cherso/Kres und Zara; hier huldigten ihm die versammelten Bischöfe und byzantinischen Stadtpräfekten (Prioren) von Zara, Veglia/Krk und Arbe/Rab als ihrem „Herrn". Darauf wurden Traù und Spalato, wo ihn der Erzbischof und Metropolit Dalmatiens begrüßte, zur Unterwerfung und zur Anerkennung der Handelsfreiheit Venedigs auf der Adria gezwungen. Der Doge schloß ein Bündnis mit einem der Söhne König Stephan Držislavs, Surigna/Zurislav, den er in Traù getroffen hatte, nahm dessen kleinen Sohn Stephan als Geisel mit und nötigte ihm das eidliche Versprechen ab, nicht nur auf jeden venezianischen Tribut zu verzichten, sondern auch den freien Schiffsverkehr auf der Adria nicht zu stören. Dann wandte sich Petrus II. Orseolus gegen die als Schlupfwinkel der Seeräuber besonders gefährlichen Inseln Curzola/Korčula und Lagosta/Lastovo. Sie wurden erobert, obwohl Abgesandte der Narentaner ihn in Spalato aufgesucht und Frieden angeboten hatten. Anscheinend trauten die Venezianer ihnen nicht. Kurz danach erschien auch der Erzbischof von Ragusa, der größten und bedeutendsten Stadt Dalmatiens, um dem Dogen zu huldigen.

Petrus II. Orseolus konnte ruhmbedeckt heimkehren und führte fortan den Titel eines Dogen von Venetien und Dalmatien, den ihm Kaiser Otto III. auch zugestand. Auch wenn die Unterwerfung Dalmatiens nicht von Dauer war, in Zara weiterhin ein von der Aristokratie gewählter byzantinischer Stadtpräfekt saß, der sogar den Titel eines Herzogs von Dalmatien (dux Dalmatiae) führte, die byzantinische Oberhoheit also erhalten blieb, so war seither vor allem der venezianische wirtschaftliche Einfluß groß genug, die freie Schiffahrt zu sichern. Die politische Oberherrschaft Venedigs freilich ist über die istrischen Städte und die Inseln des Quarnero wohl kaum hinausgegangen. Allerdings, und dies war eine dauerhafte Folge der Kriegsfahrt vom Frühjahr 1000, wurde die kroatische Seemacht ausgeschaltet. Noch im gleichen Jahre gewann Surigna (als Kresimir III., 1000—1030) den Königsthron Kroatiens; die mit ihm geschlossenen Vereinbarungen blieben in Kraft, ja, vor 1008 vermählte Petrus II. Orseolus seine Tochter Hicela mit dessen Sohne Stephan, so daß zwischen dem Kroatenherrscher und dem Dogen eine enge verwandtschaftliche Beziehung hergestellt wurde. Zwar blieben die politischen Verhältnisse in Dalmatien weiterhin unsicher; aber mit Recht haben schon die venezianischen Zeitgenossen das Jahr 1000 als das Gründungsjahr der Vorherrschaft Venedigs auf der Adria angesehen. Diese aber bedeutet die Voraussetzung für seine Großmachtstellung.

Otto III. hat die Erfolge des Dogen unzweifelhaft anerkannt. Aber auch der nach seinem plötzlichen frühen Tode zu seinem Nachfolger gewählte Herzog von Bayern, Heinrich II., hat schon am 16. November 1002 in Regensburg die Pakta aller seiner Vorgänger mit Venedig bestätigt und ausdrücklich auch die Rechte auf Istrien, ebenso den Titel eines Herzogs von Dalmatien anerkannt. Als er auf seinem ersten Italienzuge 1004 in Verona war, begrüßte ihn dort Otto Orseolus, des Dogen zweiter Sohn, der 1011 mit der Schwester Stephans d. Hl. von Ungarn vermählt und damit Schwager der Kaiserschwester Gisela wurde, so daß zur Besiegelung der guten Beziehungen zwischen dem letzten Ottonenkaiser und Venedig die Verwandtschaft mit dem Hause der Orseoli kam.

Petrus II. Orseolus hat sich in den letzten Jahren seiner Regierung nach dem plötzlichen Tode seines ältesten Sohnes Johannes und dessen byzantinischer Gemahlin (1007) mehr und mehr von den Geschäften zurückgezogen. Seine Förderung der Bauten oder ihrer Renovierung in Venedig selbst, wie man nunmehr wohl die Stadt auf der Inselgruppe des Rialto nennen darf, aber auch auf Torcello, in Heracliana und auf Grado werden gerühmt. Er selbst scheint sich, wie sein Vater, mönchischem Leben zugewandt zu haben; im September 1009 ist er gestorben.

Ohne Schwierigkeiten wurde sein Sohn Otto Orseolus (1009 bis 1026) zum Nachfolger gewählt. Er hat das Erbe gewahrt; aber dies war mitunter nicht einfach. Angriffe von Nachbarn auf dem Festlande waren abzuwehren; die Kroaten verhielten sich keineswegs so, wie es die verwandtschaftliche Verbindung zu König Kresimir III. Surigna erhoffen ließ, so daß der Doge 1018 durch einen Kriegszug wenigstens die Inseln des Quarnero wieder unter seine Herrschaft zwingen mußte und ihnen zur Einhaltung der vertraglichen Regelungen einen Tribut in Naturalien auferlegte. Immerhin gelang es, die Position in der Adria im wesentlichen zu halten, die Macht des Hauses der Orseoli im Insellande weiter auszubauen, indem das Patriarchat von Grado an den Bruder des Dogen, den Bischof Orso von Torcello, kam. Aber zur gleichen Zeit (1019) wurde Poppo, Angehöriger des bayerischen Geschlechts der Grafen von Treffen, Patriarch von Aquileja. „Eine jener heroischen Gestalten der deutschen Kirche des Mittelalters, zugleich ein gewalttätiger Kriegsmann und ein ehrgeiziger Landesfürst, der prachtliebende Erbauer des neuen Doms von Aquileja, der freigebige Errichter des dortigen Domkapitels, ein eifriger Reliquiensammler und ein ergebener Anhänger seines kaiserlichen Herrn" (Paul Kehr), war er zugleich doch auch „ein wenn auch roher Vorläufer der streitbaren Bischöfe der Stauferzeit" (H. Kretschmayr). Sofort nach seinem Amtsantritt versuchte er, anknüpfend an die Beschlüsse der Synode von Mantua von 827, das Patriarchat von Grado und Venetien seiner kirchlichen Jurisdiktion unterzuordnen. Anlaß dazu mag ihm geboten haben, daß der Patriarch von Grado nach dem erfolgreichen Feldzug des Dogen Petrus II. Orseolus Anspruch auf die kirchliche Oberherrschaft über Bistümer Istriens und des Quarnero erhoben hatte. Der Patriarch Johann von Aquileja hatte sogleich gegen die Ansprüche Grados in Rom protestiert, erreichte aber nichts. Poppo wartete nicht auf Synodalentscheidungen. Ihm bot sich eine bessere Gelegenheit.

Wir sind nicht unterrichtet über die Gründe, die zu einer Verschwörung gegen die Orseoli geführt haben. Als im Frühjahr und Sommer 1024 zuerst Kaiser Heinrich II., dann Papst Benedikt VIII. starben, schlugen die Verschwörer los. Der Doge und sein Bruder, der Patriarch von Grado, entkamen nach Pirano auf Istrien. Wenig später besetzte Poppo von Aquileja die Insel Grado und plünderte sie. Eine militärische Besatzung blieb zurück. Von dem neuen Papst Johannes XIX., der, obzwar Bruder seines Vorgängers, durch Ämterkauf hochgekommen war, verlangte er die Bestätigung seiner Besitzungen einschließlich Grados und der Metropolitangewalt über Venetien. Der Papst erwies sich als willfährig und stellte ihm das gewünschte Privileg aus, fügte allerdings einen Vorbehalt hinzu, der wenigstens die Möglichkeit einer Nachprüfung des Sachverhaltes offenließ. Es mag wohl sein, daß die Ausplünderung Grados den Venezianern vor Augen geführt hat, welche Gefahren sie heraufbeschworen hatten; jedenfalls kehrten Doge und Patriarch noch im Spätherbst des gleichen Jahres zurück und fertigten einen Boten nach Rom ab. Papst Johannes XIX. mußte nun beide Patriarchen vor eine Synode laden, die noch im

Dezember des gleichen Jahres stattfand. Orso von Grado erschien persönlich dort, Poppo von Aquileja ließ sich durch einen Mönch vertreten. Die Synode stellte den bisherigen Zustand her; offen blieb die kirchliche Zugehörigkeit der Bistümer Istriens. Immerhin sollte Poppo alles Geraubte zurückerstatten. Dieser freilich dachte nicht daran; der neue König Konrad II., zu dem er über seinen persönlichen Freund, den Bischof Meinwerk von Paderborn, Beziehungen aufgenommen hatte, kaum daß dieser 1026 in der Lombardei erschien und mit harter Hand seine Herrschaft im Königreich Italien durchsetzte, wurde ganz in seinem Sinne beeinflußt. Als der wieder in sein Amt zurückgekehrte Doge Otto Orseolus die Erneuerung der Kaiserpakta von dem ersten Herrscher des Saliergeschlechts erbat, wurde er abgewiesen. Die Opposition, die sich gegen ihn gebildet hatte, benutzte dies, um ihn abzusetzen. Er begab sich nach Konstantinopel, vielleicht, um dort Unterstützung zu suchen. Seine beiden Brüder Orso von Grado und Vitalis von Torcello blieben im Amt. Orso fiel die schwere Aufgabe zu, Grado gegenüber Poppo von Aquileja zu behaupten.

Konrad II. befahl dem Papst, kaum daß er in Rom zum Kaiser gekrönt worden war, eine Synode einzuberufen, um den Streit zwischen Aquileja und Grado zu entscheiden. Sie trat am 6. April 1027 zusammen. Es war vorauszusehen, wie die Entscheidung ausfallen würde, und so war Orso von Grado gar nicht erschienen, sondern entsandte nur einen Vertreter ohne jede Vollmacht. „Venedigs und Grados Sache war von vornherein verloren, die Verhandlung eine Farce" (P. Kehr). Der durch den Papst verkündete Synodalbeschluß unterstellte Grado als Pfarre dem Patriarchat von Aquileja, dessen Metropolitanrechte über ganz Venetien anerkannt wurden. Papst und Kaiser investierten Poppo mit der Pfarrei von Grado. Die Selbständigkeit der Kirche Venetiens war beseitigt, und Poppo hat sich noch ein zweites Mal alle Ansprüche Aquilejas urkundlich bestätigen lassen (September 1027).

Orso von Grado gab sich indes nicht geschlagen. Er verteidigte seine Inselstadt gegen alle Angriffe Poppos, konnte aber ebensowenig wie der zum Nachfolger seines Bruders gewählte Doge, eine so blasse Figur, daß nicht einmal sein Name sicher überliefert ist, die Plünderungen und Brandschatzungen der venezianischen Besitzungen auf dem Festlande verhindern. Der Kaiser bestätigte 1034 nochmals alle Rechte Poppos auf Grado und übertrug ihm dazu die Gebiete von Heracliana/Cittanuova und Caorle, d. h. das Land der „rebellischen" Venezianer zwischen Piave und Livenza. Hier ging es nicht nur um den Streit zweier Kirchen, hier ging es um den Bestand Venedigs überhaupt. Noch einmal riefen die Venezianer Otto Orseolus zurück; Orso von Grado wurde zum Verweser des Dogenamtes eingesetzt. Aber Otto starb 1032 in Konstantinopel. Ein letzter Versuch eines Orseolus, sich des Dogenamtes zu bemächtigen, scheiterte, und nun wurde der Führer der Opposition, ein reicher Seidenhändler namens Dominicus Flabianus (1032—1042), zum Dogen gewählt. Was die Opposition beabsichtigte, wurde deutlich, als durch eine Verordnung verboten wurde, daß der Doge sich einen Mitregenten wählen dürfe. Dieses „erste Staatsgrundgesetz der Republik", wie man es genannt hat, bedeutete das *Ende der dogalen Monarchie,* die drei bedeutende Dogenfamilien, die Particiaci, Candiani und Orseoli verkörperten. Nicht als Monarchie der Dogen, sondern als Republik sollte Venedig künftig zur Großmacht aufsteigen. Es ist dies eine entscheidende Wende der venezianischen Verfassungsgeschichte.

Sie ist zweifelsfrei durch die Haltung Konrads II. gegenüber Venedig beeinflußt worden. Der Kaiser bezeichnete 1034 in der Urkunde für Poppo von Aquileja die Venezianer als Rebellen gegen Kaiser und Reich und als Leute, die Grado gewaltsam in ihren Besitz gebracht hätten (Venetici vero quoniam semper imperio nostro rebelles extiterunt et Gradum plebem per vim tenuerunt).

Zwischen Venedig und dem Reich herrschte Kriegszustand. Poppo von Aquileja, der 1031 in Anwesenheit zweier Kardinäle als Legaten des Papstes seinen neuen Dom weihte, den die Bewohner von Grado bei günstigem Wetter mit bloßem Auge sehen konnten, schien am Ziel seiner Wünsche. Freilich, Orso von Grado verteidigte seine Residenz, solange er lebte. Er hat aber auch in Venedig, wo er oft weilte, bedeutenden Einfluß ausgeübt. Man hat ihn wohl zu Recht als die Seele des Widerstandes gegen die Venedig feindliche Politik Konrads II. und Poppos angesehen. Praktisch änderte sich insofern wenig, als die Venezianer gegen die unter kaiserlichem Schutz die Grenzgebiete heimsuchenden und ausplündernden Nachbarn — außer dem Patriarchen von Aquileja mögen sich wohl auch die Bischöfe von Treviso, Ceneda und Belluno daran beteiligt haben — zusammenhielten. Allerdings mußten die Venezianer in dieser Zeit auf Istrien ebenso verzichten wie auf die dalmatinischen Eroberungen des großen Petrus II. Orseolus, zumal ihnen von Byzanz keine Hilfe zuteil werden konnte. Hier brach nach dem Tode Basileios' II. (1025) unter seinen schwachen Nachfolgern eine Periode des inneren Verfalls an, in der der hauptstädtische Beamtenadel und die aus ihm hervorgegangenen Kaiser in kurzer Zeit das Erbe des Siegers über die Bulgaren und Verteidigers der asiatischen Besitzungen des byzantinischen Reiches verwirtschafteten. Venedig sah sich auf sich allein gestellt, und dies hat nicht nur negative Folgen gehabt. Sowenig die Überlieferung von dem Dogen Dominicus Flabianus zu berichten weiß, so viel scheint sicher, daß er und seine Ratgeber erkannten, welchen politischen Weg Venedig künftig einschlagen mußte. Hatte bislang die Beziehung zum benachbarten Festlande die dominierende Rolle in allen politischen Überlegungen gespielt, hatten die Dogen des 9. und 10. Jh. versucht, möglichst gute und enge Verbindungen zu den jeweiligen Herrschern Italiens bzw. des Reiches anzuknüpfen und stetig auszubauen, so wird seit dem Regierungsantritt Konrads II. darauf verzichtet, auch dann, als der Feind Venedigs 1039 starb und ihm sein Sohn Heinrich III. (1039—1056) nachfolgte. Dieser war schon vorher einmal in Venedig gewesen, angeblich, um in der berühmten Kirche S. Zaccaria zu beten; wir wissen nicht, ob es Tarnung einer diplomatischen Mission im Auftrage seines Vaters war. Möglich immerhin, daß der junge König sich über die Verhältnisse im

Lagunengebiet und seiner Nachbarschaft ein Bild machen wollte, zumal der Patriarch Poppo von Aquileja in diesen Jahren mit seinem kaiserlichen Herrn zeitweilig in Gegensatz geriet. Aber als Heinrich III. König geworden war, besserten sich die Beziehungen zu Venedig keineswegs. Im Gegenteil, Poppo von Aquileja hat zu Anfang der 40er Jahre, jedenfalls vor dem Tode des Patriarchen Orso, die Insel Grado aufs neue überfallen, gebrandschatzt und eine Besatzung in sie gelegt. Orso klagte in Rom; aber ehe es zu einer neuen Verhandlung kam, starb Poppo (1024). Man wird in Venedig ebenso aufgeatmet haben wie am päpstlichen Hof, und Papst Benedikt IX. ließ sich dazu bewegen, vielleicht durch materielle Zuwendungen, die ihm Venedig zukommen ließ, im Frühjahr 1044 eine Synode zusammenzurufen, auf der der Streit zwischen Aquileja und Grado erneut untersucht werden sollte. Die venezianische Gesandtschaft, die der Patriarch Orso, der neue Doge Domenico Contarini (1042 bis 1071) und das Volk von Venedig nach Rom geschickt hatten, konnte mit einem vollen Erfolg heimkehren. Der Papst stellte Orso, den er übrigens ausdrücklich als Patriarchen von Grado, dem „neuen Aquileja“ (Gradensis ecclesiae Novae Aquileiae patriarcha) bezeichnet, ein Privileg aus, das Poppos Verhalten gegenüber dem Patriarchat von Grado als Verbrechen kennzeichnet; alle Besitzungen und Rechte Grados wurden bestätigt; der Patriarch von Aquileja wird überhaupt nur als Bischof von Friaul bezeichnet. Daß die istrischen Bistümer als rechtens Grado unterstellt galten, ergibt sich aus dem Wortlaut. Orso hatte über seinen harten Gegner gesiegt. Es war die Genugtuung für die jahrzehntelangen Kämpfe, die Orso vor seinem Tode — er starb wahrscheinlich 1049 — zuteil wurde.

Man fragt sich, warum König Heinrich III. stillschweigend die Niederlage seines Reichsbistums Aquileja hingenommen hat, obwohl seine Haltung gegenüber Venedig vorerst mindestens reserviert war. Der Papst hatte sich ihm bisher in allem gefügt; seine Stellung war zudem schwach; er ist noch im Herbst des gleichen Jahres 1044 vorübergehend abgesetzt worden und hat im darauffolgenden Jahr abgedankt. Die Erklärung, daß den

König die Regelung anderer Angelegenheiten vollauf beschäftigt habe, ist nicht ganz befriedigend; möglicherweise ist die Ursache in den Kämpfen um Ungarn zu suchen. Als König Stephan I. d. Hl. 1038 starb, folgte ihm als der nächste Blutsverwandte sein Neffe Peter, der Sohn seiner Schwester Maria und des im Exil in Konstantinopel gestorbenen Dogen Otto Orseolus von Venedig. Gegen den in Byzanz aufgewachsenen Venezianer erhoben sich die ungarischen Großen und wählten einen Gegenkönig, Aba/Samuel, der Reichsgebiet an der Donau überfiel. Heinrich III. unternahm von 1042 bis 1044 Feldzüge gegen Ungarn und setzte König Peter in der ungarischen Krönungsstadt Stuhlweißenburg wieder in sein Amt ein. Im Frühjahr 1045 nahm er ebendort die Lehnshuldigung König Peters entgegen. Dieser aber war ein leiblicher Neffe des Patriarchen Orso von Grado. Es ist daher verständlich, wenn Heinrich III. nicht eine Entscheidung des Papstes zugunsten eines nahen Verwandten seines Schützlings verhindern wollte, sondern Wert darauf legte, daß in Italien Ruhe herrschte. Als er 1046 in Italien erschien und in Rom zum Kaiser gekrönt worden war, hat er auf der Synode zu Sutri im Dezember 1046 den Papst Benedikt IX. für seine Abdankung und den Verkauf der päpstlichen Würde an seinen Nachfolger hart bestrafen lassen. An dessen Entscheidung für Grado hat er gleichwohl nichts geändert.

Damit begann sich eine Wendung zum Besseren in den Beziehungen zwischen dem westlichen Nachbarn und Venetien abzuzeichnen. Die Regierung des Dogen Domenico Contarini war nach den schweren äußeren und den inneren Kämpfen um allmähliche Erholung bemüht. Das durch Poppo von Aquileja so schwer getroffene Grado wurde wieder aufgebaut, ohne daß freilich das Geraubte zurückgegeben wurde. Schon im 10. Jh. hatten schwere Stürme und Flutwellen einen Teil der Insel zerstört. Ihre einstige Blüte hat die Stadt Grado nicht wieder erreicht, und die Patriarchen hielten sich seit Orso Orseolus immer öfter in Venedig auf, wo sie später einen eigenen Stadtpalast bei der Kirche S. Silvestro erbauen ließen. Die Anfänge der allmählichen Umsiedlung des Patriarchats von Grado nach Venedig knüpften sich an den Namen des Orso Orseolus und die Kämpfe mit Aquileja.

War dieser, vielleicht durch die Umstände gezwungen, mehr Politiker als Kirchenmann, obwohl die Orseoli anscheinend alle auch gläubige, ja fromme Leute waren, so war sein (zweiter?) Nachfolger, Dominicus Marango, ein Vertreter der kirchlichen Reformbewegung. Kaiser Heinrich III. hatte Bischof Brun von Toul, einen seiner Verwandten aus hohem Reichsadel, zum Papst ernannt. Mit Leo IX. (1048—1054) besetzte ein Angehöriger der lothringischen Kirchen- und Klosterreform den Stuhl Petri. Der Mönch Hildebrand, der spätere Papst Gregor VII., der Mönch Humbert aus Moyenmoutier und andere Reformer bildeten seinen engsten Beraterkreis. Dazu gehörte auch der Patriarch Dominicus Marango von Grado, der oft in seiner Umgebung nachweisbar ist und mit dem geistigen Haupt der Reformbewegung an der päpstlichen Kurie, dem zuerst zum Erzbischof von Sizilien und später zum Kardinalbischof von Silva Candida erhobenen Humbert, engeren persönlichen Kontakt gehabt hat. Die Synoden Leos IX. 1050 in Rom, 1052 in Regensburg hat er besucht. 1051 war er Legat des Papstes in Benevent in einer besonders wichtigen Mission: das Fürstentum unterstellte sich der päpstlichen Oberhoheit. Es war die Zeit, als die Normannen, die seit 1016 sich in Unteritalien festgesetzt und die Byzantiner verdrängt hatten, allmählich ihre Herrschaft auszudehnen begannen. Wenn, was mit guten Gründen angenommen wird, der Papst entweder 1052 oder Anfang 1053 selbst Venedig besucht hat — in diese Zeit fallen Privilegien für venezianische Kirchen —, dann wäre dies der erste Besuch eines Papstes in der Lagunenstadt. Dies erklärt, daß Leo IX. auf einer römischen Synode im April 1053 dem Patriarchen von Grado ein Privileg, eine „Constitutio“, verlieh, die die Urkunde Benedikts IX. von 1044 bestätigte. Darüber hinaus stellte er in einem Rundschreiben an die Bischöfe Venetiens und Istriens fest, daß Grado immer das Haupt und die Metropole der beiden Länder gewesen sei (ut Nova Aquileja totius Venetiae et Istriae caput et Metropolis perpetuo haberetur), während der Bischof von Friaul (d. h. der Patriarch von Aquileja) nur für das ehemals langobardische Gebiet zuständig sei. Leo IX. schärfte den Bischöfen ein, dem Patriarchen von Grado als ihrem Primas gehorsam zu sein. Seither hat die römische Kirche jahrzehntelang dem Oberhirten von Aquileja den Patriarchentitel verweigert.

Dominicus Marango hat nicht gezögert, diesen, wie es schien, endgültigen Sieg über den Rivalen auszunutzen und gegenüber dem Patriarchen Peter von Antiochia den von diesem allerdings ironisch zurückgewiesenen Anspruch zu erheben, neben Rom, Konstantinopel und den drei orientalischen Patriarchaten (Antiochia, Alexandria und Jerusalem) als gleichberechtigt zu gelten; hierbei wird auf eine erfundene Anordnung des Apostels Petrus selbst verwiesen. Mag dieser Anspruch auch nur dem augenblicklichen Erfolg zuzuschreiben sein, so läßt er deutlich werden, daß gerade die Zeit der Bedrohung, der Gefahr und der Erniedrigung in Grado genutzt worden ist, um die eigene Position durch Erfindungen und Fälschungen nicht nur zu verteidigen, sondern zu verbessern. Der Patriarch war im übrigen ein überzeugter Anhänger der kirchlichen Reform und hat schon zu Beginn seiner Amtsführung in S. Marco eine Synode abgehalten, in der er für seinen Sprengel die oft übertretenen kirchlichen Gebote einschärfte und vor allem die Regeln für Priesterweihe und Diakonat in Erinnerung brachte. Daß die Synode unter Vorsitz des Patriarchen und des Dogen stattfand, weist darauf hin, daß das Verhältnis zwischen geistlicher und weltlicher Gewalt so aufgefaßt wurde wie in Byzanz: als einträchtiges Miteinander. Dies tat sich auch in den Stiftungen und Schenkungen für die Kirchen und Klöster kund. 1053 stiftete der Doge das Kloster S. Nicolò di Lido und gab um 1050 den Befehl zum über vier Jahrzehnte sich hinziehenden Umbau bzw. Neubau von S. Marco. Die Kirche war nach dem Brande von 976 als Basilika mit drei Apsiden wieder aufgebaut worden. Jetzt wurde sie in eine Kreuzkuppelkirche mit fünf Kuppeln — über der Vierung und jedem Kreuzarm — umgestaltet, wobei ein ganz neues Stützensystem für die Kuppeln eingezogen werden mußte; trotz der komplizierten Lösungen aller Probleme, die der Bau aufgab, ist das Ergebnis „die einfache Klarheit des inneren Aufrisses“ (C. Neumann). Vorbild war die Apostelkirche in Konstantinopel, die Grabeskirche Konstantins d. Gr. und vieler seiner Nachfolger.

Die Entscheidung für das byzantinische Vorbild hatte natürlich politische Hintergründe. Der Doge und seine Berater wollten zum Ausdruck bringen, daß Venedig zu Byzanz in engen Beziehungen stand, die um so wichtiger geworden waren, als die Erfahrungen mit dem ersten Kaiser aus salischem Hause gelehrt hatten, wie gefährdet die Selbständigkeit Venetiens war, wenn es sich allzusehr an den festländischen Nachbarn anlehnte. Bemerkenswert auch, daß diese Entscheidung in einem Augenblick fiel, als die schon seit langem bestehenden Spannungen zwischen Ost- und Westkirche zum Bruch führten. 1043 war in Konstantinopel Michael Kerullarios zum Patriarchen erhoben worden, „der ehrgeizigste Kirchenfürst der byzantinischen Geschichte“ (G. Ostrogorsky), ursprünglich Politiker, im Exil Mönch geworden; „vom Bewußtsein der Erhabenheit seines Amtes war er nicht weniger erfüllt als sein römischer Gegner“ (G. Ostrogorsky). Dieser aber war der Kardinalbischof Humbert von Silva Candida. Papst Leo IX. versuchte schon seit Antritt seines Amtes die Interessen des Reiches in Unteritalien mit denen Roms zu verbinden, hielt dort Synoden ab, besetzte Bischofsstühle nach seinem Gutdünken und ernannte Humbert von Silva Candida 1050 zum Erzbischof von ganz Sizilien, das damals aber noch von den Arabern besetzt war. Damit griff er in die Rechtssphäre des Patriarchen Kerullarios ein, denn noch beanspruchte Byzanz die politische Herrschaft über Unteritalien und Sizilien; das aber bedeutete zugleich auch Herrschaft über die dortigen Kirchen. Michael Kerullarios zögerte nicht, den Kampf aufzunehmen, schloß die Kirchen der Lateiner in Konstantinopel und veranlaßte den Erzbischof der Bulgaren, Leon von Ochrid, einen Griechen, zur Abfassung einer Streitschrift gegen die lateinischen Häretiker, die in Unteritalien bekannt gemacht wurde. Humbert von Silva Candida antwortete mit einer scharfen Gegenschrift; aber sie wurde vorerst nicht bekannt. Papst Leo IX. hatte 1053 einen Feldzug gegen die Normannen in Unteritalien geleitet, war aber geschlagen worden und geriet für Monate in ihre Gefangenschaft. Es konnte jetzt nichts mehr daran gelegen sein, mit Byzanz in Streit zu liegen. Die Vermittlung hatte der Patriarch Dominicus Marango von Grado schon 1052 versucht, gemeinsam mit dem Patriarchen Peter von Antiochia. Kaiser Konstantin IX. Monomachos griff ein, so daß Leo IX. in der bedrängten Lage, in der er sich befand, hoffen konnte, mit den Griechen zu einer Einigung gegen die beiden gemeinsame Normannengefahr zu gelangen. Allein, der geistige Führer der päpstlichen Gesandtschaft, die Leo IX. nach Konstantinopel abfertigte, war Kardinal Humbert von Silva Candida. Damit trat der schärfste Vertreter des Primats des römischen Stuhls dem Patriarchen Michael Kurellarios gegenüber. Sein Auftreten und die ablehnende Haltung des Patriarchen gegenüber Rom führten zu den Akten vom 16. und 21. Juli 1054, bei denen zuerst die römische Delegation über den Patriarchen, dann der Patriarch über die Kirche von Rom den Fluch aussprach; der Bruch war da und ist mit Ausnahme einer Episode während des Konzils von Ferrara-Florenz (1439) erst durch Papst Paul VI. und den Patriarchen Athenagoras im Jahre 1967 geheilt worden. Leo IX. hat diese Wendung nicht mehr erlebt; er war im April 1054 in Rom gestorben.

Nichts mußte dem Patriarchen von Grado, der Humbert von Silva Candida persönlich nahestand und viel verdankte, unangenehmer sein als der Bruch zwischen Rom und Konstantinopel, der allerdings von den Zeitgenossen nicht ernster genommen worden zu sein scheint als mannigfache andere Streitereien über kirchliche Fragen in den vorhergehenden Jahrhunderten. Denn als Heinrich III. 1055 wieder in Italien war, wurden Verhandlungen mit dem byzantinischen Kaiserhof über ein gemeinsames Vorgehen gegen die unteritalischen Normannen verabredet, ohne daß es dann dazu kam. Daß aber Kaiser Heinrich III. im gleichen Jahre 1055 das Kaiserpaktum seiner ottonischen Vorgänger erneuerte, ist ein Zeichen dafür, daß ihm an der Beendigung der Epoche der Spannungen mit Venedig lag; sowohl als Mittlerin zwischen dem Reich und Byzanz wie als bedeutendste Seemacht auf der Adria in einem zu erwartenden Krieg gegen die Normannen war die Lagunenstadt wertvoll, die nicht abließ, mit dem Osten gute und enge Beziehungen zu pflegen. Allerdings ist aus dem gemeinsamen Vorgehen gegen die Normannen nichts geworden, denn in Byzanz starb im September 1056 die Kaiserin Theodora, die nach dem Todes ihres Schwagers Konstantin IX. Monomachos (1056) die Herrschaft nominell übernommen hatte — in Wahrheit regierte der hohe Adel der Hauptstadt — und im Reich einen Monat später, im Oktober 1056, Kaiser Heinrich III. Wie diesem ein sechsjähriger Knabe, Heinrich IV., so folgten der byzantinischen Kaiserin gleich zwei einander befehdende Gegenkaiser, und dort wie hier folgte der Verfall der zentralen Gewalt.

Für Venedig sind die nächsten anderthalb Jahrzehnte anscheinend eine Periode der inneren Konsolidierung gewesen. Die Stellung des Patriarchen von Grado war und blieb unangefochten. Seine Unterschrift steht nach der des Erzbischofs von Mailand unter dem berühmten Papstwahldekret, das Papst Nikolaus II., der dritte Nachfolger Leos IX., auf einer Synode zu Rom im April 1059 annehmen ließ. Hier wurden die Rechte des Kaisers, aber auch die des Klerus und Volkes von Rom beiseite geschoben, die Wahl des neuen Papstes in die Hand der Kardinäle gelegt. Humbert von Silva Candida hatte entscheidenden Einfluß auf die neue Ordnung und auf andere Synodalbeschlüsse (Verbot der Priesterehe usw.). Daß aber der Papst die Normannenfürsten als Vasallen annahm und mit ihren unteritalischen Besitzungen belehnte (Sommer 1059), wird als politischer Schachzug des Subdiakons Hildebrand angesehen, der in den Normannenfürsten, an deren Spitze in diesem Jahre Robert Guiskard getreten war, Bundesgenossen sowohl gegen das westliche Kaisertum, wie auch gegen Byzanz gewinnen wollte. Insofern entsprach die Belehnung der Normannen, deren illegale Herrschaft in Unteritalien damit legalisiert wurde, auch der antibyzantinischen Haltung Humberts. Wie der Patriarch Dominicus Marango von Grado sich dazu gestellt hat, wissen wir nicht. Diese Richtung der päpstlichen Politik brachte Gefahren auch für Venedig mit sich, deren man sich am Hof des Dogen wie des Patriarchen bewußt gewesen sein wird. Denn Robert Guiskard war eine Persönlichkeit, über die man sich gewiß sehr genaue Vorstellungen gemacht hat. 1061 begann die Eroberung Siziliens; am 16. April 1071 eroberte Robert die letzte bisher noch byzantinische Stadt Italiens, Bari; 1072 fiel Palermo in normannische Hand. Es war nur noch eine Frage der Zeit, wann die ganze Insel Sizilien von den Normannen besetzt werden würde. Der letzte Rest byzantinischer Herrschaft in Italien war damit ebenso beseitigt, wie die kirchliche Oberhoheit des Patriarchen von Konstantinopel über die unteritalischen Bistümer. Die neuen Herren waren Lehnsleute des Papstes, hatten sogar wenige Jahre zuvor bereits auf seiten der Reformpartei in römische Aseinandersetzungen eingegriffen.

Die Normannen im Besitz von Bari — das bedeutete auch für Venedig eine Gefahr für die unbehinderte Schiffahrt von der Adria ins östliche Mittelmeer. Der neue Doge, Domenico Silvio (1071—1084), durch die Heirat mit einer vornehmen Byzantinerin mit dem Ostreich eng verbunden, hat nicht gezögert, die Flotte Venedigs zur Verfügung zu stellen, als Byzanz ihrer bedurfte. Die byzantinische Flotte war im Laufe des 11. Jh. mehr und mehr verfallen, weil die zu Kaisern aufgestiegenen hauptstädtischen Beamten sich als unfähig erwiesen, Militär und Flotte zu erhalten, und den Staat für ihre persönlichen Zwecke ausplünderten. Als von Osten her die seldschukischen Türken das Reich bedrängten, halb Kleinasien besetzten, auf dem Balkan Kroatien unter Peter Kresimir IV. (1058—1074), dem Enkel Peter Orseolos von Ungarn und wahrscheinlich am Hofe des Dogen Dominicus Contarini in Venedig erzogen, zeitweilig Teile Dalmatiens besetzt hielt und schließlich auch die serbischen und ostbulgarischen Gebiete abfielen, als die Ungarn die Festung Belgrad am Zusammenfluß von Donau und Save eroberten, das Reich in inneren Kämpfen zu versinken drohte, hielt auch Robert Guiskard den Augenblick für gekommen, Byzanz anzugreifen. Der im April 1081 zum Kaiser erhobene Alexios I. Komnenos, ein General, versuchte es zuerst mit Verhandlungen, die scheiterten. Im Sommer 1081 besetzte eine normannische Flotte die Insel Korfu und belagerte die Hafenstadt Durazzo an der Küste des Epirus; von hier aus wollte Robert Guiskard auf der alten Römerstraße, der via Egnatia, nach Osten ins Innere der Balkanhalbinsel vordringen. Alexios Komnenos suchte in aller Eile nach Hilfe, verhandelte mit dem Papst — es war Gregor VII., der einstige Mönch Hildebrand —, mit Heinrich IV., aber auch mit Venedig.

Der Doge war, sicher im Einvernehmen mit der Aristokratie, zur Hilfe bereit. Im Juli 1081 erschien die venezianische Flotte unter dem Kommando des Dogen vor Durazzo. Die normannische Flotte wurde zersprengt, die Besatzung von Durazzo mit Lebensmitteln versehen, das normannische Landheer angegriffen. Es war seit langer Zeit wieder ein großer Erfolg der venezianischen Flotte, aber auch der an Land gesetzten venezianischen Krieger. Allerdings nutzte er insofern wenig, als das byzantinische Heer des Kaisers Alexios I. Komnenos geschlagen wurde, Robert Guiskard durch Mazedonien und Thessalien zog und Saloniki bedrohte. Lediglich der Umstand, daß in Unteritalien Unruhen ausbrachen, Kaiser Heinrich IV. einzugreifen drohte und Gregor VII. Herzog Robert Guiskard dringend zur Heimkehr aufforderte, rettete vorerst das byzantinische Reich.

Kaiser Alexios I. Komnenos mußte die Hilfe Venedigs freilich teuer bezahlen. In dem Chrysobull vom Mai 1082 verbriefte er in feierlicher Form das, was er im Jahr zuvor mit den Venezianern vereinbart hatte. Die venezianischen Kaufleute sollten fortan im gesamten byzantinischen Reich, auch in der Hauptstadt selbst, ohne jede Abgabenleistung mit allen Waren Handel treiben dürfen. In Konstantinopel erhielten sie drei Landeplätze und Werkstätten am Goldenen Horn gegenüber Galata. Dafür verpflichteten sich die Venezianer, weiterhin Byzanz die Treue zu halten und ihm Hilfe zu leisten.

Es war ein Wendepunkt in der Geschichte Venedigs. Noch vor wenigen Jahrzehnten von Poppo von Aquileja und Kaiser Konrad II. tödlich bedroht, war es zu der bedeutendsten Seemacht in der Adria aufgestiegen und hatte darin selbst Byzanz überflügelt. Im Sommer 1083 erschien die venezianische Flotte wiederum an der Küste des Epirus, nahm Durazzo, eroberte im Frühjahr 1084 Korfu zurück, wurde aber noch im Herbst 1084 von Robert Guiskard geschlagen. Der Doge Domenico Silvio wurde gezwungen abzudanken; er wurde durch Vitalis Falieri (1084—1096) ersetzt. Dieser hat den Abschluß des Normannenkrieges erlebt, der nach dem Tode Robert Guiskards (1085) unvermeidlich geworden war. Durazzo wurde gegen Loskaufzahlung an Byzanz zurückgegeben. Dafür war Alexios I. Komnenos bereit, Venedig die Inseln des Quarnero, die Städte Zara, Traù und Spalato zu überlassen. Der Doge führte seit 1094 als byzantinischer Protosebastos mit jährlichem Gehalt auch den Titel eines Herzogs von Kroatien (neben Venetien und Dalamtien). Versuche der kroatischen Könige Peter Kresimir II. (1052 bis 1072) und Demetrius Zvonimir (1076—1089), sich an der Adria festzusetzen, scheiterten ebenso wie ein erster Versuch Ungarns unter Andreas I. (1046—1061), an der dalmatinischen Küste Fuß zu fassen. Venedig war praktisch Herrin der Adria und konnte jetzt an der dalmatinischen Küste und im byzantinischen Reich eine Kolonialmacht aufbauen. In Konstantinopel selbst siedelten sich nach 1082 zahlreiche Venezianer am Goldenen Horn an und errangen in kurzer Zeit die führende Stellung im Außen- und Fernhandel vor den einheimischen griechischen Kaufleuten.

Damit löste sich Venedig aus den Bindungen an das italienische Festland, das Reich und das römische Papsttum. Freilich geschah das sehr allmählich. Gregor VII. hat am Beginn seines Pontifikats mit Venedig enge Verbindung gehalten, nicht nur mit dem Patriarchen Dominicus Marango, sondern auch mit dem Dogen. Am 31. Dezember 1074 schrieb er ihm, wie sehr er seit seiner Jugend Venedig und dessen Freiheit geliebt habe. Der Satz ist, wie man wohl zu Recht gemeint hat (P. Kehr), ein Zeichen dafür, daß Gregor VII. Venedigs Bedeutung vor allem als Mittler mit dem östlichen Kaiserreich erkannt hat. Als Venedig energischer seine Rechte in Dalmatien verteidigte, kühlten sich die Beziehungen Gregors VII. zu der Lagunenstadt rasch ab. König Demetrius Zvonimir von Kroatien wurde in Gegenwart des päpstlichen Legaten in Spalato zum König gekrönt und leistete dem Papst den Lehnseid. In Venedig wurde man nun mißtrauisch. Da die Lagunenstadt im großen Kampf zwischen Heinrich IV. und Gregor VII. neutral blieb und mit beiden Seiten Verkehr unterhielt, außerdem im Normannenkrieg auf byzantinischer Seite gegen die Vasallen Gregors VII. kämpfte, sind die Verbindungen zu Rom schließlich abgerissen. Erst Gregors VII. Nachfolger, Papst Urban II., hat sie wieder geknüpft.

Ohnehin hatte zwar der Patriarch Dominicus Marango als Anhänger der Kirchenreform deren Grundsätze in seinem Amtssprengel durchzusetzen versucht, aber die Herrschaft des Dogen über die Kirche des Insellandes wurde nie ernstlich angefochten. Die Bistümer, Klöster und Kirchen wurden im allgemeinen gut, einige sogar reich ausgestattet; das Patriarchat selbst erhielt die Einkünfte, die das Venezianerquartier in Konstantinopel einbrachte. Dafür verzichteten die Geistlichen auf alle politische Einwirkung. Gregor VII. hat nichts dagegen ausgerichtet, auch nicht gegen die Besetzung der Bischofsstühle mit Personen, die von der weltlichen Gewalt dazu ausersehen wurden. Papst Urban II. hat gelegentlich dazu mahnend und tadelnd Stellung genommen, aber Venedig war ihm, dem Initiator des ersten Kreuzzuges, viel zu wichtig, als daß er einen Streit heraufbeschworen hätte.

Wirtschaftlich hatte sich Venedig als Stadt, aber auch das gesamte Inselland im Laufe des 9., 10. und 11. Jh. sehr rasch entwickelt. Der Handelsverkehr war ins Große gewachsen; neue Räume waren erschlossen worden. Der Schiffsbau hatte die venezianische Flotte von ausländischen Schiffen unabhängig gemacht. Neue Schiffstypen wurden entwickelt, schnelle Kriegs- und schwere Handelsschiffe, darunter der Buzo. Ein reichverzierter Buzo d'oro (venezianisch: Bucintoro) wurde später das berühmte Staatsschiff des Dogen. Neben der Hochseeflotte wurden seit alters verschiedene Arten und Formen der Lagunenschiffe, Barken und Gondeln gebaut. Hersteller waren private Werkstätten. Erst zu Beginn des 12. Jh. wurde eine staatliche Schiffswerft, das Arsenal (arsenale vecchio) auf der Insel Olivolo errichtet. Hinter dem Schiffsbau treten andere Arten industrieller Produktion fast ganz zurück, denn Venetien war in erster Linie Umschlagplatz, nicht Produzent. Gewiß hat sich in den drei Jahrhunderten seines Aufstiegs zur Großmacht das Handwerk in allen seinen Zweigen entwickelt, aber die Seide, die venezianische Seidenhändler reich werden ließ, kam aus dem Orient, aus Griechenland oder aus Italien (Lucca), Wollstoffe wurden, sofern überhaupt in größeren Mengen gehandelt, von auswärts bezogen; Gewürze und Luxusartikel lieferten die Länder am östlichen Mittelmeer.

Sicherlich gab es neben den kaum sehr zahlreichen Hofhandwerkern auf den Besitzungen der großen Grundherren, vorab der Dogen selbst, auch eine freie Handwerkerschaft in den städtischen Siedlungen, die für den Verkauf auf dem Markt produzierte. Der älteste Markt in Venedig am Rialto ist in der zweiten Hälfte des 11. Jh. nachweisbar, aber vermutlich sehr viel älter. Erst Ende des 13. Jh. wird ein zweiter Markt bei San Paolo (venezian.: Polo) genannt. Ob es vor dem 13. Jh. schon genossenschaftliche Zusammenschlüsse der ein gleiches Handwerk oder Gewerbe Betreibenden gab, ist ungewiß. Wohl aber gab es im 11. Jh. schon genossenschaftliche Zusammenschlüsse der Nachbarn, die geistlichen Zwecken dienten, Laienbruderschaften, die sich in Anbauten an Kirchen ihre Versammlungsstätten schufen. — Zweifellos hatten sie auch soziale Funktionen (gegenseitige Hilfeleistungen u. dgl.). Sie mögen aus Byzanz übernommen worden sein, wo sie aus spätrömischer Zeit lebendig geblieben waren.

Darüber hinaus haben sich genossenschaftliche Formen auf einem Gebiet herausgebildet, das eine der Grundlagen für die Wirtschaft Seevenetiens bildete: in der Salzgewinnung. Die Grundbesitzer (patroni) gaben ein Stück Sumpfland in Erbpacht an Genossenschaften (consortes), die dort auf eigene Rechnung und Gefahr Salinen anlegen und die einzelnen Stücke unter sich aufteilen sollten. Der Zins, der zehnte Teil des Ertrages oder eine entsprechende Geldabgabe, wurde frei vereinbart; bei Verkauf der einzelnen Saline behielt der Grundbesitzer sich das Vorkaufsrecht vor. Einer der ältesten Pachtverträge von 958 ist ausgestellt von dem Dogen Petrus III. Candianus; neben den privaten Großgrundbesitzern treten früh der Doge, Kirchen und Klöster als Salinenverpächter auf; Pächter waren immer Genossenschaften, da die Anlage einer Saline Kapital und Arbeit erforderte, die über die Kraft eines einzelnen hinausgingen, und erst nach 5—6 Sommern die erhofften Erträgnisse lieferte. Solche genossenschaftliche Organisation, wie sie die Salzgewinnung zwingend vorschrieb, forderte auch der Handel über See. An ihm nahmen die alten aristokratischen Geschlechter früh Anteil. Aus dem 11. Jh. sind zahlreiche Urkunden überliefert, die die Angehörigen altadliger Familien und die mit ihnen verschmolzenen Neuadligen der Frühzeit neben ihrer Tätigkeit in Politik und Krieg auch als Fernhändler (und Raubhändler) zeigen. Daß jemand Doge oder Flottenkommandant und Seidenhändler sein konnte, wie Dominicus Flabianus oder Orso Badoer, war im Venetien des 10. und 11. Jh. keine ungewöhnliche Erscheinung. Aber neben diesen Großkaufleuten waren berufsmäßige Händler die Träger des Handels. Bestimmte Formen des in Byzanz geübten Seedarlehensgeschäfts (collegantia, rogadia, commenda), die sich später überall in den italischen Stadtgemeinden ausbreiteten, wurden in Venedig schon früh bekannt. Allerdings bestand kein sozialer Gegensatz zwischen den alten Geschlechtern und den berufsmäßigen Händlern, die durch vorteilhafte Geschäfte Reichtum erwerben und zu politischem Einfluß aufsteigen konnten. „Zu dem einen Phänomen der venezianischen Sozialgeschichte, der uralten Tradition seiner Geschlechter, von denen einzelne in ununterbrochener Geschlechterfolge vom 9. Jh. bis zur Neuzeit sich erhalten haben, tritt für das frühe Mittelalter als zweites Phänomen die große Bereitwilligkeit des venezianischen Adels, neue Familien aufzunehmen und sich zu assimilieren" (M. Merores). Dies aber hängt zweifellos mit der großen Bedeutung und der hohen Bewertung zusammen, die man dem Handelsgeschäft und dem Geldgewinn in Venedig zumaß.

Freilich verlief die Entwicklung nicht für alle Städte Seevenetiens gleichmäßig, konzentrierte sich die Geldwirtschaft in einzelnen Städten, vor allem in Venedig selbst, d. h. auf dem Rialto, und in Torcello; andere Städte, wie Caorle oder Heracliana/Cittanova, Jesolo oder Malamocco, waren Landstädte mit einer Bevölkerung, die vom Weinbau und Fischfang lebte. Auch das durch seine Salinen im Salzhandel bedeutende Chioggia wurde von Venedig schnell überflügelt. Wer sich wirtschaftlich emporarbeitete, wanderte nach Venedig aus. Grado erholte sich nicht von den Schäden, die ihm Poppo von Aquileja zugefügt hatte, und Torcellos wirtschaftliche Bedeutung ging im Laufe des 11. Jh. zurück, während auf der Insel Murano, die ursprünglich nur aus Wein-, Gemüse- und Obstgärten bestand, sich erste Anfänge einer handwerklichen Tätigkeit regten. Die Ungleichheit der wirtschaftlichen Entfaltung bedingte das Nebeneinander von geld- und naturalwirtschaftlichen Formen, zugleich aber auch einen vielfältigen Binnenhandel und — wie sollte es anders sein — starke soziale Unterschiede zwischen der Bevölkerung der verschiedenen Städte und Inseln Venetiens. Neben der alten Aristokratie und den im Handel Tätigen, neben den halbfreien oder unfreien Handwerkern gab es in der Landwirtschaft arbeitende Halbfreie (coloni), die zu besonderen Diensten, auch militärischen, Verpflichteten (excusati), die aber auch mit Verwaltungsfunktionen betraut werden konnten, sowie die Unfreien, die Diener und Sklaven, die verkauft werden konnten. Aber auch diese konnten vor dem öffentlichen Gericht Klage erheben; sie konnten Besitz erwerben und rechtsverbindlich Geschäfte tätigen, ja, sich loskaufen. Freilassungen sind häufig bezeugt, und insgesamt ist die rechtliche und materielle Situation dieser untersten Schicht wohl besser als anderwärts, zumal angesichts der damaligen Bevölkerungszahlen von großen Massen nicht die Rede sein kann und das Inselland gewiß nicht übervölkert war.

Die im Wirtschaftsleben auftretenden genossenschaftlichen Formen entsprachen im politischen Leben der Einschränkung und schließlichen Beseitigung der „dogalen Monarchie", die mit dem Jahre 1032, als Dominicus Flabianus zusicherte, keinen Mitregenten zu ernennen, faktisch abgeschafft war. Die Wählbarkeit des Dogen durch die alten Geschlechter und den hohen Klerus war nie bezweifelt worden. Sie wurde auf dem Lido vorgenommen, wobei eine Feier in S. Nicolò di Lido voranging und der durch Zuruf der Volksversammlung Gewählte nach S. Marco geleitet und mit dem Szepter investiert wurde. Im Amtssitz des Dogen, dem palatium, erfolgte die Vereidigung aller Untertanen, die ihre Vertreter nach Venedig entsandten. Die Volksversammlung wurde natürlich von den Adligen beeinflußt und geleitet.

Der Doge war Vorsitzender des Gerichtshofes (curia communis, curia ducis), der im Dogenpalast (palatium) tagte und auch Verwaltungsaufgaben wahrnahm. In diesem Gerichtshof saßen Vertreter der Geistlichkeit, der weltlichen Obrigkeit und des Volkes, die die Richter bzw. obersten Verwaltungschefs (iudices) stellten. Daß hier die alten tribunizischen Geschlechter den größten Einfluß hatten, dürfte sicher sein. Dieser oberste Gerichtshof, der zugleich oberste Verwaltungsbehörde war und für die Wende vom 9. zum 10. Jh. zuerst bezeugt ist, wurde vom Dogen berufen. Doch konnte er auch in Sonderfällen die öffentliche Volksversammlung (publicum placitum) einberufen, insbesondere bei der Entscheidung über Krieg und Frieden. Hier versammelten sich Vertreter ganz Venetiens, ebenso wie solche auch im obersten Gerichtshof saßen. Im übrigen verwaltete der Doge die Staatskasse (camera palatii) wie seine eigenen Einkünfte (camera ducis). Hier flossen die ordentlichen Abgaben, die Tribute z. B. der dalmatinischen Städte und Inseln, die Zölle, die Einnahmen aus den zahlreichen Staatsländereien usw. zusammen. Dafür hatte der Doge die öffentlichen Ausgaben zu leisten und die Kirchen zu erhalten. Schon dürfte sich für die vielfältigen Aufgaben eine Art Verwaltungsbürokratie gebildet haben. Ebenso benötigte man für die Justiz Beamte, die die Schreibarbeiten erledigten und als Notare schon für die zweite Hälfte des 11. Jh. nachzuweisen sind.

Die wirtschaftliche Entwicklung schuf die Voraussetzungen für die rege Bautätigkeit; nicht nur der Neu- und Umbau von San Marco ist 1094 beendet worden — die Kirche trug zunächst noch keinen Schmuck, aber ihre architektonische Form wurde, von der Fassade abgesehen, später nicht mehr verändert; auch die Errichtung des Campanile von San Marco fällt ins 11. Jh.; andere Kirchen, wie der Dom und die Kirche S. Fosca auf Torcello, der Dom in Caorle, der als besonders schön gerühmte Dom von Jesolo, die Kirche S. Maria e Donato auf Murano sind neu erbaut oder restauriert worden. Am Rialto wuchs die Kaufmannsstadt. Jeder Hausbau erforderte hier besondere Anstrengungen. Das Holz für die Roste lieferte jetzt wohl auch Dalmatien. Die Kanäle, die Straßen dieser seltsamen Städte wurden befestigt, ausgebaut, gesichert, und schon bildeten sich charakteristische Formen des venezianischen Hauses heraus. Der damalige Dogenpalast mit wehrhaften Türmen soll schon die Bewunderung Kaiser Ottos III. erregt haben. Die Grundzüge des dem Heutigen vertrauten Bildes von Venedig um San Marco, Campanile und Dogenpalast waren Ende des 11. Jh. bereits vorhanden.

Hatte die dogale Monarchie den Aufstieg Venedigs zur Großmacht geleitet, so ist seine Glanzzeit verbunden mit dem Ausbau zur Republik.

III. GROSSMACHT VENEDIG

Dem Aufstieg Venedigs zur Großmacht hat es sowenig an äußeren Rückschlägen und Krisen gefehlt, wie an inneren Erschütterungen. Gleichwohl hat man mit Recht von der „unvergleichlichen Ökonomie der Entwicklung, in der die äußere und die innere Geschichte Venedigs zusammenklingt", gesprochen (W. Lenel).

Nach dem großen Erfolge des Vertrages mit Byzanz von 1082, der mehr durch glückliche Zufälle als durch eigene Leistung geschehenen vorläufigen Ausschaltung der Normannen (1085) und der Beauftragung mit der Verwaltung Dalmatiens durch den byzantinischen Kaiser regelte die Bestätigung des Kaiserpaktums Ottos II. durch Kaiser Heinrich IV. das Verhältnis zum benachbarten Festlande. Im März 1095 besuchte der Kaiser Venedig und wurde, wie Otto III. und Heinrich II., Taufpate einer Tochter des Dogen (Vitalis Falieri). Das von ihm im gleichen Jahre mit Venedig abgeschlossene Paktum machte einen Strich unter die Politik seines Großvaters und seines Vaters gegenüber der Lagunenstadt. Es ging über das, was Venedig bisher zugestanden worden war, erheblich hinaus; ob die geschickten venezianischen Unterhändler dies durchsetzten, sei dahingestellt. Jedenfalls verbriefte das neue Privileg den Venezianern das Stapelrecht für alle Waren vom Festlande; den Kaufleuten des Reiches wurde der Handel über Venedig hinaus nicht gestattet. Damit hatten die Venezianer ein Monopol für den Warenumschlag erreicht. Auch von irgendwelcher Oberherrlichkeit des Kaisers war nicht mehr die Rede. Vielleicht hat Kaiser Heinrich IV. über Venedig Beziehungen zum byzantinischen Kaiser Alexios I. Komnenos anknüpfen wollen; denn es ist die Zeit, da Papst Urban II. den ersten Kreuzzug vorbereitete, dem man in Byzanz trotz des Hilferufs Kaiser Alexios I.

an den Papst wegen der dem Reich von den türkischen Seldschuken drohenden Gefahr mit durchaus gemischten Gefühlen entgegensah. Nicht zufällig hat Venedig gerade jetzt den westlichen Kaiser als Gast bei sich gesehen, der sich übrigens seit März 1095 im Kirchenbann befand, was man indes in Venedig nicht beachtete. Denn man dachte trotz der Mahnungen des Papstes im Dogenpalast gar nicht daran, sich an diesem Unternehmen zu beteiligen, das nicht nur von den Normannen, den Feinden in Unteritalien, mitgetragen wurde, sondern von den beiden Städten, die in zunehmendem Maße gefährliche Konkurrentinnen wurden: von Genua und Pisa. Sie lösten Amalfi und Bari ab, die man in Venedig in der Vergangenheit gelegentlich als Handelskonkurrentinnen im östlichen Mittelmeer als lästig, wenn auch kaum als lebensbedrohend erlebt hatte. Entscheidend aber war wohl, daß durch die Teilnahme an einem Kreuzzugsunternehmen die guten Beziehungen zu den mohammedanischen Herrschern im Vorderen Orient und in Nordafrika beeinträchtigt, wenn nicht gar zerstört werden mußten. Die Genuesen konnten einen wichtigen Handelsstützpunkt in Antiochia, das im Frühjahr 1098 erobert worden war, die Pisaner 1099 Vorrechte in Jerusalem, dessen erster lateinischer Patriarch ein Pisaner wurde, einheimsen.

Jetzt erst wurde in Venedig das Ausmaß der Gefahr begriffen und der neue Doge Vitalis I. Michiele (1096—1101) zögerte nicht, einzugreifen und eine Flotte in das östliche Mittelmeer zu entsenden; auf Rhodos wurde die Flotte der Pisaner z. T. vernichtet, z. T. vertrieben, nachdem sie das Versprechen gegeben hatten, niemals Handel im byzantinischen Reich zu treiben. Kaiser Alexios I. freilich waren weder die einen noch die anderen sehr erwünscht, so daß man am byzantinischen Hof aufgeatmet haben wird, als die Venezianer nach Zypern abfuhren, wobei sie unterwegs noch die Gebeine des hl. Nikolaus, des Patrons der Seefahrer, aus Myra raubten und später nach S. Niccoló di Lido brachten. Im Sommer 1100 war die venezianische Flotte in Jaffa. In geschickten Verhandlungen wußten die Venezianer von Gottfried von Bouillon, dem Herrn Jerusalems, allerlei Vorrechte herauszuschlagen, nahmen an der Eroberung von Haifa teil und erhielten Besitz in dem 1104 eroberten Akkon. Diese erste Beteiligung Venedigs an einem Kreuzzugsunternehmen zeigte, was man im Dogenpalast beabsichtigte: möglichste Beseitigung oder doch Ausschaltung der Handeskonkurrenz, Gewinnung von Handelsstützpunkten und Handelskolonien, ohne als Kämpfer gegen den Islam hervorzutreten.

Dies blieb die Maxime auch in der Folgezeit. Venedig konnte daher nicht verhindern, daß Genua im neugebildeten Königreich Jerusalem eine beherrschende Stellung gewann und Pisa sich Stützpunkte aneignete, die eigentlich Venedig selbst gerne erworben hätte, wie die Stadt Tripolis. Venedig hat zwar stets Transportschiffe, natürlich gegen reichliche Bezahlung, zur Verfügung gestellt und dabei gut verdient, aber am zweiten Kreuzzug gar nicht, am dritten nur mit einem kleinen eigenen Kontingent teilgenommen. Dafür erhielt sich Venedig seine guten Beziehungen zu Bagdad und Kairo. Sofern überhaupt die Venezianer sich an Unternehmungen kriegerischer Art im östlichen Mittelmeer beteiligten, waren diese in der Regel gegen Byzanz gerichtet, wenn dieses die venezianischen Handelsinteressen beeinträchtigte. Daher hat es nichts Überraschendes, sondern entspricht der Tradition venezianischer Politik, wenn der vierte Kreuzzug von 1204, in dem Venedig die führende Rolle spielte, gar nicht ins Heilige Land gelangte, sondern in Konstantinopel endete. Dabei benutzten die Venezianer die günstige Gelegenheit, ihre Vorherrschaft an der Küste Dalmatiens gegenüber der Macht zu demonstrieren, die seit dem Ende des 11. Jh. bis an die Adria vorgestoßen war: Ungarn.

Als 1089 König Zvonimir von Kroatien gestorben war, erhob sein Schwager, König Ladislaus (Laszlo) I. von Ungarn, Anspruch auf das Erbe und besetzte (1091) Binnenkroatien. Sein Nachfolger, König Koloman, nahm Verbindung mit dem Dogen Vitalis Michiele auf, um die Besitzverhältnisse in Dalmatien zu klären. Nachdem 1102 Kroatien mit Ungarn in Personalunion zusammengeschlossen worden war, griff er seit 1103 in Dalmatien ein und zwang alle dalmatinischen Städte von Spalato bis

Zara und die Inseln des Quarnero zur Unterordnung unter ungarische Herrschaft. Venedig, in diesen Jahren nicht nur im östlichen Mittelmeer und in Byzanz engagiert, wo die Pisaner zunehmenden Einfluß gewannen, sondern auch auf dem italienischen Festlande, wo die alte Konkurrentin im Salzhandel, Ferrara, geschädigt wurde, aber auch in Konflikte mit Padua, mit Ravenna, mit dem Bischof von Treviso verstrickt, konnte sich nicht dagegen wehren. Erst das Paktum vom 20. Mai 1111 mit Kaiser Heinrich V., das indirekt gegen die benachbarten Festlandsmächte gerichtet war, schuf Venedig hier Luft. Katastrophen, wie der Untergang der Stadt Malamocco durch eine Springflut (1110), die die Übertragung des Bistums nach Chioggia, die des Klosters S. Cipriano, das der Doge Vitalis Michiele begründet hatte, nach Murano notwendig machten, 1105 und 1106 verheerende Brände in Venedig selbst und am 3. Januar 1117 ein schweres Erdbeben lähmten die politische Aktivität. Der Doge Ordelaf Falieri (1101—1118), der Begründer des Arsenals, mußte alle Kraft darauf verwenden, den Wiederaufbau voranzutreiben.

Allerdings hat wohl niemand in Venedig daran gedacht, Dalmatien aufzugeben. Seit 1115 versuchten die Venezianer es zurückzuerobern, wobei Kaiser Heinrich V., der 1116 in Venedig weilte, ihnen Förderung zuteil werden ließ. Aber im Frühjahr 1118 fiel der Doge Ordelaf Falieri vor Zara; ein Friedensschluß mit Ungarn beließ nur diese Stadt und die Inseln des Quarnero bei Venedig. Der neue Doge Domenico Michiele (1118—1130) konnte Ungarn nicht daran hindern, die dalmatinischen Städte in Besitz zu nehmen, zumal es Unterstützung bei Kaiser Johannes II. Komnenos (1118—1143) fand, der überall den Venezianern zu schaden suchte, während sein Vater Alexios I. sie in den letzten Jahren seiner Regierung lediglich nicht mehr gefördert hatte. Als Jerusalem durch den Sultan von Ägypten gefährdet wurde und der Hilferuf des Königs von Jerusalem, der römischen Patriarchen von Jerusalem und Antiochia und der päpstlichen Kurie an Genua, Pisa und Venedig erging, entschloß sich der Doge zum Kreuzzug, der 1122 begann und nach einem

Seesieg bei Askalon über die ägyptische Flotte (1123) zur Eroberung von Tyrus (1124) führte, wo die Venezianer auf dem ihnen zugefallenen Drittel der Stadt eine Kolonie errichteten. Damit war erreicht, daß Venedig im Vorderen Orient den italienischen Konkurrentinnen Genua und Pisa nicht nachstand.

Jetzt wandte sich der Doge der Bereinigung des Verhältnisses mit Byzanz zu, mit dem ein offener Handelskrieg ausgebrochen war. Griechische Inseln wurden geplündert, aber auch die Städte Dalmatiens wiedererobert. Als Sieger kehrte der Doge 1125 nach Venedig zurück. Im August 1126 erneuerte Kaiser Johannes II. den Vertrag von 1082. Freilich gingen die dalmatinischen Städte schon in den nächsten Jahren wieder verloren — nur Zara und die Inseln des Quarnero konnten gehalten werden —, und 1130 wurde ein Neffe Robert Guiskards, Roger II., in Palermo zum König von Sizilien gekrönt. Damit erhob sich für Venedig aufs neue die Normannengefahr, und der neue Doge Pietro Polani (1130—1148) wurde dadurch ebenso zum Einlenken gegenüber Byzanz gezwungen, wie Kaiser Johannes II. Komnenos seinerseits sich veranlaßt sah, gemeinsam mit dem Dogen 1135 Gesandte an den neuen Kaiser des Westreiches, Lothar von Supplinburg, zu entsenden, um Klage gegen Roger II. zu führen. Lothar, der im Herbst 1136 zum zweiten Mal in Italien erschien, bestätigte am 3. Oktober dieses Jahres Venedig das Paktum seines Vorgängers. Im Feldzug gegen Roger II. kämpften Venedig, Genua und Pisa gemeinsam auf seiten Lothars; Venedig nahm im eigensten Interesse Ancona und Bari. Roger II. erhielt Apulien für seinen Sohn von Papst und Kaiser gemeinsam zu Lehen. Aber Kaiser Lothar starb im Dezember 1137; Roger II. hielt sich nun nicht an die Abmachungen, die ein Vordringen von Sizilien aufs italienische Festland verhindern sollten, sondern besetzte Apulien, nahm den Papst Innozenz II. 1139 gefangen und zwang ihn zum Frieden. Auch Venedig zögerte jetzt nicht, Frieden mit ihm zu schließen. 1140 wird berichtet, daß die Venezianer eine verfallene griechische Kirche in Palermo als Markuskirche wieder aufbauten, also in der Hauptstadt des unteritalischen Normannenreiches eine Kolonie angelegt haben müssen.

Dies hinderte den Dogen nicht, als Mittelsmann zwischen Kaiser Johannes II. Komnenos und dem ersten staufischen Herrscher des Westreiches, König Konrad III., tätig zu werden, als Byzanz der normannischen Gefahr durch ein Bündnis der beiden Kaiserreiche begegnen wollte. Hierbei konnte auf Venedig nicht verzichtet werden, aber Johannes II. bestätigte auch Pisa seine Privilegien. Sein Sohn Manuel I. (1143—1180) setzte diese Verhandlungen fort, die der zweite Kreuzzug Konrads III. unterbrach, der letztlich nur Roger II. half, seine östlichen Pläne voranzutreiben. Im Herbst 1147 besetzten die Normannen Korfu, die Städte Korinth und Theben, Zentren der griechischen Seidenweberei. Dies berührte unmittelbar venezianische Interessen, zumal Roger II. die Seidenweber nach Palermo verschleppen ließ. Korfù konnte zwar 1149 mit Hilfe venezianischer Truppen und der venezianischen Flotte zurückerobert werden, aber zu einem gemeinsamen staufisch-byzantinischen Unternehmen gegen das unteritalische Normannenreich kam es nicht, dagegen zu einem Zusammenwirken von Normannen und Ungarn, wobei Roger II. von Frankreich und vom Papsttum unterstützt wurde. Konrad III. allerdings hielt am Bündnis mit Byzanz fest, und Venedig bildete die feste Brücke zwischen beiden Kaiserreichen. Während Manuel I. im Oktober 1147 die Privilegien seines Vaters und seines Großvaters für die Lagunenstadt erneuerte und im März 1148 das Venezianerquartier in Konstantinopel erweiterte, hielt Venedig seine Verpflichtungen gegenüber Byzanz genau ein. Freilich war es beim Kampf um Korfu zu Reibereien zwischen Byzantinern und Venezianern gekommen; man warf den letzteren Hochmut und Beleidigung des Kaisers vor. Indes waren Venedig als Treffpunkt der byzantinischen und deutschen Unterhändler und die venezianischen Diplomaten als Mittler viel zu wichtig, als daß Byzanz jetzt daran denken konnte, derartige Kränkungen zu beachten.

Erst 1151, als Manuel I. überraschend Ancona besetzte, um von hier aus die ehemaligen byzantinischen Besitzungen in Italien zurückzugewinnen, wurde offenbar, daß die venezianische Vormacht auf der Adria entscheidend bedroht war. Ancona war

Stützpunkt Pisas auf dem Wege nach Osten. Venedig, das 1144 das benachbarte Padua gezwungen hatte, begonnene Arbeiten, die Brenta in ihr ursprüngliches Bett zurückzuleiten — dies mußte die Lagune von Venedig binnen kurzem versanden lassen — einzustellen, und sich auch gegen andere Nachbarn erfolgreich behauptet hatte, konnte nicht zulassen, daß die Adria von Ancona oder Korfu aus gesperrt wurde. Durch ein wohlüberlegtes System von Bündnisverträgen mit italischen, istrischen und dalmatinischen Städten sicherte Venedig unter dem Dogen Petrus Polani und seinem Nachfolger Dominicus Morosini (1148 bis 1156) die nördliche Adria. Die Inseln des Quarnero und die Stadt Zara erhielten venezianische Statthalter (Grafen = comites), sie wurden damit fest unter venezianische Regierung genommen. Manuels I. Einbruch in die venezianische Herrschaftssphäre war vorerst allerdings vorübergehender Natur. Als die byzantinischen Truppen Ancona verlassen hatten, beeilten sich die Venezianer, mit der Stadt Ancona einen Vertrag über gegenseitigen Schutz abzuschließen (1152). Auch mit den Normannenkönigen Roger II. und — nach dessen Tode (1154) — dessen Sohn Wilhelm I., kam ein Vertrag zustande, der den Venezianern die Adria nördlich von Ragusa sicherte, darüber hinaus den Handel im sizilisch-unteritalischen Königreich gestattete; dafür wollte Venedig Byzanz nicht mehr unterstützen.

Durch den Tod Konrads III. und die Wahl seines Neffen Friedrich I. Barbarossa (1152) wurde die Verbindung zwischen den Kaiserreichen zunächst nicht unterbrochen. Venedig bemühte sich sogleich um gute Beziehungen zu dem neuen Herrscher und erlangte schon am 22. Dezember 1154 die Bestätigung des Paktums seines Vorgängers. Daß schließlich auch mit Pisa ein Vertrag abgeschlossen wurde (1156), hat den Dogen Dominicus Morosini im Andenken der Nachwelt den Ruf eines Friedensbringers eingetragen. Sein Nachfolger Vitalis II. Michiele (1156—1172) konnte nichts Besseres tun als diese Politik fortsetzen, auch gegenüber Manuel I. übrigens, obwohl dieser 1155 die Genuesen am Goldenen Horn zugelassen hatte und 1157 seine Truppen in Ancona erschienen. Allerdings bezeichnet diese

Tat den Wendepunkt in den Beziehungen der beiden Kaiserreiche. Barbarossa versuchte seit 1158 die kaiserliche Herrschaft in Italien gegenüber den norditalienischen Städten durchzusetzen und geriet nach der päpstlichen Doppelwahl von 1160 in schweren Konflikt mit der Kurie. Die Anhänger des von ihm abgelehnten Papstes Alexander III. flohen zum Teil nach Venedig. Vorerst versuchte Barbarossa, auch dieses unter seine Oberherrschaft zu zwingen. Das war gegen die von ihm selbst bestätigten Pakta. 1162 verhängte der Kaiser eine Handelssperre und ließ die Nachbarstädte gegen Venedig aufbieten. Aber die Zeiten Ottos II. waren vorbei. Die Venezianer schlugen die Angriffe ab, und die Handelssperre erwies sich als wirkungslos. Zwar wurden nun Genua und Pisa aufgeboten, aber dies ließ die Venezianer nur um so bereitwilliger sich der Gegenseite anschließen: dem Papsttum, dem lombardischen Städtebunde, dem unteritalischen Normannenreich, und Byzanz trat Venedig zur Seite. Insbesondere Kaiser Manuel I. wußte dies zu schätzen; byzantinisches Geld und venezianische Diplomatie brachten im April 1164 eine Reihe von oberitalienischen Städten gegen den Kaiser auf, und als Barbarossa den Patriarchen Ulrich von Aquileja, der übrigens dem gleichen Grafengeschlecht entstammte wie Poppo, der einstige große Feind Grados, und die Trevisaner gegen Venedig aufbot, erlitten diese eine vernichtende Niederlage. Der Patriarch von Aquileja geriet in Gefangenschaft und mußte froh sein, gegen einen Jahreszins freigelassen zu werden.

Allerdings stand Venedig zunächst fast allein. Erst 1167, als Barbarossas Italienzug vom Vorjahre gescheitert war, erreichte es den Zusammenschluß fast aller Städte Oberitaliens, wobei es nur zu Wasser, sowohl auf den Flüssen wie auf dem Meere, zu kämpfen verpflichtet sein sollte. Der Grundsatz, sich nicht auf dem Festlande zu engagieren, blieb gewahrt. Dem Bunde schloß sich Papst Alexander III. an. Schwierig war nur das Verhältnis zu dem unruhigen und plänereichen Manuel I. Hingegen kam es mit Ungarn zu einem Ausgleich. Manuel I. hetzte Ancona gegen die venezianische Schiffahrt, begünstigte erneut die Genuesen, nachdem sie zeitweilig benachteiligt worden waren, und bevorzugte die Pisaner. Streitigkeiten zwischen den Angehörigen der drei italischen Seestädte wurden von ihm eifrig geschürt, schließlich die Verbindung zu dem Staufer gesucht. Zwar fanden sich Venezianer und Byzantiner 1170 gegen die Ungarn zusammen, die wiederum Dalmatien sich untergeordnet hatten, darunter das venezianische Zara, und errangen dabei einen vollen Erfolg. Aber Manuel I., dessen Politik ihm eine starke Stellung im Mittelmeer eingetragen hatte, hegte keine freundschaftlichen Gefühle für die Lagunenstadt und ihre Bewohner. Man wußte das in Venedig sehr genau. Der Doge rief alle venezianischen Kaufleute aus Byzanz zurück. Manuel I. bestätigte jetzt eilfertig den Venezianern ihre Handelsprivilegien und erreichte, daß die venezianischen Kaufleute zurückkehrten. Am 12. März 1171 ließ er sie alle gefangennehmen, ihre Waren, ihre Schiffe und ihr Geld beschlagnahmen. Nur wenige Schiffe entkamen und konnten daheim von dem Bruch der Vereinbarungen berichten. Sofort antwortete der Doge mit Angriffen der venezianischen Flotte. Traù und Ragusa wurden erobert, griechische Inseln gebrandschatzt. Manuel I. selbst regte Verhandlungen an, die er lange hinzuziehen wußte. Da eine Seuche in der venezianischen Flotte schwere Verluste verursachte, mußte sie umkehren. Der Doge wurde bei der Heimkehr von seinen aufgebrachten Landsleuten ermordet. Sein Nachfolger Sebastiano Ziani (1172—1178) wandte sich, nachdem die Unterhändler, unter ihnen Enrico Dandolo, ohne Ergebnis aus Konstantinopel zurückgekehrt waren, dem Westreich zu. 1173 erbat der Vertreter Barbarossas in Italien, Erzbischof Christian von Mainz, venezianische Hilfe gegen Ancona. Nichts konnte dem Dogen erwünschter sein. Dafür opferte er den oberitalienischen Städtebund. Allerdings war dem Unternehmen der Erfolg versagt; aber die Verbindung zum staufischen Kaiserhof wurde in der Folgezeit vertieft. Außerdem erreichte Venedig ein Bündnis mit König Wilhelm II. von Sizilien auf der Grundlage der früheren Vereinbarungen, die eine für den venezianischen Handel noch günstigere Fassung erhielten. Wenn schließlich Kaiser Manuel I.

sich dazu bereit fand, die venezianischen Gefangenen freizulassen, die alten Verträge zu bestätigen und eine Reparationssumme zu versprechen, die allerdings nie gezahlt worden ist, dann veranlaßte ihn dazu das hohe Ansehen, das Venedig überall genoß. Hatte doch 1176 Barbarossa bei Legnano durch den italienischen Städtebund ohne Beteiligung Venedigs eine vernichtende Niederlage erlitten, die ihn veranlaßte, einen Ausgleich mit Papst Alexander III. zu suchen. Verhandlungsort wurde Venedig, wo der Papst sich im Patriarchenpalast aufhielt. Des Dogen und seines Ratgeberkreises Dienste als Vermittler dürfen nicht gering veranschlagt werden. Wenn es schließlich zu dem am 1. August 1177 feierlich verkündeten Frieden von Venedig zwischen Papst Alexander III. und dem Kaiser kam, so hatte dieses selbst reichen Gewinn davon. Am 17. August 1177 wurde das Paktum mit Friedrich Barbarossa erneuert, wobei alle Abgaben für die venezianischen Kaufleute im Reich aufgehoben wurden. Auch der Papst sparte nicht mit Gunstbeweisen für die venezianischen Kirchen. Wahrscheinlich ist die Entscheidung des Patriarchenstreites zwischen Aquileja und Grado, die drei Jahre später erfolgte, jetzt vorberaten worden. Für den Dogen Sebastiano Ziani war der Friedensschluß von Venedig und die glänzende Versammlung kirchlicher und weltlicher Würdenträger Europas am Canal Grande der Höhepunkt seiner Regierung.

Sein Nachfolger Orio Mastropiero (1178—1192) wurde von dem Wahlkollegium der Vierzig gewählt, das die alte Volksversammlung künftig ablöste. Im Laufe des 12. Jh. ist in Parallele zu den Städten Ober- und Mittelitaliens jene eigentümliche Verfassung in ihren Grundzügen ausgebildet worden, die Venedig bis ans Ende bewahrt hat. Seitdem die Macht des Dogen eingeschränkt, aber noch nicht ganz beseitigt worden war, hatte sich der Adel in dem die Jurisdiktion und die Verwaltung des Insellandes leitenden Organ, der Curia des Dogen, eine Mitsprache und Mitentscheidung gesichert. Die iudices, die Mitglieder der Curia, wurden schon Ende des 11. Jh. zur Nebenregierung, so daß sich auswärtige Mächte nicht allein an den

Dogen, sondern auch an diesen Kreis wandten und Byzanz, das für derartige Veränderungen ein besonders feines Gespür hatte, Angehörigen dieses Gremiums hohe Ehrentitel verlieh. Dies läßt die Vermutung zu, daß der hohe Adel es verstanden hat, in der Zeit des Aufstiegs Venedigs zur Großmacht, als materielle und militärische Kraftanstrengungen gefordert wurden, neben dem Dogen, dem senior, als Mitregierung aufzutreten, z. B. die Urkunden des Dogen mit zu unterzeichnen und sich alle wichtigen Posten in der Verwaltung, im Militär und vor allem in der Flotte, in der Diplomatie zu sichern. Seit dem Beginn des 12. Jh. tritt die Bezeichnung comune (omnis communis populus Venetiae) für die Stadtgemeinde am Rialto auf. Es ist die in lokale Unterabteilungen gegliederte, wehr- und abgabenpflichtige, zu gegenseitigem Schutz und in gemeinsamen Handelsinteressen verbundene Bürgerschaft, die durch Eid den sapientes, dem Rat der „Weisen", zum Gehorsam verpflichtet ist, ebenso wie der Doge beim Amtsantritt öffentlich vor dem comune den Eid leistet. Der Adel, gewiß schon vorher bestimmend, hat sich in den sapientes, dem 1141 sicher bezeugten Rat der „Weisen", sein Organ geschaffen, mit dem er das comune des Volkes (populus) von Rialto leiten kann. Daß die Ausbildung dieser Verfassung mit der Abgrenzung der venezianischen Machtsphäre auf der Adria zusammenhängt, wie man angenommen hat (W. Lenel), dürfte ebenso zutreffen, wie andererseits zu beachten ist, daß die erste Hälfte des 12. Jh. durch die Wiederbelebung des römischen Rechts und die Entstehung der Rechtsschulen in Bologna und Padua dazu angeregt haben wird, auch die eigenen rechtlichen Positionen schärfer zu durchdenken und zu formulieren. Damit aber war bei einer republikanischen Verfassung, wie sie sich nun herausbildete, für die Geistlichen kein Platz mehr im Kreis der sapientes, dies um so weniger, als eine Auseinandersetzung zwischen staatlicher und kirchlicher Gewalt in der Zeit des Patriarchen Enrico Dandolo von Grado seit den 30er und 40er Jahren im Jahre 1148 mit dem Siege des Dogen geendet hatte. Der Adel behielt das faktische Patronatsrecht über die von ihm gegründeten und erhaltenen Kirchen und Klöster, während der Doge auf die Investitur der Bischöfe und Äbte und auf die Lenkung der Wahlen zu den geistlichen Ämtern verzichtete. Dafür schied die Geistlichkeit endgültig aus dem politischen Leben aus, und man wird kaum fehlgehen, wenn man annimmt, daß in dieser Regelung des Verhältnisses zwischen Staat und Kirche auch byzantinische Traditionen und Einflüsse wirksam waren.

Die Verwaltung blieb unverändert. Seit der Ausbildung einer solchen auf dem Rialto hatten Beamte, die vicedomini, den Handel und das Marktleben beaufsichtigt und die Abgaben eingezogen. S. Marco, dessen Bauverwaltung mit einem Procurator an der Spitze das große Vermögen und die eingehenden Einnahmen aus den Kolonien zu verwalten hatte, wurde zugleich auch Bankdepot (commendaria), wie denn überhaupt in den Kolonien den Kirchen die Aufsicht über Maß und Gewicht übertragen wurde und sie als Depots dienten, darin der Kaufmannskirche im Nord- und Ostseebereich ähnlich. Allein das Venezianerquartier in Konstantinopel wurde von ständigen Beamten, den Legaten, verwaltet. Die Einkünfte des comune aus Handels- und Marktabgaben, aus Strafgeldern und anderen Gerichtsgebühren, aus den Abgaben der Kolonien, die seit den 60er Jahren des 12. Jh. nicht nur an den Dogen gingen, brachten schnell ein Vermögen zusammen, das durch wachsende Geldgeschäfte, z. B. Verpachtungen, vermehrt wurde. Neben dem Vermögen des Dogen entstand auf diese Weise ein Vermögen des comune, über das zu verfügen nur die iudices befugt waren. Im Zusammenhang mit dieser Entwicklung werden alle Arten von Geldgeschäften, Darlehen, Staatsanleihen — die erste wohl 1164 anläßlich der Gründung des oberitalienischen Städtebundes — getätigt. Als 1172 der Doge Vitalis II. Michiele während eines Tumultes der aufgeregten Volksmenge ermordet wurde, scheint man — wenn W. Lenels Vermutung richtig ist — auch die Dogenwahl nunmehr Wahlmännern, allesamt Adligen, anvertraut zu haben. Die alte Volksversammlung war damit ihrer Funktion entkleidet. Als Sonderbeamte des comune treten 1173, nach einer schweren Finanzkrise, die eine Zwangsanleihe erforderlich machte, in der gleichen Zeit Finanzbeamte (camerarii comunis) und juristische Interessenvertreter (advocatores comunis) auf, die man auch „Anwälte des Interesses der Gemeinheit" (L. v. Ranke) genannt hat. Die Entstehung eines kommunalen Beamtentums wurde weitergeführt durch die Auffächerung in sapientes minoris consilii und sapientes maioris consilii (vielleicht zuerst 1178). Die letzteren, der „Kleine Rat" von 6 Mitgliedern, Vertretern je eines Stadtsechstels, stellte das geschäftsführende Organ dar, das den Dogen beriet. (Die Einteilung Venedigs in Stadtsechstel, die sestieri, besteht im übrigen bis zum heutigen Tage.) Weitere Beamte des comune waren die Münzbeamten (monetarii), die Kontrolleure des Eingangs von Abgaben aus der Verwaltung der Salinen und des Salzhandels (camerarii ad introitus salis recipiendi), die Vertreter der städtischen Bezirke (capita contratarum); auch eine eigene Vertretung vor Gericht und die Übernahme bestimmter Rechtsfälle durch Richter der Kommune (iudices comunis) fällt in diese Zeit, in der auch die Kodifikation der Gesetze erfolgte (Strafrechtsordnung des Dogen Orio Mastropiero von 1181 und Gesetzbuch des Dogen Enrico Dandolo von 1195), auch dies ein Zeichen für die Übernahme römischrechtlicher Normen und Anschauungen.

Damit aber war die dogale Monarchie endgültig durch das comune, die Adelsrepublik, abgelöst. Nur logisch war es, daß das comune, um sich vor monarchischen Bestrebungen zu sichern, den zu Dogen Gewählten Wahlversprechen abverlangte. Daß die älteste erhaltene Wahlkapitulation (promissio) von einem Manne stammt, dessen Charakter und Persönlichkeit gewiß eher zu monarchischem Absolutismus als zu republikanischer Unterordnung unter die Gemeinschaft neigte, von Enrico Dandolo, ist eine jener Merkwürdigkeiten, an denen die Geschichte so reich ist.

1192 wurde nach dem kurzen und nicht eben glücklichen Dogat des Orio Mastropiero der nahezu erblindete und hochbetagte Enrico Dandolo (1192 — 1. Juni 1205) zum Nachfolger gewählt. Er war ein Verwandter des gleichnamigen Patriarchen von Grado, hatte seine Heimat auf diplomatischen Missionen vertreten und 1171 das Vorgehen Manuels I. gegen die Venezianer erlebt. Als eine ungewöhnliche, ja, unheimliche Persönlichkeit von unbeugsamer Willenskraft, persönlichem Mut und glühendem Ehrgeiz, verschlossen, rücksichtslos und grausam, erschien er den Zeitgenossen. Er fand eine außenpolitische Situation vor, die niemand als günstig bezeichnen konnte. Die Ungarn hatten 1183 Dalmatien besetzt, dabei aber auch Zara genommen. Versuche, diese für Venedig so wichtige Stadt zurückzuerobern, waren gescheitert. Die Normannen hatten 1185 Durazzo und sogar Saloniki erobert. In Byzanz war auf Manuel I. dessen unmündiger Sohn Alexios II. gefolgt; aber ein Vetter Manuels, Andronikos, versuchte sich der Herrschaft zu bemächtigen. Die Bevölkerung der Hauptstadt stellte sich auf seine Seite und nutzte die Gelegenheit, um die Lateiner in Konstantinopel zu überfallen, auszuplündern und totzuschlagen. Das geschah, ehe Andronikos die Stadt betrat. Als er sich 1183 zum Kaiser erheben ließ — der kleine Neffe wurde umgebracht —, tat er nichts, um die geschehenen Räubereien zu bestrafen. Die Venezianer freilich scheinen verschont worden zu sein. Der Normanneneinfall von 1185 kostete ihn das Leben. Sein Nachfolger Isaak II. Angelos, ein schwacher Mensch, konnte weder die byzantinische Herrschaft auf dem Balkan bewahren, wo Ungarn sich Dalmatien angeeignet hatte, in Stephan Nemanja der Begründer des serbischen Reiches ihm entgegentrat und unter den Brüdern Peter und Ivan Asen ein zweites bulgarisches Reich entstand, noch im Innern Ordnung schaffen. Die Normannen wurden zwar vertrieben und im Februar 1187 der Vertrag mit Venedig erneuert; dabei verpflichtete sich die Lagunenstadt zu recht weitgehender Unterstützung: sie wollte gegen jeden Angreifer mit Ausnahme des Westreiches Schiffe in genau festgelegter Anzahl stellen und räumte dem Kaiser das Recht ein, Venedig im Kriegsfalle als militärischen Stützpunkt zu benutzen und die im byzantinischen Reich lebenden Venezianer zum Dienst in der Flotte aufzubieten. Aber die Lagunenstadt sicherte sich Vorteile, vor allem Anteil an etwaigen Eroberungen. Damit war Venedigs Vormachtstellung in Byzanz gesichert; man wird sich indes im Dogenpalast kaum Illusionen über den inneren Zustand des Reiches gemacht haben. Zur gleichen Zeit besetzte Sultan Saladin, Herrscher in Ägypten und Syrien, Jerusalem. Die Reaktion im Abendlande führte zum dritten Kreuzzug, an dem auch eine venezianische Flotte teilnahm, die 1189 in Tyrus, dem in christlicher Hand gebliebenen Handelsstützpunkt Venedigs, erschien. Freilich, der Leiter des Kreuzzuges, Kaiser Friedrich Barbarossa, nahm auf dem Zug über Land Verbindung nicht nur mit Stephan Nemanja, sondern auch mit den Bulgaren auf. Byzanz antwortete durch ein Bündnis mit Sultan Saladin. Beinahe wäre es zum Krieg der Kreuzfahrer gegen Byzanz gekommen, aber Kaiser Isaak II. Angelos beugte sich den Forderungen des Staufers. Wenig später kam Friedrich Barbarossa im südlichen Kleinasien ums Leben. Das Kreuzheer kehrte nach der Eroberung von Akkon um, nicht ohne daß die Venezianer sich dort Rechte gesichert hatten. Aber Genua und Pisa hatten dem neuen Kaiser, Heinrich VI., der als Gatte der Erbtochter Wilhelms II. auch das unteritalisch-sizilische Königreich beherrschte, viel eifriger gedient. Wie würde er sich Venedig gegenüber verhalten?

Heinrich VI. ging es darum, die Seestädte möglichst für seine Pläne einzuspannen. Er förderte daher den Ausgleich zwischen Venedig und Pisa, er bestätigte am 6. Juni 1197 das Paktum seines Vaters, und der Doge Enrico Dandolo tat nichts, was den Wünschen des Kaisers zuwidergelaufen wäre. Zum gleichen Zeitpunkt erreichte er die Erneuerung des Vertrages mit Byzanz durch Kaiser Alexios III., den Bruder Isaaks II.; das Dokument datiert vom 27. September 1197. Einen Tag später starb Kaiser Heinrich VI. Sein Tod löste nicht nur die Verbindung zwischen dem Reich und Sizilien, sondern ließ Deutschland durch die Doppelwahl von 1198 in einen Bürgerkrieg versinken. Venedig war der Sorge ledig, was wohl geschehen wäre, wenn Kaiser Heinrich VI. seine auf den östlichen Mittelmeerraum gerichteten Pläne hätte verwirklichen können.

An die Stelle des Kaisers, dessen Kreuzzug nicht mehr zur Ausführung kam, trat 1198 Papst Innozenz III. Ein neuer

Kreuzzug wurde geplant und vorbereitet; und jetzt war es Venedig, das sich zur Verfügung stellte, Menschen und Schiffe ausrüstete, freilich auch eine hohe Summe für die Transportleistung forderte. Nach langen Vorbereitungen und vielfältigen Verhandlungen einigte man sich darauf — freilich insgeheim, denn offiziell unterhielt Venedig gute Beziehungen zu ihm —, gegen Ägypten zu ziehen. Venedig verlangte, als die Kreuzfahrer die Kosten für die Überfahrt nicht aufbringen konnten, sie sollten mithelfen, die Stadt Zara zu unterwerfen. Der greise Doge Enrico Dandolo selbst nahm das Kreuz — er wußte, was er tat. Denn in Byzanz bekämpften zu Beginn des 13. Jh. verschiedene Thronprätendenten einander. Jetzt war der entscheidende Schlag gegen das östliche Kaiserreich möglich. Dadurch konnten Genua und Pisa ausgeschaltet, das östliche Mittelmeer unter venezianische Kontrolle gebracht und die lästigen Verpflichtungen gegenüber den Byzantinern endgültig beseitigt werden. Es ist nicht zweifelhaft, daß Enrico Dandolo ganz planmäßig vorgegangen ist.

Im November 1202 eroberten die Kreuzfahrer Zara. Wenig später suchte der Sohn des abgesetzten und geblendeten Kaisers Isaak II., Alexios (IV.), Hilfe im Westen, erst bei Innozenz III., dann bei König Philipp von Schwaben, schließlich in Venedig. Enrico Dandolo veranlaßte den Führer der Kreuzfahrer, den Markgrafen Bonifaz von Montferrat, zu einem Abkommen (Mai 1205), daß die Kreuzfahrer in Konstantinopel dem rechtmäßigen Thronanwärter zu seinem Recht verhelfen sollten, ehe sie ins Hl. Land weiterzogen. Freilich verurteilte Innozenz III. die Eroberung von Zara und tat den Dogen in den Bann, erlaubte aber den Kreuzfahrern, mit ihm zusammen weiterzuziehen. Allerdings verbot er wenig später den Zug gegen Konstantinopel — aber seine Gesandten erreichten das Kreuzheer nicht mehr in Zara. Es segelte über Dalmatien und die griechischen Inseln nach Osten. Nach mancherlei Verzögerungen waren die Kreuzfahrer im Juni 1203 vor der Kaiserstadt. Verhandlungen mit Kaiser Alexios III. scheiterten. Die Belagerung begann, aber der Kaiser entwich, und die Bevölkerung holte den geblendeten Kaiser Isaak II. aus seiner Haft; die Tore öffneten sich, sein Sohn, der Thronprätendent Alexios IV., hielt seinen Einzug. Es gab indes Schwierigkeiten, als die beiden Kaiser die versprochenen Riesensummen nicht aufzubringen vermochten, die Alexios IV. den Kreuzfahrern für seine Rückführung in Aussicht gestellt hatte. Die Bevölkerung der Hauptstadt, lateinerfeindlich seit je, plünderte die Lateinerquartiere am Goldenen Horn. Die Kreuzfahrer standen in Galata jenseits des Goldenen Horns; noch einmal warnte Enrico Dandolo persönlich den jungen Alexios IV. Kurz darauf begann der Kampf, zugleich auch der Zerfall im Innern. Alexios IV. wurde ermordet, Isaak II. starb im Gefängnis. Das Kreuzheer aber schloß den Ring um die Stadt. Am 13. April 1204 wurde sie erobert und geplündert. Unermeßliche Schätze fielen in die Hände der Eroberer, wobei die Venezianer sich den Löwenanteil sicherten. Selbst die Sarazenen seien barmherzig und gütig, sagt der Chronist Niketas Choniates, der die Einnahme von Konstantinopel schildert, im Vergleich zu denen, die das Kreuz Christi auf ihren Schultern trügen. Konstantinopel verarmte; das byzantinische Reich war vernichtet und wurde aufgeteilt.

Dies war die Stunde Enrico Dandolos. Er war es, der den Grafen Balduin von Flandern zum ersten lateinischen Kaiser erheben und in der ehrwürdigen Kathedrale, der Hagia Sophia, krönen ließ. Er war es, der den jungen Venezianer Tommaso Morosini, einen Laien, der erst nachträglich zum Priester geweiht wurde, zum ersten lateinischen Patriarchen wählen ließ, den Papst Innozenz III. nach längerem Zögern bestätigte. Er setzte durch, was vertraglich schon vorher, am 15. März 1204, festgelegt worden war: die Verteilung des Reiches in der Weise, daß die Venezianer nicht nur die Sophienkathedrale erhielten, sondern drei Achtel allen Landes und das alleinige Handelsmonopol, darüber hinaus aber eine Entschädigung in bar. „Seit der Erschaffung der Welt ist eine so große Beute noch nie in einer einzigen Stadt gemacht worden", sagte Geoffroy de Villehardouin, Augenzeuge und Geschichtsschreiber des vierten Kreuzzuges, in seiner ›Eroberung von Konstantinopel‹. Jahrelang haben venezianische Schiffe Kostbarkeiten aus der Stadt am Bosporus nach Venedig gebracht, darunter als weithin sichtbares Symbol des Triumphes die vier das Hippodrom schmückenden Bronzerosse, die einst Konstantin d. Gr. dort hatte aufstellen lassen und die seit 1205 über der Vorhalle von S. Marco durch die Jahrhunderte von dem Siege Venedigs künden sollten.[1] Der Doge aber fügte seinem Titel eines Herzogs von Venedig, Istrien und Kroatien den eines „Herrn über anderthalb Viertel des ganzen (Ost-)Römischen Reiches" (quartae et dimidiae partis totius Romaniae imperii dominator) hinzu.

Venedig erhielt laut Teilungsvertrag vom März 1204 die Kontrolle über die Dardanellen und über den Schiffsverkehr im Marmarameer. In Abydos und Lampsakos auf dem asiatischen, in Kallipolis (Gallipoli) auf dem europäischen Ufer der Dardanellen legten die Venezianer Stützpunkte und Sperrfestungen an, in Rhaidestos und Herakleia am Nordufer des Marmarameeres Kolonien. Der Epirus war Venedig zwar zugesprochen worden, doch beschränkte es sich darauf, den Hafen Durazzo durch den jungen Patriarchen Tommaso Morosini bei der Überfahrt von Venedig nach Konstantinopel im Frühjahr 1205 besetzen zu lassen. Besonderen Wert legten die Venezianer auf die Inseln Euböa und Kreta. Auf Euböa wurde Negropolis (Negroponte) ihr Hauptsitz, von dem aus sie das ihnen zwar zugesprochene, aber nicht besetzte Herzogtum Athen kontrollierten. An der Südspitze der Peloponnes wurden die beiden Festungen Modon und Koron, die „Augen" (oculi capitales), die das östliche Mittelmeer überwachten, erobert und festgehalten; auf das übrige Fürstentum Achaja verzichteten sie, überließen es vielmehr Gottfried de Villehardouin, dem Bruder des Geschichtsschreibers, und seinen Erben. Von den Inseln wurden Naxos als Hauptinsel der Kykladen, Tinos, Andros nahe Euböa, die Sporadeninseln Skyros, Skopelos und Skiathos sowie einige kleinere Eilande, wie das stark befestigte Santorin, vorüber-

[1] Erst in unseren Tagen müssen sie vor der Zersetzung durch die verpestete Luft in Sicherheit gebracht werden.

gehend Lemnos von Venedig selbst oder von venezianischen Adligen gewonnen. Überall ging es der venezianischen Politik um Festungen und Handelsstützpunkte, nicht um Landbesitz. Nur auf Kreta, das unter schweren Kämpfen mit den Genuesen und einheimischen Kräften erobert werden mußte — 1218 verzichtete Genua vertraglich auf die Insel —, wurden unter dem venezianischen Statthalter Jacob Tiepolo an venezianische Adlige und Freie Ritterlehen (cavallerie) oder kleine Dienstlehen (sergentarie), die nur ein Sechstel eines Ritterlehens ausmachten, ausgetan. Es war eine Militärkolonisation; die Kolonisten wurden zu Kriegsdienst — in sechs Abteilungen, entsprechend den Sechsteln (sestieri) der Heimatstadt — verpflichtet. Der Regierung unterstand die Hauptstadt Kandia. Die einheimischen Adelsgeschlechter wehrten sich gegen diese Zurückdrängung und es ist infolgedessen zu jahrzehntelangen Kämpfen gekommen, während derer immer mehr Venezianer nach Kreta übersiedelten. Erst zu Beginn des 14. Jh. wurde dadurch, daß einheimische griechische Adelsfamilien den Venezianern gleichgestellt wurden, eine Verschmelzung der beiden Gruppen angebahnt — ein Beispiel ist die Familie Vendramin-Calergi (Kalergis) —, aber auch im Laufe des 14. Jh. kam es immer wieder zu Kämpfen, und Venedig hat auch materiell zusetzen müssen, um Kreta zu halten.

Enrico Dandolo hatte durchgesetzt, daß dem lateinischen Kaisertum nur eine sehr beschränkte Macht bewilligt wurde. Ihm wurden in dem kurzlebigen, bereits 1207 wieder erloschenen Königreich Thessalonike (Saloniki) unter dem Markgrafen Bonifaz von Montferrat, der nach Dandolo bedeutendsten Gestalt des vierten Kreuzzuges, in den Herzogtümern Athen und Achaja (Morea) Territorialfürstentümer an die Seite gestellt, die seine Bewegungsfreiheit einengten. Im Despotat Epirus hielten sich byzantinische Kräfte unter Michael Angelos, einem Vetter des Kaisers Isaak II., und in Kleinasien entstand unter Theodor I. Laskaris, einem Schwiegersohn Kaiser Alexios III., ein byzantinisches Kaisertum, daneben an der südlichen, kleinasiatischen Schwarzmeerküste das Kaiserreich Trapezunt unter Enkeln des

Andronikos I. Komnenos. Damit war Kleinasien zum größten Teil für das lateinische Kaiserreich verloren, zumal im Osten und Südosten das Sultanat Ikonium der türkischen Seldschuken lag. Dies aber bedeutete, daß ihm die Machtbasis fehlte. 1208 wurde in Nikaia auch ein byzantinischer Patriarch erhoben; dort wurde die Tradition von Byzanz gewahrt und von allen Angehörigen der orthodoxen Ostkirche auf dem Balkan, in Griechenland, auf den Inseln, in Kleinasien und Osteuropa voll anerkannt.

Enrico Dandolo hat diese bedrohliche Wendung nicht mehr erlebt. Nach einer unglücklich verlaufenen Schlacht bei Adrianopel gegen den bulgarischen Zaren Kalojan im April, in der er verwundet worden sein soll, ist er am 1. Juni 1205 in Konstantinopel gestorben und wurde in der Hagia Sophia begraben. Eine allerdings erst 1865 im Fußboden der südlichen Empore eingelassene Platte erinnert an ihn. Sein Grab ist verschollen. Man erzählt sich, daß der türkische Sultan Mehmed II. nach der Eroberung Konstantinopels 1453 seine Asche habe in alle Winde zerstreuen lassen; bei dem Wüten der Türken gegen alle christliche Tradition wäre ihnen eine derartige Schandtat wohl zuzutrauen. Was Enrico Dandolo für Venedig bedeutet, was er für seine Vaterstadt gewonnen hat, hat ihn allerdings nicht sehr lange überdauert. Gleichwohl wird man, sofern man überhaupt einen einzelnen als Schöpfer der Großmacht Venedig bezeichnen darf, seinen Namen nennen müssen.

Sein Nachfolger Piero Ziani (1205—1229), Sohn des Dogen Sebastiano Ziani, Mitglied des kleinen Rats, übernahm die schwere Aufgabe, das venezianische Kolonialreich im östlichen Mittelmeer zu sichern und zu organisieren. Gelungen ist das nur an einzelnen Punkten. In Konstantinopel wurde das Venezianerquartier am Goldenen Horn erweitert: schon im 12. Jh. hatten die Venezianer einen Teil der Lebensmittelimporte für die Hauptstadt an sich gebracht. Dafür war auch der Weg übers Schwarze Meer wichtig, und Venedig begründete als erste der Seestädte Italiens eine Kolonie auf der Halbinsel Krim, Soldaja. Venezianische Kaufleute trieben Handel bis nach Mittelasien.

Die einheimischen griechischen Konkurrenten waren ausgeschaltet, und es war Venedig, das im Vertrag mit Ägypten (1217) die gleiche Behandlung für Kaufleute aus Venedig und aus Konstantinopel durchsetzte, als sei die Kaiserstadt eine „Tochterstadt der Republik" (Kretschmayr). Aber die starke Stellung in der Hauptstadt täuschte darüber hinweg, daß vieles von dem, was 1203 zugesagt worden war, im Grunde nur auf dem Pergament stand.

Zwar konnte Kaiser Balduin I. nichts gegen die Vormacht Venedigs ausrichten; aber sein energischer Bruder Heinrich, der im August 1206 gegen den Willen der Venezianer Kaiser wurde, zog das Königreich Thessalonike 1207 nach dem Tode des Bonifaz von Montferrat ein und nahm den Patriarchen Morosini gegen seine eigenen Landsleute, die ihn bevormunden wollten, in Schutz. Papst Innozenz III. schaltete sich erfolgreich ein. Venedig bequemte sich jetzt dazu, dem Kaiser seine Rechte nicht weiter zu schmälern. Heinrich, der nicht nur mit den nördlichen Nachbarn, den Bulgaren, sondern auch mit den Griechen im eigenen Herrschaftsgebiet zu einem erträglichen Auskommen gelangte, behauptete wenigstens noch den Nordwestteil Kleinasiens gegen Theodor Laskaris. Als er 1216 starb, folgten ihm unfähige Seitenverwandte, schließlich ein zehnjähriger Knabe, Balduin II. Diese Lage nutzte Kaiser Theodor Laskaris, um langsam vorzurücken. Im August 1219 schloß er einen Vertrag mit dem Leiter (podestà) der venezianischen Kolonie in Konstantinopel, durch den den Venezianern im Reich von Nikaia volle Handels- und Abgabenfreiheit nach dem Muster des Vertrages von 1082 zugesichert wurde. Selbst den Titel des Dogen als eines Herrn von anderthalb Vierteln des Römischen Reiches gestand er zu. Damit war ein Einbruch in die feindliche Front geglückt. Sein Nachfolger Johannes III. Vatatzes (1222—1254) drang gegen die Meerengen vor, erreichte 1225 die Abtretung fast aller asiatischen Gebiete von den Lateinern, eroberte die Inseln Lesbos, Chios, Samos, Ikaria, ordnete sich Rhodos unter. Kurz darauf wurde das Gebiet von Adrianopel besetzt, Konstantinopel von Norden her bedroht, und lediglich die Rivalität zwischen Nikaia und dem Despotat von Epirus gab dem lateinischen Kaisertum eine Gnadenfrist. Schon 1224 war die Stadt Thessalonike in die Hand der Epiroten gefallen; Makedonien und Thessalien wurden besetzt, das dortige lateinische Königreich beseitigt. Wenn der Epirus als Konkurrent von Nikaia im Kampf um Konstantinopel ausschied (1230), dann war dies dem Eingreifen des bulgarischen Zaren Ivan Asen II. zu danken, der seither die Vormacht auf der Balkanhalbinsel behauptete. Johannes Vatatzes konnte sich schnell mit ihm einigen. Schon wurde den Venezianern Kallipolis abgenommen (1235), die Kaiserstadt belagert. Eine plötzliche Hinwendung Ivan Asens II. zu den Lateinern rettete sie, aber 1237 schloß er mit Nikaia erneut und endgültig Frieden. Seither war Johannes Vatatzes unbestrittener Erbe von Byzanz und nahm 1246 Thessalonike. Mit Kaiser Friedrich II. stand er in guten Beziehungen, heiratete in zweiter Ehe dessen Tochter Konstanze, die Schwester Manfreds, des späteren Königs von Sizilien, führte auch Verhandlungen über die Kirchenunion mit den Päpsten, vor allem mit Innozenz IV. Voraussetzung derselben sollte die Beseitigung des lateinischen Kaisertums sein. Allerdings kam es nicht dazu. Sein Sohn Theodor II. (Laskaris, 1254—1258) machte Nikaia wieder zu einem Zentrum byzantinischer Kultur, unterbrach die Verhandlungen mit Rom, stärkte die Stellung seines Reiches auf dem Balkan. Sein Nachfolger Michael VIII. aus dem schnell aufgestiegenen Hause der Palaiologen (1259—1282) sah sich der Feindschaft Manfreds von Sizilien gegenüber, der 1258 Korfu und die Küste des Epirus besetzte, darunter Durazzo. Als Erbe der Staufer und der Normannenkönige, mit der Tochter des Despoten von Epirus vermählt, im Bunde mit dem Herzog von Achaja und dem König der Serben bedrohte er Nikaia. Michael VIII. gelang es, in einer offenen Feldschlacht die Feinde zu schlagen. Er schloß am 13. März 1261 in seiner Residenz Nymphaion ein Bündnis mit Genua gegen Venedig. Nach dem Vorbilde des Vertrages von 1082 zwischen Venedig und Byzanz erhielt nun Genua alle jene Vorteile, die einst den Venezianern zugesichert worden waren.

Während die venezianische Flotte im Schwarzen Meer operierte, überfiel ein Feldherr Michaels VIII. am 25. Juli 1261 die Kaiserstadt; am 15. August zog er selbst ein; der lateinische Kaiser Balduin II. entfloh.

Venedig hat in diesen Jahrzehnten allzu wenig getan, um diese Entwicklung zu verhindern. Mit halben Maßnahmen unterstützte die Regierung am Rialto die lateinischen Kaiser, obgleich der Doge Jacopo Tiepolo (1229—1249) selbst podestà der Venezianerkolonie in Konstantinopel gewesen war. Allzu sicher wähnte man sich anscheinend, hoffte wohl auch, daß die Rivalität auf dem Balkan und im östlichen Mittelmeer das Kaiserreich von Nikaia niederhalten werde. Jetzt war nicht nur die Stellung am Goldenen Horn verloren, ein großer Teil der Venezianer nach Negroponte auf Euböa geflohen; schlimmer war der Triumph Genuas und damit die Gefährdung all dessen, was Enrico Dandolo seiner Vaterstadt erworben hatte. Jetzt mußte sich erweisen, ob die Großmacht Venedig nur auf tönernen Füßen ruhte oder ob die Kräfte, die sie geschaffen hatten, ausreichten, um sie zu bewahren.

Im allgemeinen hatten die venezianischen Politiker nach dem Tode des großen Enrico Dandolo keine sehr glückliche Hand. Im deutschen Thronstreit der Jahre 1198 bis 1208 nach Kaiser Heinrichs VI. Tode (1197) hatte Venedig eine abwartende Haltung eingenommen und sich sogar mit dem Patriarchen Wolfger von Aquileja, dem staufischen Parteigänger, gegen den Welfen Otto IV. verbunden (1206). Der bestätigte allerdings 1212 die alten Kaiserpakta. Doch die Seerepublik wandte sich sogleich dem jungen König Friedrich von Sizilien zu, als dieser nach Deutschland aufbrach, um den Welfen zu bekämpfen und das Erbe seines Vaters anzutreten (1212—1214). Schon im September 1220 bestätigte Friedrich II., seit 1215 unbestrittener Herr im Reich und in Italien, die Pakta seiner Vorgänger. Darüber hinaus aber tat er nicht viel für die handelspolitischen Ziele Venedigs, sondern bedrohte durch die Zuerkennung der Landeshoheit über Istrien an den Patriarchen von Aquileja die beherrschende Stellung der Venezianer in den istrischen Städten. Kein

Wunder also, daß die Venezianer weder an dem Kreuzzug des Kaisers teilnahmen (1226) noch gegen den zur gleichen Zeit sich bildenden neuen lombardischen Städtebund etwas unternahmen. Friedrich II. besuchte ungeachtet dieser reservierten Haltung im März 1232 Venedig und erneuerte dort sein Kaiserpaktum. Dabei dehnte er dessen Geltungsbereich auf das sizilische Reich aus. Venedig freilich blieb mißtrauisch, da der Kaiser in gleicher Weise auch die Konkurrentin Genua förderte. Im Kampf der lombardischen Städte gegen den Kaiser spielten die aus Venedig stammenden Bürgermeister (podestà) von Piacenza, Mailand, Treviso eine beträchtliche Rolle. 1238/39 fand sich Venedig sogar zu einem Bündnisvertrage mit Genua bereit, dem der Papst Gregor IX. seinen Segen erteilte. Der Krieg zwischen Kaiser und lombardischem Städtebund, der noch 1239 begann, wurde von beiden Seiten mit Grausamkeit geführt. Friedrich II. hetzte den Kaiser von Nikaia, Ungarn, die Pisaner, den Patriarchen von Aquileja, die Bürgerschaften von Pola auf Istrien, Zara, Ancona gegen die Lagunenstadt. Gregors IX. Nachfolger Innozenz IV., gebürtiger Genuese, stützte sich ganz auf seine Vaterstadt. Damit wurde der Krieg gegen den Kaiser als gefährlichen Nachbarn allmählich sinnlos, denn Genua war und blieb *die* Konkurrentin, auch wenn das Bündnis mit ihm 1242 erneuert worden war. Anfang 1245 begannen Verhandlungen mit dem Kaiser, und trotz der auf dem Konzil zu Lyon im Sommer 1245 erfolgten Absetzung und Bannung Friedrichs schloß die Lagunenstadt im Herbst Frieden mit ihm. Allerdings dauerten die Grenzhändel mit Ezzelino da Romano, des Kaisers Statthalter in Verona, Vicenza und Padua, an, weiteten sich nach des Kaisers Tode zu einem gefährlichen Krieg aus, führten aber zur Eroberung Paduas (1256) und Trevisos (1260) durch die Venezianer. Noch freilich waren die venezianischen Politiker nicht gesonnen, sich auf dem Festlande ein Kolonialreich zu schaffen. Es genügte ihnen, durch Einsetzung eines venezianischen podestà ihren beherrschenden Einfluß zu sichern.

Dafür kam es wenig später zum ersten Kriege gegen Genua. 1251 waren nochmals die Verträge zwischen beiden Seestädten erneuert worden, aber sechs Jahre später ergaben sich aus einem Streit um Besitzungen in Akkon Spannungen. Im Bunde mit dem kaiserlich gesonnenen Pisa und dem Kaisersohn Manfred, damals noch Fürst von Tarent, unterstützt von dem Deutschen Orden, dem Patriarchen von Jerusalem und anderen Kräften im Hl. Lande schlug Lorenzo Tiepolo die genuesische Flotte. 1257 plünderten venezianische Schiffe genuesische Stützpunkte im östlichen Mittelmeer; 1258 wurde Genuas Flottenmacht abermals geschlagen. Die Rettung für Genua war der Vertrag mit Michael VIII. Palaiologos vom 13. März 1261, der ihm die Rechte Venedigs am Goldenen Horn einbrachte. Der Krieg ging weiter, das Kriegsglück schwankte; 1264 kaperten Genuesen die venezianische Flotte, die aus der Levante heimkehrte. Venedigs glänzender Sieg vor Trapani an der Küste Siziliens (23. Juni 1266) brachte keine Entscheidung. Der nach langen Verhandlungen und den Vermittlungsbemühungen des Papstes Clemens IV. zustande gekommene fünfjährige Waffenstillstand vom 22. August 1269 wurde zwar 1273 verlängert, aber nicht in einen förmlichen Friedensvertrag umgewandelt. Venedig ließ es geschehen, daß Genua das benachbarte Pisa aus den wichtigsten seiner Stützpunkte in Italien wie im Hl. Lande verdrängte. Als 1293 die Kämpfe erneut aufflammten, hatte es an Pisa keine wirksame Unterstützung. 1294 wurde die venezianische Flotte geschlagen. Nun suchte man von Venedig aus nach Bundesgenossen. Versuche Papst Bonifaz' VIII., zu vermitteln, waren erfolglos. Venezianer plünderten genuesische Stützpunkte in Kleinasien, am Bosporus, auf der Krim (Kaffa), Genuesen und Griechen das Venezianerquartier am Goldenen Horn; die genuesische Flotte drang in die Adria ein (1298). Wenn es dennoch zu einem für Venedig überraschend günstigen Frieden (25. Mai 1299) kam, in dem Venedig die italienische Westküste zwischen Genua und Civitavecchia als genuesische Interessensphäre anerkannte und Pisa der Vorherrschaft Genuas überließ, dafür aber die Anerkennung seiner Herrschaft in der Adria erreichte, so mögen verschiedene Ursachen dies bewirkt haben, nicht zuletzt wohl die geschickte venezianische Diplomatie. Die Adria war behauptet, im wesentlichen auch noch die Stellung im östlichen Mittelmeer. Venedig konnte sich anderen Aufgaben zuwenden.

Mit dem Nachfolger Kaiser Friedrichs II., der 1250 überraschend gestorben war, mit König Konrad IV., hat Venedig kaum Fühlung genommen. Dessen jüngerer Stiefbruder Manfred, seit 1258 König von Sizilien, erneuerte das Paktum seines Vaters mit den auf das unteritalische Reich bezüglichen Bestimmungen. Aber im Kampf Manfreds gegen das Papsttum tat Venedig nichts, um dem Staufer beizustehen, und auch den letzten des untergehenden Geschlechts, Konradin, haben die Venezianer nicht unterstützt. Der neue Herr Unteritaliens und Siziliens freilich, Karl von Anjou, nahm nicht nur die Politik der Normannenherrscher gegenüber der Balkanhalbinsel und dem östlichen Mittelmeer wieder auf, sondern drohte die Adria zu sperren. Sein Vorschlag, Venedig möge seinen Plan der Eroberung Konstantinopels unterstützen und dafür die verlorene Stellung am Goldenen Horn wiedererlangen, lehnten die Venezianer ab, um sich dafür lieber mit dem byzantinischen Kaiser Michael VIII. Palaiologos zu einigen (1268 und 1277). Dies erschien den venezianischen Politikern immer noch aussichtsreicher als die Unterstützung eines Mannes, der mit seinen weitreichenden Plänen und der Mißachtung venezianischer Rechte viel gefährlicher war als der Byzantiner, dessen Herrschaft sich nur langsam festigte. Allerdings hat Venedig den vertriebenen lateinischen Kaiser Balduin II. und später seinen Sohn Philipp nur mit Worten, nicht mit Taten unterstützt und sich im Juli 1281 sogar zu einem in Orvieto geschlossenen Vertrag mit Karl von Anjou bereden lassen. Aber der gegen die Herrschaft der Anjous Ende März 1282 auf Sizilien ausbrechende Aufstand („Sizilianische Vesper") ließ das geplante Unternehmen gegen Byzanz nicht zustande kommen. Venedig bezahlte das Scheitern des Planes mit einer wachsenden Anarchie in der Ägäis, wobei der byzantinische Kaiser durch Agenten die griechischen Bevölkerungen gegen die Venezianer aufhetzen ließ und Genua sie offen unterstützte. Als 1302 ein neuer Vertrag mit

Kaiser Michael VIII. zustande kam, war allerdings das Verhältnis zwischen Byzanz und Genua bereits getrübt. Noch einmal, 1306, hat man in Venedig an eine Erneuerung des lateinischen Kaisertums in Byzanz Gedanken und Geldmittel gewandt und mit dem Bruder König Philipps IV. des Schönen von Frankreich, Karl von Valois, verhandelt; doch ist trotz wiederholter Versuche nichts daraus geworden. Nach 1330 hat man in Venedig nicht mehr daran gedacht. Den zwanzigjährigen Krieg zwischen dem unteritalischen Anjou-Reich und den seit 1282 auf Sizilien Fuß fassenden Aragonesen hat Venedig als neutraler Zuschauer beobachtet; daß Friedrich von Aragon, der Enkel Manfreds, sich schließlich als König von Sizilien im Frieden von Caltabelotta (1302) behaupten konnte, wird man in Venedig um so lebhafter begrüßt haben, als dadurch eine einheitliche und starke unteritalische Macht verhindert wurde, welche etwaige Expansionspläne im östlichen Mittelmeer hätte aufnehmen können.

War solcherart die Gefahr von Unteritalien-Sizilien her gebannt, so gelang es auch, freilich in harten Kämpfen, die Vorherrschaft auf der Adria zu retten. Die istrischen Städte, zeitweilig dem straffen Regiment des Patriarchen Berthold von Aquileja aus dem bayerischen Geschlechte der Grafen von Andechs (1218—1251) untergeordnet, mußten Platz für Platz zurückerobert werden. Als der Patriarch starb, wollte König Konrad IV. Istrien als Reichslehen einziehen, doch fehlten ihm die Mittel dazu; der neue Patriarch von Aquileja, der Italiener Gregor von Montelongo (1251—1269), ein eifriger Parteigänger Innozenz' IV. und seiner Nachfolger, konnte nicht verhindern, daß Venedig systematisch die Rückgewinnung seiner Oberherrschaft in den istrischen Städten anstrebte. Der Doge Lorenzo Tiepolo (1268—1275), dessen Vater Jacopo erst als Herzog (duca) das venezianische Inselreich der Ägäis verwaltet, dann das Amt des Dogen (1229—1249) innegehabt hatte, begann damit; seine Nachfolger Jacopo Contarini (1275—1280) und Giovanni Dandolo, der Urenkel Enricos (1280—1289), setzten die Rückeroberung fort, die die Lagunenstadt in schwere

Kämpfe mit den Grafen von Görz, den Herren von Inneristrien, verwickelte. 1285 kam es zu einer ersten Vereinbarung, die Venedig die Küstenstädte unterwarf. Zwar flammten noch einmal in den 90er Jahren Kämpfe auf, aber 1304 verzichtete der Patriarch von Aquileja auf die weltliche Herrschaft in Istrien — die geistliche verblieb ihm —, und 1307 holten sich die Venezianer ein Rechtsgutachten des berühmten Juristen Riccardo Malombra über ihren Anspruch auf die „Markgrafschaft" Istrien, d. h. die Küstenstädte.

Erbstreitigkeiten des in Ferrara herrschenden Geschlechts, der Este, rückten das alte Ziel, die Unterwerfung dieser Stadt, 1308 in greifbare Nähe. Ein venezianischer podestà erschien in der Stadt. Aber Ferrara war päpstliches Lehen. Papst Clemens V., der erste der in Avignon residierenden Päpste, verhängte über Venedig Bann und Interdikt und rief zum Kreuzzuge gegen die als hochmütig verhaßte Republik auf. Im August 1309 wurden die Venezianer geschlagen und mußten den Versuch, Ferrara zu gewinnen, aufgeben; innere Unruhen und die Gefährdung der venezianischen Herrschaft auf Istrien und über Dalmatien, vor allem über Zara, waren die Folge. Es war der erste fehlgeschlagene Versuch, auf dem Festlande Italiens Fuß zu fassen.

Ein Jahr zuvor (1308) war der Graf Heinrich von Luxemburg zum römischen König gewählt worden. Von den Anhängern des Kaisertums in Italien, den Ghibellinen, stürmisch begrüßt und von dem Größten unter ihnen, dem aus seiner Vaterstadt Florenz verbannten Dante, als der Retter aus Not und Zerrissenheit gepriesen, unternahm Heinrich VII. 1310 den Zug nach Rom, um sich dort zum Kaiser krönen zu lassen. Der neue Herrscher war fest entschlossen, die königlichen Rechte in Italien wiederherzustellen. Er richtete an die italienischen Kommunen, darunter Venedig, eine Botschaft, in der er Huldigung und Heeresfolge verlangte. Sein Vorgehen gegen die von der Gegenpartei, den Guelfen, beherrschten Städte Mailand, Cremona und Brescia ließ es Venedig geraten erscheinen, sich ein Rechtsgutachten des Riccardo Malombra zu besorgen, in dem klargestellt wurde, daß Venedig nie zum Reiche gehört habe.

Nach außen hin freilich gaben sich Doge und Kommune von Venedig konziliant. Die Huldigung leisteten die venezianischen Gesandten Heinrich VII. allerdings nicht, als sie bei seiner Krönung zum König von Italien mit ihm Anfang Januar 1311 in Monza zusammentrafen, sondern versicherten ihm nur, daß Venedig ihm zu Diensten sein werde und ihn als römischen König anerkenne. Insgeheim nahm Venedig allerdings Beziehungen zur schärfsten Gegnerin Heinrichs VII. unter den italienischen Städten, zu Florenz, auf, obwohl venezianische Gesandte den Luxemburger zur Kaiserkrönung nach Rom begleiteten (1312). Heinrichs VII. Politik in Oberitalien, die Unterstützung von Männern und Mächten, die der Seerepublik höchst unangenehme Nachbarn waren, wie der Herr von Verona und Vicenza, Cangrande della Scala, zwangen die venezianische Führung, die im Parteienstreit der Guelfen und Ghibellinen streng neutral blieb und stets das Gesamtinteresse des Staates zu wahren suchte, sich mit dem auf die guelfische Seite übergetretenen Padua zusammenzutun. Als Heinrich VII. König Friedrich III. von Sizilien zum Reichsadmiral ernannte und die Seestädte Genua, Pisa und Venedig aufforderte, ihm ihre Kräfte zur Verfügung zu stellen, um Florenz und den mit ihm verbündeten König Robert von Neapel, den Enkel des ersten Karl von Anjou, zu bekämpfen, mußte die Reserve, mit der die Seerepublik die Politik des Luxemburgers verfolgte, sich nur noch vergrößern. Venedig scheint sich geweigert zu haben, einer direkten Aufforderung Heinrichs VII., Schiffe zu stellen, zu folgen. Anfang 1313 löste Papst Clemens V. die Stadt vom Bann und erneuerte die Verträge mit Venedig über die Grenzen der beiderseitigen Besitzungen. Die guten Verbindungen zur päpstlichen Kurie waren wiederhergestellt. Man wird gewiß im Dogenpalast aufgeatmet haben, als die Nachricht dort eintraf, daß der unbequeme Herrscher am 24. August 1313 plötzlich gestorben war. Es war der letzte König und Kaiser von jenseits der Alpen, der versucht hat, über die Seerepublik Herrschaft auszuüben, ihr Befehle zu erteilen, ihre materiellen Mittel für die Reichspolitik einzuspannen. Dies konnte nicht durchgesetzt werden, weil nicht nur Venedig selbst als Großmacht sich solchem Zugriff entzog, sondern auch, weil das Königtum in Italien kaum noch eine reale Macht verkörperte. Die städtischen Kommunen und Signorien, die Territorialfürsten, die Seerepubliken Venedig und Genua waren nicht unter die Herrschaft eines Monarchen zu zwingen, mochte er auch so hoch greifen wie Dantes Kaiser Heinrich VII. Freilich war damit ein Machtfaktor aus Italien geschwunden, der die schon seit dem 12. Jh. immer mehr zersplitternden, sich in lokalen Fehden aufzehrenden italienischen Herren und Städte, kleine wie große, zu befrieden vermocht hätte; das Ansehen des Papsttums, das seit Beginn des Jahrhunderts im Exil zu Avignon französischem Druck ausgesetzt war, sank zusehends. Wer sich in den italienischen Machtkämpfen behaupten wollte, mußte allein auf die eigene Kraft und Geschicklichkeit vertrauen, mußte sich nun, da das westliche Kaiserreich seine universale Stellung eingebüßt hatte, das östliche nur mehr ein Schatten seiner einstigen Größe war und das Papsttum mühsam seinen Primat in der Kirche und sein Ansehen in der Welt wahrte, in seinen politischen Nah- und Fernzielen umstellen.

Zunächst freilich war einer aus den eigenen Reihen kommenden Gefahr zu begegnen, die aus dem Wandel der Verhältnisse in der Nachbarschaft erwuchs und den inneren Status der Seerepublik bedrohte. Es war nach dem vergeblichen Versuch, sich Ferraras zu bemächtigen, daß Angehörige alter Adelsfamilien, der Tiepolo, Badoer, Quirini, Doro, Orio, Barozzi und Baseggio, unter Führung des jungen Bajamonte-Bohemund Tiepolo mit Unterstützung von Florenz und unter wohlwollender Billigung kirchlicher Kreise einen Aufstand gegen den Dogen Pietro Gradenigo und die herrschende Staatsverfassung unternahmen. Die Pläne der Verschwörer zielten auf Errichtung von Signorien im venezianischen Gebiet, wie sie in der Nachbarschaft, in Verona vor allem, in Ferrara entstanden waren. Aber der Tag des Aufstandes, der 15. Juni 1310, wurde zugleich der Tag ihrer vernichtenden Niederlage. Ein Kollegium von zehn Richtern urteilte die Rebellen ab — es war die erste Amtshandlung dieses „Rates der Zehn", der seither bestehen blieb. Wen das Beil des Henkers nicht vernichtete, wurde anderweitig hart bestraft, Bajamonte Tiepolo selbst nach Dalmatien verbannt; 1326 kam er unter nicht ganz geklärten Umständen ums Leben. Die Regierung unter Führung des Dogen hatte sich behauptet. Es war eine glänzende Bewährungsprobe für das Verfassungssystem Venedigs. Seither war klar, daß die Seerepublik nicht die Herrschaft eines Mannes oder eines Geschlechtes dulden würde, wie sie im benachbarten Verona Ezzelino da Romano, der Parteigänger und Schwiegersohn Friedrichs II., 1232—1259 ausgeübt, sogar über Vicenza und Padua ausgedehnt hatte und nach ihm die Nachkommen des Mastino della Scala aufzurichten und festzuhalten vermochten. Sein jüngster und begabtester Neffe, Cangrande della Scala, seit 1311 achtzehn Jahre lang Herr von Verona, der Gastgeber Dantes, ordnete sich nicht nur Vicenza, Feltre, Belluno, sondern auch Treviso und Padua unter und wurde damit unmittelbarer Nachbar Venedigs. Die Seerepublik nahm ihn, sorgfältig auf ein gutes Verhältnis zu ihm bedacht, als Ehrenbürger in ihre Reihen auf. Aber sein Neffe und Nachfolger, Mastino II., wurde schon im zweiten Jahrzehnt des 14. Jh. für Venedig beschwerlich, als er die Schiffahrt auf dem Po sperrte, Chioggia und damit den Salzhandel bedrohte. Es war ein Dandolo, Francesco (1329—1339), im Jahre, da Cangrande della Scala starb, gewählt, der entschlossen den Scaligeri Widerstand leistete, denn hier ging es um Lebensfragen der Republik. Als Bundesgenossen gegen die Scaligeri fand Venedig das durch das Vordringen der Veroneser Signori nach Süden gleichfalls bedrohte Florenz, und der Florentiner Chronist Giovanni Villani vermerkt voll Verwunderung, daß die Venezianer, die seit 1204 es vermieden hätten, sich auf dem italienischen Festlande zu binden, nun derartige Bindungen suchten. In der Tat leitete der 1336 ausbrechende Krieg gegen die della Scala einen neuen Abschnitt venezianischer Außenpolitik ein: den Kampf um ein Herrschaftsgebiet auf der Terra ferma.

Das Geschick venezianischer Diplomaten wußte eine Koalition gegen die Herren von Verona zusammenzubringen, die diesen keine Aussicht auf einen Ausweg ließ: die Este von Ferrara, die Visconti von Mailand, die Gonzaga von Mantua, dazu der von seinem Vater, König Johann von Böhmen, zum Statthalter in dessen italienischen Besitzungen bestimmte Markgraf Karl von Mähren, der spätere Kaiser Karl IV., und sein Bruder Johann Heinrich, Graf von Tirol und Görz, die Stadt Bologna und schließlich sogar der Patriarch von Aquileja, den der Papst dazu bewog, sich den Verbündeten anzuschließen. Der Frieden, zu dem sich Mastino II. im Januar 1339 bereit fand, als Verona belagert wurde, brachte Venedig die Stadt Treviso ein — der Grundstein zu einem venezianischen Kolonialreich auf der Terra ferma war gelegt. Politisch und wirtschaftlich war die neue Erwerbung gleich bedeutsam, schloß sie doch den Weg durch die Val Sugana nach Norden und den Flußlauf der Sile, Rohstoff- und Lebensmittelgebiete ein. Florenz, das im wesentlichen leer ausging, mochte sich vergeblich über die Venezianer beklagen, Giovanni Villani die Florentiner auffordern, der Seerepublik ihren Verrat nie zu vergessen — durch ein System von Verträgen, Erneuerung und Verbesserung bestehender Vereinbarungen oder Abschluß neuer wußte Francesco Dandolo den Sieg zu sichern, ehe er, noch im gleichen Jahre, starb. Die Scaligeri haben sich von dem ihnen zugefügten Schlage nicht mehr erholen können und sich nach Mastinos II. Tode (1353) der venezianischen Führung ebenso gefügt, wie bis in die 70er Jahre des 14. Jh. die Carrara von Padua.

Freilich nur solange, bis günstige Gelegenheit sich bot, die lästige politische Vormundschaft abzuschütteln. Sie sollte nicht auf sich warten lassen. Der neue Streit, der sich zu einem allgemeinen Kriege ausweitete, entzündete sich an der Rivalität der Seemächte in der Levante. Dazu kam, daß die von Genua 1299 anerkannte Vorherrschaft Venedigs durch das Vordringen binnenländischer Mächte an die Küste in Frage gestellt wurde. 1310 wurde Karl Robert von Anjou, ein Urenkel Karls I. von Neapel und von Mutterseite Arpadensproß, zum Könige von Ungarn gekrönt. Zara, die wichtige Stadt, um deren Besitz Venedig immer wieder gerungen hatte, unterstellte sich dem neuen Herrscher. Ein Handstreich venezianischer Truppen wurde von den Bewohnern vereitelt. König Karl Robert ließ es zwar geschehen, daß Zara sich schließlich Venedig beugte, daß die Venezianer auch die übrigen dalmatinischen Städte bis Spalato und Nona sich wieder unterordneten, aber er förderte die kroatischen Herrengeschlechter Dalmatiens, und Bajamonte Tiepolo, der geflohene venezianische Aufrührer, tat ein übriges, Dalmatien zu beunruhigen. Als Karl Robert starb und ihm sein Sohn Ludwig nachfolgte (1342), nahmen die Dinge eine schlimme Wendung. 1345 erschien Ludwig in Dalmatien. Zara, stets unzuverlässig und von einer venezianischen Strafexpedition bedroht, wandte sich an ihn. Venedig seinerseits knüpfte mit dem Ban Stefan II. Kotromanič von Bosnien, mit dem Zaren der Serben, dem großen Stefan Dušan (1331—1355), schließlich mit dem Zaren der Bulgaren an. Nach kurzem Kampf gegen ein ungarisches Heer konnte Venedig Zara nehmen, aber Ludwig von Ungarn gab damit seinen Anspruch auf Dalmatien nicht preis; der Friede von 1348 bedeutete einen Aufschub, keine Entscheidung. Die Gefahr für die Herrschaft Venedigs in der Adria blieb bestehen, ja, vergrößerte sich, als Ludwig den Versuch machte, die unteritalische Heimat seines Geschlechtes als Nebenland seiner Herrschaft zu unterstellen.

War die Vormacht Venedigs in der Adria gefährdet, dann mußte auch sein Kolonialreich im östlichen Mittelmeer in Mitleidenschaft gezogen werden. In Byzanz selbst war ohnehin Genua die bestimmende Handelsmacht. Von ihrem Quartier in Pera jenseits des Goldenen Horns aus überwachten die Genuesen den Schiffsverkehr durch den Bosporus ins Schwarze Meer. Jeder noch so zögernde und ungern bezeigte Gunsterweis durch die byzantinische Regierung weckte ihren Neid. Die venezianische Kolonie vermochte sich freilich zu behaupten. Der Leiter (bailo) derselben war als Gesandter der Republik zugleich auch Vorgesetzter der venezianischen Behörden in der Levante. Hier freilich wurden nur wenige Stützpunkte, wie Modon und Koron, ohne jede Schwierigkeit behauptet. Schon die Aufrechterhaltung der venezianischen Herrschaft über Kreta war schwierig.

Aufstände in den 30er und 40er Jahren des 14. Jh. mußten gewaltsam niedergeworfen werden. In Griechenland machten katalanische Söldner, die Kaiser Andronikos II. gegen die vordringenden osmanischen Türken angeworben hatte, durch ihr räuberisches Unwesen der Regierung am Rialto im Laufe des 14. Jh. viel Sorgen, beunruhigten die französischen Herzöge von Athen und Achaja die unter venezianischer Verwaltung stehende Insel Euböa (Negroponte) und zwangen zu militärischen Maßnahmen und zu diplomatischer Fühlungnahme mit dem Papsttum, mit dem König von Neapel, mit Frankreich.

Nicht minder unsicher waren die Verhältnisse auf den griechischen Inseln, wo die genuesischen und die venezianischen Interessen am unmittelbarsten und heftigsten aufeinandertrafen. Immer noch freilich war Venedigs Stellung so beherrschend, daß es vielfach als Schiedsrichterin und Schutzmacht angerufen wurde, auch als von Kleinasien her seit dem ersten Drittel des 14. Jh. die osmanischen Türken in das östliche Mittelmeer vorstießen und türkische Seeräuber die ägäische Inselwelt zu beunruhigen begannen. Man scheint in Venedig zunächst die heraufziehende Gefahr nicht in ihrem ganzen Umfange erkannt zu haben.

Die erste antitürkische Liga aber (6. September 1332) mit dem byzantinischen Kaiser Andronikos III., mit den Johannitern, welche seit dem Fall von Akkon (1291) die Insel Rhodos zu ihrem Sitz erkoren hatten, der sich später die Könige von Frankreich und Zypern anschlossen und der der Papst seinen Segen erteilte, brachte Venedig zustande. Es war der Auftakt zu einer langen Reihe derartiger Vereinbarungen und Unternehmungen. Mit vollem Recht konnte die Seerepublik für sich in Anspruch nehmen, daß sie seit dieser Zeit als Vorkämpferin der Christenheit gegen die Feinde Opfer an Gut und Blut gebracht und den türkischen Seeräubern schwer zugesetzt hatte.

Allerdings verhinderte der dritte Krieg gegen Genua nicht nur eine gemeinsame Aktion der christlichen Mächte gegen die osmanischen Türken, sondern erleichterte diesen das Übergreifen nach Europa. Venezianer und Genuesen stießen in Byzanz, im

Schwarzen Meer, in der Ägäis bis zur Jahrhundertmitte immer wieder zusammen. 1348 versuchte Genua, die venezianische Kolonie in Tana am Asowschen Meer nach Kaffa verlegen zu lassen, und als Venedig ablehnte, das Schwarze Meer für venezianische Schiffe zu sperren. Dies mußte Venedig zum Kampf herausfordern. Daß auch die Mächte Westeuropas jetzt z. T. hineinverwickelt wurden, hing damit zusammen, daß die wirtschaftlichen Beziehungen Venedigs nach Westen und Norden zu Wasser wie zu Lande enger geworden, die Handelswege ausgebaut worden waren und mit der Verdichtung der wirtschaftlichen Verflechtung zwischen dem Mittelmeerraum, Flandern, Nordfrankreich, England und auch Deutschland die Anteilnahme am politischen Geschehen die europäischen Mächte einander näherbrachte. Der im Sommer 1350 einsetzende Krieg zwischen den beiden Seestädten spielte sich bis 1353 im östlichen Mittelmeer ab. Daß schon 1352 Ludwig von Ungarn und Genua sich zusammenfanden, ohne daß es vorerst zum offenen Kampf kam, war nur der Haltung der übrigen Balkanmächte, vor allem der des Zaren Stefan Dušan von Serbien, zu danken. Genua, dessen Flotte in seinen eigenen Gewässern vor Sardinien fast aufgerieben worden war, unterstellte sich dem Erzbischof Giovanni Visconti von Mailand, während Venedig nun die übrigen oberitalienischen Mächte, die Scala von Verona, die Este von Ferrara, die Carrara von Padua, die Gonzaga von Mantua, schließlich sogar Karl IV., den zweiten römischen König aus luxemburgischem Hause, und natürlich Aragon gegen Genua aufbot. Damit wurde der See- zum Landkrieg, die Auseinandersetzung der beiden Seestädte zum europäischen Konflikt. Vergebens versuchte Francesco Petrarca, der Gesandte des Erzbischofs von Mailand, in Venedig zum Frieden zu mahnen, an das gemeinsame italienische Vaterland zu erinnern, das durch den Krieg leiden müsse. Venezianische Schiffe im Golf von Genua, Genuesen in der Adria, ja, vor dem Lido — dies war die Situation der nächsten Monate. Es war nicht nur die Niederlage der Venezianer im November 1354 in der Nähe von Modon, sondern die zähe und geschickte Vermittlertätigkeit

Karls IV., daß am 1. Juni 1355 der Frieden in Mailand unterzeichnet werden konnte. Im Grunde wiederholte er die Friedensvereinbarungen von 1299, sperrte die Adria für die Genuesen, das westliche Mittelmeer zwischen Pisa und Marseille für die Venezianer und verbot für drei Jahre den Schiffen beider Vertragspartner die Fahrt nach Tana. Eigentlicher Sieger war trotz mancher Einbußen und Niederlagen wiederum Venedig. Aber es geschah noch während der Verhandlungen, daß der Doge Marino Falier selbst seiner Stadt schweren Schaden zufügte. Sein Vorgänger Andrea Dandolo, der Geschichtsschreiber, mehr Gelehrter und Künstler als Politiker, aber ein hartnäckiger und zäher Verteidiger venezianischer Interessen, war 1354 nach elfjähriger Regierung gestorben. Der bereits wenige Tage nach seinem Tode gewählte Nachfolger, ein Achtzigjähriger, Angehöriger eines alten Geschlechts, welcher als Kaufmann reichen Gewinn heimgebracht und der Seerepublik als Diplomat und Militär auf vielen Reisen und Unternehmungen gedient hatte und von Petrarca wegen seiner Bildung gerühmt wird, dem aber auch hemmungsloser Ehrgeiz und aufbrausender Jähzorn nachgesagt wurden, scheint beabsichtigt zu haben, am Abend seines Lebens die dogale Monarchie wiederherzustellen, welche seit den 80er Jahren des 12. Jh. durch die Adelsrepublik ersetzt worden war. Was geschehen ist, wußte nicht einmal Petrarca genau, der in einem Brief wenige Tage nach den Ereignissen den Staatsstreich des Marino Falier schildert und das Strafgericht, das über ihn hereinbrach. Daß soziale Spannungen zwischen der Aristokratie und den Popolanen, der breiten Schicht der Handwerker und Gewerbetreibenden, dabei eine wichtige Rolle spielten, ist ebenso sicher wie dies, daß der greise Doge und dessen junge Frau, eine Angehörige der Familie Gradenigo, persönlichen Angriffen ausgesetzt waren. Als der Umsturzplan verraten wurde, hielten die venezianischen Behörden strenges Gericht. Einige der Verschwörer wurden gehängt, der Doge selbst vor dem Dogenpalast enthauptet, sein Bildnis aus dem Saal des Großen Rates entfernt. Bis zum heutigen Tage trägt die Stelle, da es einst angebracht war, die Inschrift: „Hier ist der Ort des

Marinus Faletrus, der wegen Verbrechens enthauptet wurde" (Hic est locus Marini Faletri decapitati pro criminalibus). Der Rat der Zehn, als Staatsgerichtshof zur Aburteilung des Bajamonte Tiepolo 1310 begründet und zur ständigen Einrichtung geworden, verfügte die Einziehung seines Vermögens; das Urteil über ihn sollte niemals kassiert werden dürfen.

Es war die Tat einer kleinen Gruppe unter Führung eines Einzelnen — die Familie Falier hatte keinen Anteil daran —, aber die Wirkung nach innen wie nach außen war groß. Der Nachfolger, der Doge Giovanni Gradenigo (1355/56), zögerte nicht, den Frieden mit Genua abzuschließen, um die innere Erschütterung des Staatsgefüges nicht offenkundig werden zu lassen. Dessenungeachtet zog die Gefahr von Osten herauf, die schon Giovanni Gradenigo kommen sah und der sich sein Nachfolger Giovanni Dolfin (1356—1361) hat stellen müssen: der Krieg mit Ungarn. Dieses Mal stand Venedig allein, denn der Graf von Görz, der Herzog von Österreich, der Patriarch von Aquileja, ja, selbst Kaiser Karl IV. begünstigten Ludwig von Ungarn. In schnellem Vorrücken gelangten die Ungarn bis nach Ceneda und Treviso; Francesco Carrara von Padua unterstützte sie. Ein Waffenstillstand im Herbst 1356 bot nur eine kurze Atempause. Im nächsten Jahr 1357 ging Dalmatien an Ungarn verloren; Ragusa schloß einen Schutzvertrag mit Ludwig und gewann nahezu unbeschränkte Herrschaft über die dalmatinische Küste und die Inseln zwischen der Bucht von Cattaro und der Mündung der Narenta. Zara begab sich erneut unter die ungarische Oberherrschaft. Am 18. Februar 1358 verstand sich Venedig zum Verzicht auf Dalmatien vom Quarnero bis nach Durazzo; zwar erhielt es Treviso und die Besitzungen auf der Halbinsel Istrien zurück; aber der Doge führte in seinem Titel fortan nicht mehr den eines „Herzogs von Dalmatien", so wie er schon 1356 stillschweigend den stolzen Titel eines „Herrn über anderthalb Viertel des (Ost-)Römischen Reiches" abgelegt hatte. Die Vorherrschaft in der Adria war mindestens eingeschränkt, und dem verhaßten Padua mußten die Venezianer noch im Sommer 1358 den uneingeschränkten Salzhandel erlauben.

Rückschläge an allen Fronten, innere Unsicherheit waren die Kennzeichen der nächsten Jahre, in denen das Dogenamt mehrfach neu besetzt werden mußte. Andrea Contarini (1368—1382), der erst nach längerem Zögern das Amt übernahm — seine beiden Vorgänger waren nach kurzer Amtszeit gestorben —, sah nicht nur die Gefahr neuer Auseinandersetzungen mit Ungarn heraufziehen, sondern sich auch zu einem Kampf um Kreta genötigt, der Menschen und Mittel verschlang. 1363 brach dort ein Aufstand los, der mit äußerster Härte niedergeworfen wurde und 1367 beendet war. Die venezianischen Herren der Insel scheuten sich nicht, fruchtbare Landstriche veröden zu lassen, um den Rebellen ihre Versorgungsbasen zu nehmen, und erst nach 1381 lenkte die venezianische Verwaltung ein und milderte den auf der Bevölkerung lastenden Druck, ließ die als Lieferantin von Seide, Zucker und Baumwolle wichtige Insel sich wirtschaftlich von den Folgen des Aufstandes erholen.

Währenddessen rückten die Türken ungehindert vor. Schon 1354 hatte der venezianische bailo in Konstantinopel an den Dogen Andrea Dandolo berichtet, die Byzantiner seien bereit, sich dem Schutz einer auswärtigen Macht, Venedig, Serbien oder Ungarn, zu unterwerfen, die in der Lage und bereit sei, sie vor den Türken zu schützen. 1355 gab Marino Falier der venezianischen Regierung den Rat, Byzanz zu besetzen, ehe dies die Türken täten. Das Oströmische Reich, das bis in seine letzten Tage an dem Anspruch und der Fiktion festhielt, die einzige echte Nachfolge des Reiches Konstantins d. Gr. zu verkörpern, war am Ende. Aber weder Serbien, dessen großer Zar Stefan Dušan 1355 starb, noch Ungarn waren in der Lage zu helfen — und Venedig, immer noch die stärkste Macht im östlichen Mittelmeer, konnte sich zu energischem Eingreifen nicht entschließen, obgleich es in den byzantinischen Bürgerkriegen seit 1320 immer wieder auch finanzielle Mittel eingesetzt hatte. Seit März 1354 hielten die Türken die 1204 Venedig zugesprochene, ihm 1235 aber wieder verlorengegangene Stadt Kallipolis (Gallipoli) besetzt, den Brückenkopf, von dem aus die Eroberung der Balkanhalbinsel ins Werk gesetzt werden konnte. Die innerbyzantinischen Bürgerkriege erleichterten es ihnen, vorzurücken. 1359 erschienen die Türken zum ersten Mal vor der gewaltigen Landmauer der Kaiserstadt; 1362 fiel Adrianopel. Thrakien wurde besetzt, ein Jahr später Philippopel. Der Sultan Murad I. (1362—1389) wählte Adrianopel zur Residenz. Die einheimische slavische oder byzantinische Bevölkerung wurde in Massen in die Sklaverei nach Kleinasien verschleppt; türkische Kolonisten wurden angesetzt. Bulgarien, unmittelbar bedroht, einigte sich mit den Türken. Kaiser Johannes V. Palaiologos (1341—1391) machte sich zu vergeblichen Bittreisen in den Westen auf. Selbst als er persönlich 1369 in Rom zur römischen Kirche übertrat — eine Union der Kirchen erfolgte nicht, der orthodoxe Patriarch von Konstantinopel lehnte den Schritt des Kaisers scharf ab —, fand sich keine Macht, die ihn zu unterstützen bereit war. In Venedig, wo der gedemütigte Mann Ende 1369 eintraf, wurde er festgesetzt, da er der Lagunenstadt beträchtliche Summen Geldes schuldete. Nach zehnmonatigem Aufenthalt löste ihn sein Sohn Manuel, der in Saloniki regierte, aus. In dem 1370 in Rom abgeschlossenen Vertrag versprach er in seiner Not den Venezianern die Insel Tenedos an der Einfahrt in die Dardanellen, die auch die Genuesen begehrten. Ohnehin hatte Genua 1355 Lesbos zu dem seit 1346 in seinem Besitz befindlichen Chios und den Hafen Enos an der Marizamündung gewonnen und kontrollierte damit neben Venedig wichtige Schiffahrtswege der Ägäis. Selbst auf Zypern, dessen König Peter I. 1361—1365 vergeblich versucht hatte, europäische Mächte an einem Kreuzzug gegen das von dem ägyptischen Sultan besetzte Syrien zu gewinnen, machte Genua der Rivalin den Rang streitig. Darüber kam es 1378 zu einem kriegerischen Konflikt, in dem Genua die wichtigste Hafenstadt, Famagusta, gewann (1382). Die türkische Gefahr begriffen die Könige von Zypern so wenig wie die Seestädte. Das von den Türken eingeschlossene Byzanz zu retten, war niemand bereit. Man nahm es hin, daß die Türken stetig weiter vorrückten, Mazedonien besetzten, schließlich nicht nur Bulgarien, sondern auch Byzanz selbst die türkische Oberhoheit anerkannten und Kaiser Johannes V. als gehorsamer Vasall den Sultan auf einem Feldzuge in Kleinasien begleitete. Im Konkurrenzkampf scheuten die beiden Seerepubliken kein Mittel, auch nicht das der schamlosen Ausnützung der inneren Spannungen im byzantinischen Kaiserhause. Auf diese Weise gewann Genua 1376 die Insel Tenedos, während das wichtige Kallipolis, das 1366 der Graf Amadeo von Savoyen mit einem Kreuzheer den Türken abgenommen hatte, diesen kampflos ausgeliefert wurde.

König Ludwig von Ungarn hatte inzwischen auf der Balkanhalbinsel die unbestritten führende Stellung errungen. Das serbische Reich Stefan Dušans zerfiel unter dessen schwachem Sohn Stefan Uroš; als der 1371 starb, löste es sich in einzelne Despotate auf; einer der Despoten, der Knes Lazar (1370—1389), ordnete sich Ludwig freiwillig unter. Der Ban (seit 1377 König) von Bosnien, Tvrtko, dessen Base Elisabeth Ludwig 1353 geheiratet hatte, stand unter seinem Einfluß. Er versuchte nun, Istrien zu gewinnen. Auch der ehrgeizige Herzog Rudolf IV. von Österreich, Schwiegersohn Kaiser Karls IV., drängte nach Süden, wollte das Patriarchat von Aquileja, die Städte Feltre und Belluno seinem Territorium einverleiben. Wie lebensbedrohend vor allem Ludwigs Politik war, zeigte sich, als er in Dalmatien Salzsiedereien anlegen, das Salz über Ferrara nach Italien ausführen und die Einfuhr venezianischen Salzes strengstens verbieten ließ. Daß die venezianische Politik mit allen Mitteln versuchte, dem Ungarnkönige im eigenen Herrschaftsbereich Schwierigkeiten zu machen, kann daher nicht verwundern. Andererseits brachte Ludwig die Österreicher, die Görzer, Francesco Carrara von Padua, den Patriarchen von Aquileja und selbstverständlich Genua in einer großen Koalition gegen Venedig zusammen. Zwar starb Rudolf IV. von Österreich schon 1365, aber 1374 wurden seine Söhne Erben der Görzer in Inneristrien und zielten auf Triest, ohne es vorerst unter ihre Botmäßigkeit bringen zu können. Schlimmer noch war, daß Padua nicht nur politisch ein unzuverlässiger Nachbar war, sondern durch wirtschaftliche Maßnahmen (Errichtung von Mühlen am Unterlauf der Brenta, Flußregulierungen, Einrichtung von

Märkten in unmittelbarer Nähe Venedigs) der Lagunenstadt zu schaden bemüht war. Im Herbst 1372 kam es zum Kriege; ungarische Hilfstruppen halfen Francesco Carrara, und als die Venezianer siegreich blieben, unterstellte er seine Stadt den Herzögen von Österreich (1373). Ludwig aber verbündete sich mit ihnen, um, wie es in dem Vertrage hieß, Venedig zu vernichten. Allerdings konnte der venezianische Condottiere Ghiberto von Correggio durch einen glänzenden Sieg Francesco Carrara dazu zwingen, sich Venedig zu unterwerfen (21. September 1373), aber die Gegensätze schwelten weiter. Als es um den Besitz von Tenedos im Frühjahr 1378 erneut zum Kriege zwischen Venedig und Genua kam, waren Ungarn, Padua, auch der Patriarch von Aquileja sofort zur Stelle, während die päpstliche Kurie durch das im Sommer des gleichen Jahres ausbrechende große Schisma gelähmt wurde. Die Aussichten, sich zu behaupten, waren gering. Im Juli 1378 standen die Ungarn vor Treviso, war Friaul von ihnen besetzt. Es half nichts, daß Vettore Pisani, der Flottenbefehlshaber, die Genuesen schlug, Cattaro und andere dalmatinische Plätze besetzte. Im nächsten Jahre 1379 kam der Rückschlag, erschienen die Genuesen vor S. Nicolò di Lido. Nun schloß sich Herzog Albrecht III. von Österreich den Feinden an, und ihm unterstellte sich Triest. In Venedig selbst gab es Streitigkeiten um den Flottenbefehl, seitdem Vettore Pisani von den Genuesen geschlagen und dafür bestraft worden war. Am 16. August 1379 nahmen Genuesen und Paduaner gemeinsam Chioggia. Die gesamte Küste und die Insel Grado fielen in Feindeshand. See- und Landwege wurden abgeschnitten. Allerdings verhandelte Venedig mit Ungarn, aber die Gespräche zeigten erst so recht, was zu erwarten war: die Unterwerfung.

In dieser Stunde der größten Gefahr haben die venezianischen Behörden Beschlüsse gefaßt, über die nur Unsicheres überliefert ist, da alle Bücher, in denen sie aufgezeichnet waren, durch einen Beschluß des Senats von 1384 vernichtet worden sind. Vettore Pisani, der verurteilte Flottenbefehlshaber, wurde aus dem Gefängnis geholt und ihm und seinem Nachfolger gemeinsam der Oberbefehl anvertraut. Carlo Zeno, der im Frühjahr mit einer Flotte ausgesandt worden war, um Genua zu bekriegen, wurde zurückgerufen. Innere Gegensätze sollten zurücktreten vor der äußeren Bedrohung. Der alte Doge Andrea Contarini selbst übernahm das Kommando. Da Carlo Zeno rechtzeitig zur Stelle war, gelang es, die Genuesen in Chioggia einzuschließen. Entsatz aus Genua wurde abgewiesen. Am 21. Juni 1379 fiel Chioggia. Der Tag wurde zum Staatsfeiertag erklärt. Aber der Krieg war nicht beendet. Carlo Zeno freilich verjagte die Feinde aus der Adria (Vettore Pisani war noch im August 1379 gestorben); Francesco Carrara von Padua aber besetzte indes die wichtigsten Plätze der Mark Treviso. Da entschloß sich Venedig, Treviso und Ceneda an Herzog Leopold III. von Österreich abzutreten, wenn dieser gegen Padua Waffenhilfe leiste (5. April 1381). Es war ein verzweifelter Entschluß, die Eroberung aus dem Scaligerkrieg von 1344 preiszugeben. Leopold III. hat allerdings nicht viel mehr getan, als seinen Anspruch anzumelden.

Daß es am 8. August 1381 zur Beendigung des „Chioggia-Krieges" und zum Abschluß des Friedens in Turin kam, war das Verdienst des Herzogs Amadeo von Savoyen, der alle kriegführenden Parteien in seiner Hauptstadt zusammenbrachte. Venedig verlor Dalmatien an Ungarn, behielt aber das eingeschränkte Adriamonopol. Ungarn durfte Waren bis zu einer bestimmten Summe (35 000 Dukaten) jährlich in Venedig verkaufen und dort beliebig einkaufen können. Die Insel Tenedos sollte unbewohnbar gemacht, ihre Bevölkerung deportiert werden (dies geschah auch); Genua sollte auf Zypern die führende Stellung behalten, während Venedig verboten wurde, in den nächsten zwei Jahren nach Tana am Asowschen Meer Schiffe zu entsenden. Padua gewann nur wenig. Triest ging an Aquileja verloren und unterstellte sich 1382 Österreich. Es war, aufs Ganze gesehen, ein Friede, der Venedig viel Verlust brachte: im Schwarzen Meer und auf Zypern dominierte das durch den Krieg freilich sehr mitgenommene, in sich zerrissene Genua; in der Adria war Ungarn ein unangenehmer Konkurrent; Triest und

Treviso waren verloren; die Terra ferma mußte aufgegeben werden. Aber die Republik konnte ihre Besitzungen in der Levante im großen und ganzen halten und kam auch finanziell mit nur geringem Schaden davon.

Ein Jahr später starb Ludwig von Ungarn. Damit brach für das ungarische Großreich, das er geschaffen hatte, eine Periode blutiger innerer Kämpfe an. Drei Monate vorher war der Doge Andrea Contarini ins Grab gesunken, der standhaft und zuversichtlich die Republik während der bisher schwersten äußeren Bedrohung geleitet hatte. Er war es gewesen, der die Einlösung des Versprechens überwacht hatte, das man in der Stunde der höchsten Not gegeben hatte: dreißig Familien der Popolanen in den Großen Rat aufzunehmen.

Das Ereignis lenkt den Blick auf die Verfassungsentwicklung Venedigs im 13. und 14. Jh. Sie unterscheidet sich grundlegend dadurch von der anderer italienischer Kommunen, daß es nach der Beseitigung der „dogalen Monarchie", von einzelnen gescheiterten Versuchen abgesehen, nie zur Ausbildung der Herrschaft eines einzelnen, einer einzelnen Familie oder Gruppe gekommen ist und daß allein der Adel die — kollektive — politische Führung der Seerepublik ausübte; die nichtadligen sozialen Schichten, auch wenn sie in Zünften usw. organisiert waren, haben selten politische Ansprüche geäußert und niemals durchsetzen können.

Die Macht des 1172 entstandenen Großen (consilium maius, Maggior Consiglio) und des Kleinen Rates (consilium minus, Collegio, Signoria) hatte sich weiter gefestigt; der vor dem vierten Kreuzzug abgeschlossene Vertrag, der die Modalitäten der Überfahrt und des dafür benötigten Schiffsraumes regelte, wurde von den sechs Mitgliedern des Kleinen und vierzig Vertretern des Großen Rates beschworen. Der Große Rat (im 13. Jh. zwischen 300 und 500, im 14. Jh. sogar 900—1200 Mitglieder, 1510 insgesamt 1651 aus ca. 200 Familien) pflegte schon in dieser Zeit Kommissionen einzusetzen, die seit Beginn des 13. Jh. zu ständigen Einrichtungen wurden. Er wurde ebenso wie der Kleine Rat indirekt durch Wahlmänner gewählt, die ihrerseits von der Volksversammlung (concio, arengo) gewählt wurden. So sah es das älteste erhaltene Wahlgesetz von 1207 vor, das aber nur einen älteren Zustand kodifizierte und im Laufe des 13. Jh. abgewandelt und präzisiert wurde. Der schon 1286 gestellte, zunächst durchgefallene Antrag auf ein neues Wahlgesetz wurde 1297 angenommen; danach wählte bis 1436 die Quarantia, der Rat der Vierzig, die Mitglieder des Großen Rates. Dies lief auf die Erschwerung der Aufnahme neuer Familien in den Kreis der für wählbar Erklärten hinaus, da Mitglied des Großen Rates nur sein konnte, wer selbst schon dazu gehörte oder wessen unmittelbare Vorfahren Mitglieder gewesen waren (Gesetz des Dogen Piero Gradenigo von 1296). 1314 wurde verfügt, daß der Rat der Vierzig alle diejenigen, die der Große Rat für wählbar befand, in ein Buch eintragen sollte. 1319 wurde jedem 25jährigen Wahlfähigen der Eintritt in den Großen Rat ohne Wahl gestattet, 1323 die Erblichkeit des Sitzes im Großen Rat ausgesprochen und damit für andere, vor allem die nicht rechtmäßig und nicht standesgemäß Geborenen gesperrt („Serrata“, endgültig 1422 bzw. 1510). Die zum Großen Rat zugelassenen Familien wurden in Verzeichnissen, deren erstes von 1314 datiert, eingetragen; daraus wurde zu Beginn des 16. Jh. das „Goldene Buch“, „dieses Wahrzeichen, gleichsam Grundbuch der streng und stolz sich abschließenden Aristokratie“ (H. Kretschmayr). Dieser kastenmäßige Abschluß nach außen („Serrata“) hat aber, dies darf nicht verkannt werden, die von außenstehenden Beobachtern, nicht zuletzt von Nicolò Machiavelli gerühmte einheitliche politische Willensbildung und die Stetigkeit der venezianischen Politik durch Jahrhunderte bedingt.

Von den vom Großen Rat eingesetzten Kommissionen gewannen schon seit Beginn des 13. Jh. der „Rat der Vierzig“ (Quarantia) und der Senat zunehmend an Bedeutung. In ihnen, die richterliche und politische Befugnisse ausübten, erwuchsen der Seerepublik die wichtigsten, nach 1204 ein großes Kolonialreich verwaltenden Zentralbehörden. Zugleich waren sie Ausdruck des Bemühens des Adels, die eigentliche Herrschaft einer kleinen

Gruppe dadurch zu sichern, daß die Gremien, in denen sie vertreten waren, kleiner, der Zugang zu diesen immer schwerer wurden. Hierbei standen sich allerdings auch im engsten Kreise der Angehörigen altadliger Geschlechter zwei Gruppen gegenüber, eine konservative, zu der die Dandolo, Ziani, Gradenigo und Morosini gehörten, und eine „liberale", als deren Vertreter vor allem die Tiepolo, aber auch die Quirini, die Barozzi u. a. galten.

Die große Mehrheit der Bevölkerung bildeten die Popolanen (populares), die in Handel, Handwerk, Gewerbe, Landwirtschaft und Fischerei Tätigen. Wachsender Wohlstand nach dem Beginn des 13. Jh. führte auch hier zu sozialer Differenzierung. Schon zu 1177 wird von Unruhe unter den Popolanen berichtet, die möglicherweise den Aufenthalt Kaiser Friedrich Barbarossas im Lagunengebiet benutzen wollten, um Anteil an der Herrschaft im Gemeinwesen zu erringen. Um die Mitte des 13. Jh. haben in der Tat Popolanen (antiqui populares) die Gleichberechtigung mit den Adligen erkämpft, aber es handelte sich um eine kleine Gruppe. Die Mehrheit stand zu Verschwörungen bereit, insbesondere dann, wenn Wahlen zum Dogenamt nur mühsam oder gar gewaltsam durchgesetzt werden mußten, wie 1289 bei der (mißglückten) Wahl von Jacopo Tiepolo. 1293 wurde abermals die Aufnahme von 30 Popolanenfamilien in den Großen Rat erzwungen, und 1300 unterstützten auch Adlige die Verschwörung des Marinus Bocconius. Bajamonte Tiepolo konnte sich 1310/12 ebenso auf die Popolanen stützen wie Marino Falier 1355. Freilich haben die Popolanen die Herrschaft der Aristokratie und der von ihnen beherrschten Behörden nicht zu brechen vermocht, sondern nur mitgeholfen, die faktische Macht in immer kleineren Gremien zu konzentrieren.

Mit dem Jahre 1335 war die Verfassungsentwicklung Venedigs abgeschlossen. Die fünf Gremien (Großer und Kleiner Rat, Rat der Vierzig, Senat, Rat der Zehn) waren in ihrem Tätigkeitsbereich „so ineinander verschlungen, daß keiner wirklich entscheidend über die anderen emporsteigen, höchstens eine Art Vorherrschaft üben" konnte (H. Kretschmayr). Diese Verfassung erinnere, meinte Ranke, „an die Konstruktion der Markuskirche: fünf Kuppeln nebeneinander, auf die gleiche Weise gewölbt und prächtig, durch die das Licht in den weiten Dom dringt, jedoch eine von ihnen ist die größte, breiteste und höchste, sie bringt das meiste Licht, sie macht doch nicht, daß es in dieser Halle eigentlich Tag wird". (›Zur venezianischen Geschichte‹, 1878.)

Der *Große Rat* besaß gesetzgebende, exekutive und richterliche Gewalt. Er war aber durch die Zahl und nicht zuletzt durch die vielen, in politischen Dingen unerfahrenen jugendlichen Mitglieder nur mehr „Abstimmungs- und Wahlmaschine". Gleichwohl verkörperte er den „wahren und einzigen Ausdruck der Souveränität der venezianischen Aristokratie" (H. Kretschmayr). „Von ihm hängt der ganze Staat ab", schrieb Gasparo Contarini in seiner Schrift über den venezianischen Staat und seine Einrichtungen (›De Magistratibus et Republica Venetorum‹, 1543, S. 15). Er wählte direkt oder indirekt alle Mitglieder der übrigen Gremien; er entschied über Krieg und Frieden und über andere, das Gemeinwesen als Ganzes berührende Fragen. Den Vorsitz in den durch die Glocke v. S. Marco einberufenen Versammlungen führte der gleichfalls von ihm gewählte Doge, der zusammen mit dem Kleinen Rat die Anträge vorlegte. Die Verhandlungen, die möglicherweise ursprünglich öffentlich waren, fanden später im großen Saal des Dogenpalastes statt, wobei die Geheimhaltung schon durch die Zahl der Anwesenden auch dann nicht gewährleistet war. Adlige, die dem geistlichen Stand angehörten, haben im 13. und 14. Jh. an den Sitzungen teilgenommen, ohne jedoch besonders hervorzutreten; sie wurden erst 1498 ausgeschlossen.

Der aus 6 Personen bestehende *Kleine Rat*, die consiglieri, zu dem auch die drei Häupter (capi) des Rates der Vierzig hinzugezogen wurden, vertrat die Stadtsechstel (sestieri); seine Mitglieder wurden meist für ein Jahr gewählt, waren gehalten, daneben kein Amt und keine Nebentätigkeit mit Ausnahme der Aufsicht über das Arsenal oder eine Prokuratorenstelle zu übernehmen, durften Venedig nur mit ausdrücklicher Genehmigung des Großen Rates verlassen und konnten nach Ablauf ihrer Amtszeit nicht sogleich, sondern erst nach einem Jahr wiedergewählt werden. Sie bildeten die eigentliche Staatsregierung und standen dem Dogen zur Seite, der an ihr Votum gebunden war. Die Kompetenz des Kleinen Rates ist wie die des Großen Rates nie genau umschrieben worden, aber daß er Herrschaft ausübte, kommt in seiner Bezeichnung (Signoria, Dominium) zum Ausdruck. Er führte gemeinsam mit dem Dogen in allen Räten den Vorsitz, bereitete die Vorlagen für den Großen Rat, den Senat, den Rat der Vierzig vor, griff in die Rechtsprechung und in Streitigkeiten der anderen Behörden ein. Seit der ersten Hälfte des 14. Jh. übten die consiglieri ihre Amtsgewalt durch eine vom Senat eingesetzte Sonderkommission aus, die die tägliche Regierungs- und Verwaltungsarbeit zu leisten hatte: das Kollegium der anfänglich 5, dann 6, im 15. Jh. 16 *Savi* (sapientes, die „Weisen“), dessen Kompetenz und endgültige Zusammensetzung sich im Laufe des 14. und der ersten Hälfte des 15. Jh. formten. Seine Bezeichnung — zuerst Consulta, seit 1412 Collegio — zeigt, daß es ursprünglich nur als ein Gremium gedacht war, in dem die Sachen vorberaten werden sollten, dann aber eine Behörde wurde, der vom Senat mehr und mehr Aufgaben übertragen wurden. Zu den Beauftragten des Kleinen Rates (Savi del Consiglio) kamen 1420 die Savi della Terra ferma (della guerra) und die Savi degli ordini, ein Savio di scrittura (1519 = Minister für den Landkrieg) und ein Savio cassier (1526 = Finanzminister). Das Kollegium bestand aus drei Gruppen (= Bänken). Die Amtszeit der Savi betrug nur 6 Monate; dann mußten 3 von ihnen ihre „Bank“ 3 Neugewählten überlassen; niemals wurden alle Savi ausgewechselt, damit die Neugewählten in ihre Tätigkeit eingeführt werden konnten und die Stetigkeit der Amtsführung auch hier gewahrt blieb. In der Regel wurden ehemalige Savi nach einer Pause wiedergewählt. Der Vorsitz im Kollegium der Savi wechselte jede Woche; der Wochensprecher (Savio della settimana) überwachte die Debatte im Senatsplenum, wo die Entscheidungen fielen. Von den Savi genossen die 6 Savi Grandi besonders hohes Ansehen.

Sie mußten mindestens 40 Jahre alt sein. Die Savi della Terra ferma dagegen waren jüngere Leute und die Savi degli ordini („Kleine Savi") waren junge Leute, mitunter sogar unter 25 Jahren. Es ist immerhin bemerkenswert, wieviel an Arbeit und Aufgaben die Seerepublik ihren jungen Adligen aufbürdete, auch wenn es sich bei den den „Kleinen Savi" zugewiesenen nicht um entscheidend wichtige handelte.

Zusammen mit den Mitgliedern des Kleinen Rates bildeten die Savi das „Vollständige Kollegium" (Pien Collegio). Ihm oblag die Erledigung der täglichen Eingänge, die Anhörung der Berichte anderer Behörden und der eigenen Gesandten oder Sonderbevollmächtigten, der Empfang fremder Gesandter u. a. m. Im Laufe des 15. und 16. Jh. gewann seine Tätigkeit immer mehr an Bedeutung, wurden von ihm Entscheidungen gefällt, die eigentlich dem Senat zustanden. Dies ergab sich aus der Sachkenntnis der Savi und Consiglieri, wie denn jede mit den Geschäften unmittelbar befaßte Behörde oder Einzelpersönlichkeit vor dem größeren, aber weniger gut unterrichteten Gremium im Vorteil ist.

Die Volksversammlung (concio, arengo) verlor nach und nach alle Bedeutung. Sie ist 1423 auch formell aufgehoben worden, nachdem schon 1409 festgesetzt worden war, der Doge werde sie nur mit Zustimmung des Großen und des Kleinen Rates einberufen. 1462 wurde beschlossen, die Bezeichnung „commune" für das Gemeinwesen durch den Begriff „Signoria" bzw. „Dominium" zu ersetzen — es war der Ausdruck dafür, daß in Venedig die Aristokratie in der eigentümlichen Form des Nebeneinanders von Doge und aristokratischen Räten endgültig die Herrschaft an sich gezogen hatte.

Der *Doge* war schon seit dem ausgehenden 12. Jh. an Wahlkapitulationen und die Mehrheitsbeschlüsse der beiden Räte gebunden, die seine Rechte mehr und mehr einschränkten. Zwar war er der auf Lebenszeit gewählte Repräsentant des Staates. Aber die 1208 erfolgte Trennung von Einkünften des Staates (damals noch des Commune) und des Dogenamtes nahm ihm die materielle Möglichkeit ebenso, wie die im ersten Drittel des

13. Jh. erfolgte Einschränkung seines Tätigkeitsbereichs, z. B. als oberster Richter oder als Vorsitzender in allen Räten, und die 1229 erstmals erwähnten fünf Überwachungsbeamten (correctores) hatten keine andere Aufgabe, als dafür zu sorgen, daß der Doge seine Befugnisse nicht überschreite. Sie hatten das Recht, ihn vor den Räten anzuklagen, die seine Bestrafung beschließen oder ihn zur Abdankung zwingen konnten. Selbst nach seinem Tode wurde seine Amtsführung, vor allem der Umgang mit den ihm bewilligten öffentlichen Geldern, genau geprüft. Der in einem komplizierten Wahlverfahren gewählte Doge war in seinem privaten Leben wie in seinen Geschäften einer ständigen Kontrolle und sehr erheblichen Beschränkungen auch der persönlichen Bewegungsfreiheit unterworfen und wurde zunehmend auf Repräsentationspflichten festgelegt, zu denen sein Auftreten in der Öffentlichkeit mit dem noch im 13. Jh. getragenen goldenen Stirnreif, seit dem Beginn des 14. Jh. mit der „Zoia“, dem „corno ducale“, der seltsamen, anfänglich mit Edelsteinen geschmückten, seit 1367 schmucklosen purpurnen Dogenmütze und dem roten Mantel mit Hermelinkragen oder Goldstickerei gehörte. Der Titel des Dogen verlor nach der Niederlage gegen Ungarn allen Glanz. Seit 1358 heißt es in den Urkunden nur mehr: „Der Doge von Venedig etc.“ (Dux Venetiarum etc.). Die Geschäfte des Dogato führte eine Kanzlei, deren Leiter (seit 1268 ein Großkanzler) ein Popolane sein sollte. Auch die Familie des Dogen unterlag Beschränkungen: seine Gattin, die Dogaressa, genoß zwar gewisse Ehrenvorrechte, wurde aber von allen politischen Angelegenheiten sorgfältig ferngehalten und durfte z. B. keine Geschenke annehmen. Gleiches galt für die Söhne und Neffen eines Dogen, die weder im Kleinen Rat sitzen, noch im Senat, in den sie seit 1473 aufgenommen werden konnten, mitstimmen durften. Selbst die Enkel eines Dogen unterlagen gewissen Beschränkungen. Man könnte nun annehmen, daß unter solchen Umständen kaum jemand sich bereit gefunden hätte, das Dogenamt anzunehmen. Dem war dadurch vorgebeugt, daß der Gewählte die Wahl schon seit 1253 nicht ablehnen durfte, wenn der Kleine Rat ihn

einstimmig, der Große Rat mit Mehrheit gewählt hatte, und daher eine Ablehnung höchst unangenehme Folgen nach sich ziehen konnte. Zudem, und das ist wohl entscheidend geworden, fanden sich genügend energische und ehrgeizige Männer, die nicht nur der äußere Glanz des Dogenamtes lockte, der feierliche Auftritt bei den großen Staatsfesten, wie dem der Vermählung des Dogen mit dem Meere am Himmelfahrtstag, bei dem der Doge auf dem Staatsschiff, dem Bucintoro (bucentaurus = wohl aus ducentorum = Schiff der Zweihundert) durch den Canal Grande hinausfuhr zum Meer, um ihm seinen goldenen Ring zu opfern (das Fest ist seit dem 13. Jh. bezeugt). Es war doch auch das mit dem Dogenamt verbundene Ansehen für die eigene Person und die Familie, das es zu gewinnen oder zu wahren oder zu mehren galt. Wie immer unter vergleichbaren Umständen kam es auf die Tatkraft und das Geschick des einzelnen an, wie er sich im Amte behauptete und was er daraus machte. Daher verwundert es nicht, daß es unter den rd. 95 Dogen seit Enrico Dandolo, d. h. seit dem ausgehenden 12. Jh., eine Reihe von hervorragenden, energischen und willensstarken Männern gegeben hat, die der Seerepublik trotz aller verfassungsmäßigen Beschränkungen im Amt ihren Willen aufzuzwingen wußten, zumal sich infolge der nicht scharf abgegrenzten Kompetenzen der verschiedenen kollegialen Körperschaften und des Dogenamtes selbst für die persönliche Initiative und Aktivität genügend Spielraum bot.

Ein Hauptkennzeichen der venezianischen Verfassung war, daß sie eine Gewaltenteilung nicht kannte und jede der kollegialen Behörden gesetzgebende, vollziehende und richterliche Funktionen ausübte. Diese übertrugen sich auch auf die von dem Großen Rat eingesetzten Kommissionen. Eine solche war ursprünglich der im ersten Drittel des 13. Jh. (1229?) entstandene *Senat*, dessen Aufgabe es war, die mit Handel und Schifffahrt zusammenhängenden Fragen zu bearbeiten und vor den Großen Rat zu bringen. Die im ersten Drittel des 13. Jh. begegnende Bezeichnung „rogati“ oder „pregati“ (die „Gebetenen“) deutet auf die Entstehung hin: es waren diejenigen, die gebeten wurden, sich mit bestimmten Angelegenheiten zu befassen. Ihnen gesellten sich die Mitglieder anderer Sonderkommissionen hinzu, die als Gehilfen (zonta, auch adjunctio) seit 1363 ständig an den Beratungen teilnahmen, so daß der Senat schon im 14. Jh., der ursprünglich 60 unbegrenzt wiederwählbare Mitglieder, je 10 aus jedem der Stadtsechstel umfaßte, im Laufe des 14. und 15. Jh. auf etwa 300 Mitglieder anwuchs; denn es kamen noch diejenigen dazu, die von Amts wegen in ihm ihren Sitz hatten, wie Doge und Kleiner Rat, die den Senatssitzungen präsidierten, oder die Quarantia und später auch der Rat der Zehn mit seinen Gehilfen, die Prokuratoren von S. Marco und andere hohe Beamte, diese allerdings ohne Stimmrecht. Anfänglich höchstens drei, später höchstens fünf Senatoren durften einer Familie angehören. Damit war der Gefahr vorgebeugt, daß der Senat zum Spielball einzelner Adelsgeschlechter werden konnte. Auch die während des Krieges gegen die Liga von Cambrai 1508 zugelassene Käuflichkeit der Senatssitze, eine Notmaßnahme, wurde 1531 wieder verboten.

Bei den Abstimmungen im Senat ist viel manipuliert worden, aber dies konnte nie verhindert werden. Senatsbeschlüssen mußte sich der Rat der Zehn beugen. Sein Tätigkeitsbereich — Handel, Schiffahrt, Wirtschaft, Außenpolitik, später die gesamte Finanzverwaltung, aber auch die innere Politik, die Kirchenpolitik, endlich die Überwachung der Kriegführung — machten den Senat zur Staatsregierung, die nur vorübergehend der Rat der Zehn an sich reißen konnte. Der Senat ernannte und entsandte die Gesandten (ambasciatores, residentes) und nahm deren Berichte (relationes) entgegen, die zu den wichtigsten Quellen für die Diplomatie der Venezianer gehören; die Relationen, schon seit dem 12. Jh. übrigens z. T. chiffriert, entwickelten sich zu einer literarischen Gattung eigenen Gepräges. Sie spiegeln zugleich die stetig wachsenden Möglichkeiten der Erfassung und Darstellung politischer Situationen und wichtiger Persönlichkeiten des Auslandes, aber auch die Praktiken venezianischer Politik von der bewußten Täuschung und Falschinformation des Partners über Bestechung und Korrumpierung bis zum Giftmordanschlag.

Im Senat wurden auch die Fragen der Kriegführung behandelt, deren Erfordernisse sich im Laufe der Zeit änderten, je mehr neben der Flotte und Flottenrüstung der Landkrieg wichtig wurde und die Bewaffnung sich wandelte. War noch im 13. Jh. der Marineminister (Savio del mar) die entscheidende Figur, während man für den Landkrieg Söldner anwarb, so wurde er seit Beginn des 15. Jh. von dem Minister für den Landkrieg (Savio della scrittura) an Bedeutung zurückgedrängt. Zwar überließ man auch jetzt fremden Söldnern und Söldnerführern den Kampf, aber man berief auch Venezianer ein. Vor allem aber wurde in Venedig eine vorzügliche Artillerie entwickelt; das Arsenal, als Schiffswerft gegründet, wurde immer mehr eine Rüstungsfabrik, die auch Kanonen fertigte und den Ruf venezianischer Geschützmeister in die Welt trug.

Ursprünglich eine Kommission des Senats, aber schon im 13. Jh. neben einer Finanzaufsichtsbehörde als Gerichtshof tätig war der *Rat der Vierzig (Quarantia)*, dessen drei Häupter seit Anfang der 30er Jahre des 13. Jh. zum Kleinen Rat, der Signoria, gehörten; er wurde als oberster Gerichtshof angesehen. Die Mitglieder der Quarantia, vom Großen Rat auf ein Jahr gewählt, mußten mindestens 25 Jahre alt sein und konnten, wie die Senatoren, unbeschränkt wiedergewählt werden. Anfänglich mit dem Senat eng verbunden, wurde die Quarantia im 14. Jh. zur Appellationsinstanz für Zivil- und Strafprozesse, sofern nicht die Signoria, der Kleine Rat, Prozesse an sich zog und Urteilsvollstreckung verhinderte oder aufschob. Im 15. Jh. wurde die Quarantia in vier Abteilungen gegliedert, von denen die erste (Quarantia criminale) die wichtigste war. Ihr präsidierten die Häupter der Quarantia. Sie war die Instanz, die über Berufungen entschied, welche in Venedig nur von dafür eigens Beauftragten, den avvogadori (Anwälte) eingebracht werden konnten. Die drei anderen Abteilungen (Quarantia civile bzw. civil nuova oder civil terza) hatten über Zivilberufungen zu entscheiden, die von den amtlichen Anwälten (auditores) einzubringen waren. Der gerichtlichen Kompetenz des Rates der Vierzig entzogen war das eigentliche Stadtgebiet von Venedig. Dies wirkte auf die anfänglich große Macht der Quarantia zurück, die schon im 15. Jh. absank.

Es war eine Kommission von zehn Personen, die am 10. Juli 1310 zur Bestrafung des Bajamonte Tiepolo und seiner Mitverschworenen eingesetzt wurde. Fünfundzwanzig Jahre später, am 20. Juli 1335, wurde dieser Gerichtshof, der *Rat der Zehn* (Consiglio dei Dieci), zu einer ständigen Einrichtung erklärt, „erwuchs dem Großen Rat, der mit seinen vielen Mitgliedern gleichsam eine Demokratie des Adels darstellte, sein oligarchisches Gegenspiel“ (H. Kretschmayr). Sein Wirkungsbereich war schon bei der Begründung nur allgemein umschrieben; daß ihm die Sicherheit von Land und Herrschaftsgebiet (conservatorium terrae et dominii) als Aufgabe übertragen wurde, mußte ihm politische Rechte zubringen, die nur gelegentlich und vorübergehend, dann nämlich, wenn der Große Rat sich dazu aufraffte, wie 1458 im Zusammenhang mit dem ein Jahr zuvor erfolgten Sturz des Dogen Francesco Foscari, eingeschränkt wurden. Seine Macht und sein Ansehen blieben aber durch die Jahrhunderte erhalten „und die ihn am meisten beschränkende Behörde ist aus seinem Schoße hervorgewachsen: die Staatsinquisition des 16. Jh.“ (H. Kretschmayr). Die Mitglieder des Rates der Zehn waren nicht unmittelbar nach Ablauf ihrer Amtszeit wieder wählbar, erhielten keine Besoldung, waren zu strengster Verschwiegenheit und äußerst zurückgezogener Lebensführung verpflichtet. Allmonatlich wählten sie ihre drei Häupter (capi). An ihren Sitzungen nahmen der Doge und die Mitglieder des Kleinen Rates, bis 1464 auch die drei Häupter der Quarantia teil; seit der Mitte des 14. Jh. wurde die Mitgliederzahl durch die Wahl von zwanzig Gehilfen (zonta) durch den Großen Rat erhöht. Schon 1310 wurden aus der Mitte des Rates der Zehn zwei Untersuchungsrichter gewählt, die man als Vorläufer der am 20. September 1539 bestimmten, aus drei Personen bestehenden Staatsinquisition ansehen darf. Es mußten seit 1320 ehemalige Häupter des Rates der Zehn sein, die nur einen Monat im

Amt blieben. Anfänglich wurden keine geheimen oder anonymen Anzeigen bearbeitet, aber auch später wurde sorgfältig verfahren, selbst wenn bei den verschiedenen Untersuchungsverfahren Zwangsmaßnahmen wie die Folter nicht ausgeschlossen waren. Allen in das Verfahren eingebauten Sicherungen zum Trotz, die Grausamkeiten und Willkür ausschalten sollten, wurden die Prozesse vor dem Rat der Zehn, die meist nach Einbruch der Dunkelheit und ohne Heranziehung und Befragung von Zeugen stattfanden, mit einem Kranz von schreckenerregenden Erzählungen und Legenden umgeben. Zweifellos aber, und dies zu betonen scheint angesichts der bis zur Gegenwart fortgeschleppten schlimmen Überlieferungen nötig, wollten die Zehn kein Schreckensregiment ausüben, sondern das Recht wahren und den kleinen Leuten gegen die Willkür der Adligen helfen. 1468 wurde ihnen nochmals ausdrücklich die Bekämpfung aller Verbrechen gegen den Staat aufgetragen. Entscheidend war, daß diese kleine Gruppe von Personen, die in einer so großen Versammlung wie dem Großen Rat sich bildenden Parteien abfangen, schnell und wirksam Entscheidungen fällen und die Kräfte der Seerepublik zusammenfassen konnte, ohne daß ihrem Wirken durch umständliche Verfahrensweisen Schranken aufgerichtet oder durch Beteiligung vieler Menschen die Gefahr frühzeitigen Bekanntwerdens bevorstehender Ereignisse Schaden zugefügt wurde. Bei aller harten Kritik, die der Rat der Zehn im Laufe der Zeit erfahren hat, bei allen düsteren Geheimnissen, die diese im übrigen ja auch außenpolitische Entscheidungen treffende Behörde umgab, galt sie ausländischen Zeitgenossen als Hort von Freiheit, Sicherheit und Ordnung, wie der deutsche Franziskanerpater Felix Faber in seinem Reisebericht — er war 1480 und 1484 in Venedig — rühmend hervorhob.

Allerdings ist ihm in Venedig selbst von verschiedenen Seiten Haß entgegengebracht worden; der Senat sah sich durch den Rat der Zehn in seinen Befugnissen beschränkt, und im 16. Jh. kam es zu heftigen Auseinandersetzungen zwischen beiden Behörden.

Alle Angehörigen der vorgenannten Kollegien trugen einheitliche Kleidung: die Mitglieder des Kleinen Rates und die Savi grandi eine Scharlachtoga, die Senatoren eine purpurne Toga, die Häupter des Rates der Zehn und der Quarantia schwarze, die Savi degli ordini eine violette Toga. Daran wurde selbst im eleganten 18. Jh. noch festgehalten, auch wenn die Kleidermode wechselte.

In älterer Zeit (vgl. oben S. 52) hatte der Doge in seiner Curia einen Gerichtshof zur Seite gehabt, der es ihm ermöglichte, seine Funktion als oberster Richter auszuüben. Daraus entwikkelten sich im Laufe der Zeit nicht weniger als zwölf selbständige Gerichte, von denen nur eines, die curia maior, Reste der alten Kompetenzen festhalten konnte. Die übrigen aus dem Gerichtshof des Dogen abgezweigten *Gerichtshöfe*, von denen der älteste, der für das Vermögen zuständige (curia de proprio) war, hatten ihre umgrenzten Wirkungsbereiche, wie der für die Fremden (curia bzw. guidici del forestier), für das Beurkundungs- und Grundbuchwesen, für Wasserwege und Brücken- und Straßenbau, für Sicherheit, Sittlichkeit (domini de nocte, signori de notte = „Herren der Nacht"), für Schuld- und Zivilsachen, für Vormundschaftssachen, für Schmuggel und Konterbande und andere mehr. Es gab schon seit dem 13. Jh. einen Ersatzgerichtshof mit Ersatzanwälten (iudices et advocatores per omnes curias), der dann einsprang, wenn es an Richtern oder Anwälten der anderen Gerichtshöfe fehlte. Für einige dieser Gerichtshöfe war die Quarantia Berufungsinstanz. Die Richter aller städtischen Gerichtshöfe wurden seit Beginn des 13. Jh. vom Großen Rat meist für ein Jahr gewählt und besoldet, waren anfänglich schlecht ausgebildet, hatten aber im Strafgesetz von 1181, erneuert 1232 durch den Dogen Jacopo Tiepolo, und dem Gesetz des Dogen Enrico Dandolo schriftlich fixierte, im Laufe des 13. Jh. mehrfach erneuerte Gesetzbücher zur Verfügung; 1346 entstand das letzte derartige Gesetzbuch; die im 14. Jh. bereits nicht mehr lateinisch, sondern in venezianischem Dialekt abgefaßten Gesetze und Dienstvorschriften wurden durch eine Fülle von privaten Sammlungen, Kommentaren und Glossen ergänzt, wobei auch das sich herausbildende und sich wandelnde Gewohnheitsrecht berücksichtigt war. Versuche einer umfassenden Kodifikation oder offiziellen Kommentierung der verwirrenden und widersprüchlichen gesetzlichen Bestimmungen wurden im 15. Jh. unternommen, führten jedoch zu keinem Ergebnis. Gleichwohl wirkten die vielfältige gegenseitige Überwachung und Kontrolle der Gerichtshöfe und Behörden und der praktische Sinn der Venezianer, die Wert auf Sachkenntnis und Berücksichtigung des Gemeinwohls legten, unbeschränkter Willkür entgegen, boten auch dem Popolanen stets die Verteidigung von Staats wegen (ex officio) und dem Gefangenen oder Verurteilten ein Mindestmaß an Fürsorge, so schlimm sein Los auch sein mochte. Die legendär ausgeschmückten Greuel des Staatsgefängnisses in den „Bleikammern“ jenseits der „Seufzerbrücke“ hinter dem Dogenpalast sind gewiß nicht nur ins Reich der Fabel zu verweisen, aber doch in ihrer Wirklichkeitsnähe stark einzuschränken.

Man hat Verfassung und Verwaltung Venedigs schon im 16. Jh. besonders gerühmt, wohl gar als Schöpfung einer planenden Vernunft ansehen wollen, da doch nur „mehr ein Instinkt am Werke [war] als konstruierende Vernunft“ (H. Hackert, ›Die Staatsschrift Gasparo Contarinis‹, S. 61), die bei aller Unübersichtlichkeit und allen gegenseitigen Kompetenzüberschneidungen der venezianischen Verwaltung ihre Geschmeidigkeit erhielt.

Venedig war schon in der zweiten Hälfte des 12. Jh. in die Stadtsechstel (sestieri) eingeteilt, die sich bis in die Gegenwart erhalten haben; drei von ihnen — Castello, Cannaregio und San Marco — lagen diesseits, drei — San Polo, Santa Croce, Dorsoduro — jenseits des Kanals, vom Dogenpalast aus gesehen. Die weitere Untergliederung in Unterbezirke (Contrade), von denen jedes geteilt war, erwies sich als überaus stetig: 1171 hatten S. Marco 16, Castello und Cannaregio je 12, S. Croce und S. Polo je 8, Dorsoduro 11 Contrade; 1586, also fast genau 400 Jahre später, waren nur in den sestieri Castello und Cannaregio, S. Polo und Dorsoduro je 1 Contrada hinzugekommen;

daneben gab es Unterbezirke (confinia), die möglicherweise mit den Pfarreien zusammenhingen. Die kirchliche und die politische Einteilung deckten sich nicht; die Geistlichen spielten im politischen Leben keine Rolle. Die Häupter der Stadtsechstel und ihrer Untergliederungen übten anfänglich lokale Polizeifunktionen aus, die aber später auf die Signori di notte übergingen. Daneben gab es aber eine Menge lokaler Behörden, die sich der Lebensmittelversorgung, des Wassers, des Feuerschutzes, der Bauten sowie der Gesundheitsfürsorge annahmen. 1485 wurde eine zentrale Gesundheitsbehörde (Magistrato alla sanità), die erste ihrer Art in Europa, eingerichtet. In den lokalen Verwaltungen und Aufgabenbereichen wurden die Bürger auch der unteren Schichten tätig.

Schwierig ist es, für die Stadt Venedig im 13. und 14. Jh. Bevölkerungszahlen zu nennen. Nach dem ›Chronicon Justiniani‹, einer wichtigen, wohl von einem Angehörigen des Geschlechts der Giustiniani stammenden Quelle, soll man 1338 ca. 30 000 Waffentragende gezählt haben. Dies würde nach vorsichtigen Schätzungen auf etwa 100 000 Einwohner schließen lassen. Schwere Opfer forderte die 1347 aus dem Orient nach Venedig eingeschleppte Pest; angeblich sollen damals allein 50 Adelsfamilien ausgestorben sein. Allerdings ist die Stadtbevölkerung, wohl auch durch Zuwanderung aus dem Dogat, bald wieder gewachsen. Die Bevölkerungszahlen blieben nach den Berechnungen von D. Beltrami (›Storia della popolazione di Venezia‹, 1954) erstaunlich konstant und betrugen für 1540 — 125 800, 1581 — 134 871, 1624 — 141 625, 1696 — 138 067, 1760 — 149 476, 1790 — 137 603, 1881 — 132 826 Einwohner im Stadtgebiet. Gegenwärtig (1974), nach der Massenabwanderung von Venezianern auf das Festland (Mestre und Porto Marghera), leben rd. 150 000 Menschen in Venedig, kaum mehr als im 16., 17. und 18. Jh.

Die Verwaltung der von Venedig beherrschten Gebiete wurde von den Zentralbehörden gesteuert, war aber vielgestaltig, weil die Venezianer klug und behutsam zu Werke gingen. Die Gemeinden des engeren Gebietes, des Dogats, unter denen Chioggia an Bedeutung die anderen übertraf und auch im Äußeren ein Abbild Venedigs im kleinen war, wählten ihren Bürgermeister (podestà) selbst, besaßen ihre Kollegialbehörden, ihre Volksversammlungen und ihre eigenen Statuten. Die Überseegebiete nötigten zu durchaus unterschiedlichem Vorgehen. In den Städten Istriens und Dalmatiens und auf den dalmatinischen Inseln wurden Statthalter (rectores oder comites) eingesetzt, die für eine begrenzte Zeit und unter strenger Beschränkung ihrer Tätigkeit ernannt wurden. Die vorgefundenen Stadtverfassungen und lokalen Behörden wurden nicht angetastet, doch wurde darauf hingearbeitet, die aristokratische bzw. patrizische Oberschicht in Lebenshaltung und Selbstbewußtsein der venezianischen anzugleichen und nach unten abzuschließen. In den wichtigsten dalmatinischen Städten, vor allem in Zara und noch deutlicher in Ragusa, wurde die Oberschicht sogar zu verwandtschaftlichen Beziehungen zur venezianischen Aristokratie zugelassen. Die Autonomie der Städte blieb erhalten; sogar die Statthalter waren hier vielfach Einheimische, nur die militärische Leitung der im 14. Jh. aufgestellten Miliz wurde an venezianische Kommandanten (capitanei) übertragen, um die fremden, gegen teuren Sold angeworbenen Condottieri zu ersetzen. Venedig übte in den unaufhörlichen Streitigkeiten und Konflikten der Städte Istriens und Dalmatiens untereinander und im Inneren mit Geschick und Geduld die Rolle einer auf Ausgleich, Vermittlung, Frieden, Recht und Ordnung bedachten Oberherrin aus; dies festigte seine Stellung zunehmend und trug ihm die Loyalität der Beherrschten ein.

Das Venezianerquartier in Konstantinopel war der wichtigste Stützpunkt Venedigs im Kolonialreich. Der dort 1204 eingesetzte podestà, seit 1265 bailo, wurde auf jeweils zwei Jahre vom Großen Rat bzw. vom Senat gewählt; ihm standen zwei Räte, zwei Richter, zwei Kämmerer, ein Schatzmeister und ein Avvogadore zur Seite. Die Venezianerkolonie wählte ihren eigenen Großen Rat, so daß die Verfassung der Heimatstadt hier im kleinen abgebildet war. Der bailo war zugleich ständiger Gesandter Venedigs am lateinischen, später am byzantinischen

Kaiserhof, nach 1453 bei der türkischen Hohen Pforte, und verfügte über große Geldmittel, die er insbesondere nach der türkischen Eroberung der Kaiserstadt frei und ohne Rechenschaftslegung vor den venezianischen Zentralbehörden zur Bestechung der korrupten und geldgierigen neuen Herren einsetzen konnte. Er genoß unter allen im östlichen Mittelmeer amtierenden venezianischen Beauftragten das größte politische Ansehen.

Der venezianische Herzog (duca) von Kreta wurde wie der bailo von Konstantinopel ebenfalls auf zwei Jahre gewählt und war wie dieser stets Angehöriger der venezianischen Aristokratie. Dieser entstammten auch, wie in Konstantinopel, die beiden Räte, die ihm zur Seite standen, und der militärische Oberbefehlshaber (capitaneus), die Kämmerer und die Rektoren der vier Verwaltungsbezirke. Neben den venezianischen Adligen, die den Großen Rat bildeten und für ein Jahr den engeren Senat (rogati) wählten, gab es die Versammlung der kretischen Lehnsleute (consilium feudatorum), die Vertretung der Landesautonomie, die aber unverläßlich war und den großen Aufstand von 1363 vorbereitete. Herzog und Großer Rat bestellten die einheimischen Richter und Verwaltungsbeamten sowie die Kommandanten (capitanei, castellani) der Burgen und festen Plätze, zu deren Erhaltung, Verpflegung und Versorgung die kretische Bevölkerung, auch durch eine allgemeine Wehrpflicht, und der griechisch-orthodoxe einheimische Klerus herangezogen wurden. Auf Kreta wie in den übrigen Kolonien, vor allem auf Euböa, haben die Venezianer den an sich unrentablen Baumwoll- und Zuckerrohranbau gefördert — er ist noch Ende des 15. Jh. nachgewiesen —, um sich von der Baumwolle aus Ägypten unabhängig zu machen. Gelungen ist es nicht und hat die Lage vor allem der kretischen Bauernschaft noch verschlechtert. Da auf Kreta durch die Austeilung von Lehen anders als in Venedig selbst ein Feudalsystem entstanden war, war die Belastung der Bauern drückend. Die kretischen Adligen gerieten freilich bald in eine hohe Verschuldung, die sie zwang, ihr Land an Bauern gegen Ablieferung bzw. Verkauf eines Teiles der

Ernte zu ihren Gunsten zu verpachten, während sie selbst diese Erträgnisse in der Hauptstadt Kandia verlebten, wo sie ein unruhiges und aufrührerisches Element bildeten.

Ein venezianischer Beauftragter (bailo) saß seit dem vierten Kreuzzug auch in Negroponte auf der griechischen Insel Euböa, dessen Amtsbefugnisse schon 1222 geregelt wurden. Hier machte die Zentralregierung den venezianischen Amtsträgern eine behutsame Politik gegenüber der einheimischen orthodoxen Bevölkerung zur Pflicht. Als es 1470 an die Türken verlorenging, konnten die Venezianer sich 1489 in Zypern einen Ersatz erkämpfen, in dessen Hauptstadt Nikosia seither ein venezianischer bailo mit seinen Räten, Schatzmeistern und seinem Verwaltungs- und Kanzleipersonal sich einrichtete. Die Organisation entsprach derjenigen auf Kreta.

Die venezianischen Stützpunkte und Kolonien im Nahen und Mittleren Osten waren von der allgemeinen weltpolitischen Lage abhängig. Wichtigster Stützpunkt war im 13. Jh. Syrien; der um 1200 erstmals nachweisbare bailo in Akkon, dem die Vertreter (vicecomites, consules) in Antiochia, Beirut, Tripolis und Alexandria unterstellt waren, konnte nur solange tätig sein, als die Herrschaft der Kreuzfahrerstaaten dauerte. Als diese zusammenbrach, Syrien von den Mamelukensultanen von Kairo erobert wurde — 1268 fiel Antiochia, 1298 Akkon — und die osmanischen Türken im Laufe des 14. und der ersten Hälfte des 15. Jh. Kleinasien und die Balkanhalbinsel besetzten, änderte sich alles. Mühsam rangen die venezianischen Diplomaten den türkischen Sultanen Konzessionen ab; doch wurden die Handelswege nach Asien immer schwieriger und unsicherer; die Türken sperrten die Meerengen und lähmten den Schwarzmeerhandel. Erneut festigte Venedig seine Positionen in Syrien (in Aleppo, Beirut, Bagdad, vor allem in Damaskus, wo seit 1373 ein venezianischer Konsul saß). In Alexandria, dem wichtigsten und größten Handelsplatz für den Ost-Westhandel, auch für den Sklavenhandel, standen zwei venezianische Kaufhäuser, eine Kirche, amtierten zwei Konsuln, auch wenn die Mamelukensultane den Handel durch Zölle, durch Kontingentierung (vor allem des indischen Pfeffers, einer der wichtigsten Waren Venedigs) bedrängten.

Zunehmende Bedeutung gewann der Handel mit dem Westen und dabei auch die Nordküste Afrikas. In Tunis hielt sich die von einem Konsul geleitete Kolonie venezianischer Kaufleute, für die der Große Rat 1274 eine Konstitution erließ, bis 1518. Von Nordafrika aus zogen venezianische Kaufleute bis nach Innerafrika (Timbuktu), um Gold zu kaufen, das sie für den Orienthandel brauchten. Noch im 14. Jh. lag der Handel zwischen Nordafrika und Spanien in venezianischen Händen. Durch die Meerenge von Gibraltar fuhren venezianische Schiffe nach Flandern und nach England, um dort Tuche und Wolle zu kaufen. In London und Bristol besaßen die Venezianer Handelshöfe, deren Tätigkeit erst zu Ende des 15. Jh. allmählich gedrosselt wurde. Am lebhaftesten war der Handel auf dem Landwege mit Deutschland; die deutschen Kaufleute besaßen spätestens seit 1228 einen Handelshof am Rialto (Fonticum Theutonicorum, Fondaco dei Tedeschi, heute Hauptpost), in dem sie auch wohnen mußten und strenger Aufsicht unterlagen.

Insgesamt, darauf ist immer wieder rühmend hingewiesen worden, wurden Kolonien und Stützpunkte des venezianischen Kolonial- und Handelsreiches nur mit einem kleinen Apparat verwaltet, „aber die Organisation hat auch in Stürmen nicht versagt und man wird ihr . . . die Kunst nicht absprechen dürfen, gegebenenfalls im kleinsten Punkte die höchste Kraft gesammelt zu haben“ (H. Kretschmayr).

Freilich, das Kolonialreich hat Venedig keineswegs immer viel materiellen Gewinn eingetragen. Ganz abgesehen von den Verlusten, die im Nahen und Mittleren Osten (Syrien, Armenien) noch Ende des 13. Jh. und später vor allem durch das Vordringen der Türken eintraten, war z. B. Kreta stets ein Zuschußgebiet, und Stützpunkte, wie die Festungen Modon und Koron auf der Peloponnes, kosteten, ohne etwas einzubringen. Doch lebte Venedig vom Handelsverkehr, und dieser war nur aufrechtzuerhalten, wenn es im östlichen Mittelmeer, an der afrikanischen Nordküste, auf den asiatischen Märkten, aber auch im

Schwarzen Meer präsent war. Dafür hat die Seerepublik eine wohlüberlegte Finanzpolitik betrieben, die nicht nur fremde Konkurrenz mit allen Mitteln auszuschalten bemüht war, sondern keinen eigenen Bürger und Untertanen, vor allem nicht die Angehörigen der herrschenden Aristokratie schonte. Die hohen Ausgaben für die Flotte, für das Kolonialreich, für die auswärtigen Vertreter und Agenten, für die notwendigen öffentlichen Arbeiten auf dem Lande und an den Wasserwegen, für die innere Sicherheit u. a. m. waren nicht nur durch im allgemeinen recht mäßige direkte Steuern (Kriegsabgaben, seit 1499 Einkommensteuern, seit 1501 Grundsteuern), durch Abgaben auf Ein-, Ausfuhr und Transit von Waren (datia genannt), auf die Märkte und auf Schiffe, auf den Salzhandel — der seit Ende des 13. Jh. Staatsmonopol war, eine der wichtigsten Einnahmequellen bildete und von einer eigenen Behörde (Magistrato al sal = Salzmagistrat) verwaltet wurde —, sondern nur durch Anleihen (prestita) zu decken. Die staatlichen Zwangsanleihen, die es seit 1207 gab, wurden seit 1262 zu einem ausgebauten System, wobei Kaufleute und Reeder sie mit einem Zins von 5 Prozent auch als Kapitalanlage benutzten, um sich von den hohen Zinsforderungen privater Geldgeber unabhängig zu machen.

Die schon seit dem 11. und 12. Jh. vollentwickelte Geldwirtschaft bedurfte einer stabilen Währung. 1202 ließ der Doge Enrico Dandolo eine neue Silbermünze (denarius grossus, venez. matapan, weil angeblich auf dem vierten Kreuzzug bei der Umfahrt um das Kap Matapan, die Südspitze der Peloponnes, erstmals ausgegeben) prägen, die größer war als der alte Denar (denario piccolo), der nur noch im lokalen Handel als Zahlungsmittel verwendet wurde. 1287 bestimmte der Große Rat, „daß von 2000 Pfund Silber, die sie [d. h. die Münzmeister] zur Herstellung der Münzen zur Verfügung haben, 1200 für die kleine Münze und 800 Pfund für die große Münze bestimmt sein sollen“ (quod de 2000 libris quas ipsi habent pro faciendis dictis monetis, deputentur librae 1200 pro moneta parva et librae 800 pro moneta grossa). 1200 Pfund Silber entsprachen 460 000 kleinen Münzen, 800 Pfund Silber 12 700 großen Silbermünzen. Damit war das Verhältnis zwischen Klein- und Großmünzen festgelegt (G. Luzzatto, ›Storia economica di Venezia‹, S. 99/100). Die große Silbermünze sollte die venezianische Silberwährung sichern; weil der Handel mit orientalischen Waren nach Westen von dort Silber einbrachte, war dieses leichter zu erhalten als Gold. Dazu kam, daß noch bis zum Beginn des 13. Jh. die byzantinischen Goldmünzen (Hyperper) in Umlauf waren und erst nach 1204 allmählich an Wert verloren. Erst als italienische Goldprägungen erschienen — Florenz ging 1252 mit seiner Goldmünze, dem fiorino d'oro, dem „Gulden" voran —, hatte sich auch Venedig zur Prägung einer Goldmünze (Zechine, seit 1284) entschlossen, die in Gewicht, Feingehalt und Typus bis 1797 unverändert blieb und 18 Silbergroschen entsprach. Der staatliche Münzhof, die Zecca, befand sich schon Ende des 13. Jh. an der gleichen Stelle wie gegenwärtig. Schwieriger war es, Silber und Gold in eine sichere Relation zu bringen und daran festzuhalten. Dazu sollte das von dem Dogen Niccolò Tron 1472 geschaffene Silberpfund (Lira Tron) dienen, doch hatte die steigende Goldzufuhr aus der Neuen Welt auch für die venezianische Währung nachhaltige Folgen.

Im 15. Jh. betrugen die Einnahmen Venedigs ebensoviel wie die Frankreichs, Spaniens oder Englands. Das ist um so bemerkenswerter, als Venedig damals zwar schon ein Kolonialreich auf dem italienischen Festlande errichtet hatte, von dort aber nur ein Drittel der Einkünfte erhielt, während zwei Drittel immer noch aus Venedig selbst und dem Dogat kamen, aus dem überseeischen Kolonialbesitz aber so gut wie nichts. Der Erwerb von Besitzungen auf der Terra ferma hatte eben auch wirtschaftliche Gründe.

Auf die Dauer konnte die Seerepublik nicht untätig zusehen, daß sich die Flußmündungen in den Händen machtlüsterner, in ihren politischen Absichten schwankender und daher unberechenbarer Nachbarn befanden. Das war anders gewesen, als sie im Westen das italische Reich und seine Herrscher zu Nachbarn gehabt hatte. Seitdem dieses an Macht verlor und sich in den dem Dogat benachbarten Kommunen kleine Gewaltherrscher festsetzten, mußte sich Venedig auch auf dem Festlande engagieren. Seither hat Venedig jede Gelegenheit zum Eingreifen und zur Erweiterung seiner Macht ausgenutzt.

Eine solche bot sich, als es im Patriarchat von Aquileja zu Streitigkeiten kam und Francesco Carrara von Padua, Herr in Treviso, Feltre und Belluno, sich einmischte. Venedig unterstützte die dem Patriarchen und dem Carrara feindliche Partei, der sich auch Antonio della Scala von Verona anschloß. Als dieser von Francesco Carrara 1387 vernichtend geschlagen und aus Verona vertrieben wurde, hielt Venedig still, denn der bisherige Bundesgenosse des Carrara, der Herzog Gian Galeazzo Visconti von Mailand, wandte sich nun gegen ihn und schloß mit Venedig ein Bündnis. Die Seerepublik sollte Schiffe und Lebensmittel stellen und die Kommunen und die freien Herren des Patriarchenstaates von Aquileja, d. h. der Landschaft Friaul, als Bundesgenossen gewinnen. Es geschah, um den gefährlichsten Nachbarn, Francesco Carrara, zu beseitigen. Als er und sein Sohn kapitulierten, erhielt Venedig 1388/89 Treviso, während Verona, Vicenza und Padua an den Mailänder Herzog kamen. Treviso war für die Seerepublik als Lebensmittelmarkt, die Sile als Wasserstraße wichtig. Daß die Herrschaft des Mailänder Herzogs damit gefährlich anwuchs, hat die venezianischen Politiker nicht zu übereilten Schritten veranlaßt. Gelegenheit, dem Herzog Schwierigkeiten zu machen, bot sich schnell, als der Sohn Francescos Carrara, Francesco II. „Novello", 1390 aus seiner Haft in Monza bei Mailand entfloh und nach Padua zurückkehrte. Gian Galeazzo Visconti, durch einen Krieg mit Florenz gefesselt, machte 1392 Frieden mit ihm; Venedig nahm ihn noch Ende des gleichen Jahres in die Reihen der eigenen Aristokratie auf. Die sich eröffnende günstige Möglichkeit, das Polesine mit Rovigo im Mündungsgebiet zwischen Etsch und Po zunächst als Pfand zu gewinnen, bot sich 1395, und als 1398 eine Liga oberitalienischer Kommunen und Signorien gegen den Visconti von Mailand entstand, hat sich Venedig zwar daran beteiligt, aber sich das Recht zum Sonderfrieden vorbehalten, der auch 1400 zustande kam. Als der Visconti zwei Jahre später starb und seine Herrschaft geteilt wurde, setzte der am 1. Dezember 1400 zum Dogen gewählte Michiel Steno gemeinsam mit Francesco Foscari, der 1404/05 das Haupt der Quarantia war, die auf Erwerbung eines Kolonialreiches in der Terra ferma gerichteten Pläne gegen heftigen inneren Widerstand durch. Francesco II. Carrara und Guglielmo della Scala, der Sohn des 1388 vertriebenen Herrn von Verona, eröffneten auf eigene Faust 1404 den Krieg gegen Mailand; die Witwe des Visconti-Herzogs von Mailand ging Venedig um den Preis der Abtretung von Feltre, Belluno, Bassano und Vicenza um Hilfe an. Erst jetzt handelten die Venezianer; venezianische Truppen besetzten die vier Städte. Der ausbrechende Krieg mit dem Herrn von Padua, den nur Niccolò d'Este von Ferrara unterstützte, der aber schon 1405 zum Frieden gezwungen wurde, war schnell zu Ende. Carlo Zeno, der ruhmbedeckte venezianische Feldherr des Chioggiakrieges, zwang den Carrara zur Kapitulation, Padua zur Unterwerfung, die am 4. Januar 1406 erfolgte. Die unterworfenen Kommunen behielten ihre eigene Verwaltung, ihre Einrichtungen und Statuten. Lediglich ein venezianischer podestà, Rektoren und militärische Befehlshaber (capitanei) und einige weitere Beamte, meist zwei Finanzbeamte (camerlenghi) und ein oder zwei Kastellane mit speziellen militärischen Befugnissen, sämtlich dem venezianischen Adel entnommen, repräsentierten die Oberherrschaft und hatten regelmäßig über ihre Tätigkeit zu berichten. Da die venezianischen Behörden die Quarantia zum Gerichtshof für Berufungen und den 1396 eingerichteten Magistrato di ragione (venez. rason) zur zentralen Finanzbehörde erklärten, zu denen die dem Kollegium der Savi unterstellten neun, den Prokuratoren von S. Marco gleichgeordneten Gebietsgouverneure (governatori delle entrate) kamen und von Fall zu Fall noch besondere reisende Kontrolleure (sindaci) die Verwaltung beaufsichtigten, waren Städte, Gemeinden und Herrschaften der neuen Besitzungen so unter Kontrolle, daß unerwartete Ereignisse nicht zu befürchten waren. Den venezianischen Beamten, die streng beaufsichtigt und nur auf begrenzte Zeit (ein oder zwei Jahre) ernannt wurden, war die Verbindung mit der lokalen Aristokratie streng untersagt; ebenso dachte man nicht daran, den Adel der unterworfenen Gebiete in die Reihen des eigenen Adels einzugliedern, obwohl die venezianischen Behörden ihn in seinem lokalen Bereich förderten. Indem die Venezianer alle unterworfenen Kommunen gleich behandelten, sich weder in ihre inneren noch in ihre kirchlichen Angelegenheiten mischten, sondern Streitigkeiten oder Rivalitäten zwischen ihnen schlichteten und auszugleichen suchten, durch Straßenbau und polizeiliche Maßnahmen für Ruhe, Ordnung und Sicherheit sorgten, die Gewerbe- und Industriebetriebe, wie in Vicenza die Tuchherstellung, oder bestehende Einrichtungen, wie die weitberühmte Universität in Padua, förderten, auch die ihnen zugefallenen Güter der Carrara verkauften und für Ansiedlung wüst gewordener Gebiete sorgten, brachten sie es zuwege, daß ihnen allmählich die Sympathien der mittleren und unteren Schichten der Bevölkerung zuwuchsen und schließlich auch der patrizische Adel von Padua, von Verona und anderen Städten sich ihrer Herrschaft fügte. Die Säulen mit dem geflügelten Löwen des hl. Markus, die überall in den Städten des venezianischen Gebietes an sie erinnern, sind mithin nicht nur als Ausdruck einer grausam-brutalen Ausbeutung zu deuten.

Die Unterwerfung von Padua bedeutete nur eine Etappe auf dem Wege zur Schaffung eines Kolonialreiches auf der Terra ferma. In der gleichen Zeit richtete Venedig seine Aufmerksamkeit auch auf den Patriarchenstaat von Aquileja, in dem eine Partei in Udine mit Venedig sympathisierte und Verbindung hielt. Damit war freilich das Problem Istrien verknüpft sowie die Notwendigkeit einer Regelung der Verhältnisse in Dalmatien, und dies bedeutete stets auch die Einigung oder Auseinandersetzung mit Ungarn. Venedig kam dem um seine Anerkennung als König ringenden Sigismund von Luxemburg, dem jüngeren Sohne Kaiser Karls IV. zur Hilfe, als er nicht nur durch die verlorene Schlacht gegen die auf dem Balkan vordringenden Türken bei Nikopolis (1396), sondern durch schwere Kämpfe gegen Prätendenten der unteritalienischen Anjous, gegen die ungarischen Stände und gegen die gefährlich anwachsende Macht des Herrschers von Bosnien, der an die dalmatinische Küste vorrückte, bedrängt war. In geschickten Verhandlungen mit allen beteiligten Partnern brachte es 1409/10 Zara/Zadar und die Insel Arbe/Rab an sich. Als Sigismund, seit 1411 auch römischer König, darauf Truppen nach Friaul entsandte, bis Treviso vordrang, von Norden her Venedig bedrohte und den Handelsverkehr über die Alpen sperrte, ja, sich mit dem byzantinischen Kaiser Manuel II. Palaiologos (1391—1425) in Verbindung setzte, um auch dort Venedig zu schaden, wurde die Lage kritisch. Die Venezianer bemühten sich um die Vermittlung des Papstes, der Stadt Florenz, des Königs Władysław II. Jagiełło von Polen. Eine vorübergehende Waffenruhe hielt nicht lange. 1412 hatte Venedig die dalmatinische Stadt Sebenico/Šibenik unterworfen, während vorerst die Absicht, Traù zu gewinnen, scheiterte. Langsam und vorsichtig dehnte es seine Herrschaft über die als Schlupfwinkel von Seeräubern immer aufs neue gefährlichen dalmatinischen Inseln aus. Als 1418 der Waffenstillstand auslief, entbrannte der Krieg um den Patriarchenstaat von Aquileja und um Dalmatien aufs neue. 1419 wurde Cividale, der Sitz des Patriarchen und Hort des Widerstandes gegen Venedig, unterworfen, 1420 waren Belluno und Feltre, die Sigismund hatte besetzen können, und Udine in venezianischer Hand. Der von Sigismund im Krieg um Friaul eingesetzte Graf Meinhard IV. von Görz — die Görzer Grafen waren die weltlichen Vögte der Patriarchen von Aquileja — geriet in die Gefangenschaft Venedigs, mußte sich loskaufen und seine Lehen in Friaul nun vom Dogen entgegennehmen. Es war das Ende des Patriarchenstaates von Aquileja, dessen kirchliches Oberhaupt — es war der 1412 auf Sigismunds Vorschlag zum Patriarchen, zeitweilig auch zum Reichsvikar ernannte Graf Ludwig von Teck — sich unter venezianische Schutzherrschaft beugen mußte. 1420 fielen Traù, die dalmatinischen Inseln und Spalato in venezianische Hand. Im Jahr zuvor hatte sich Cattaro unterworfen. 1422 unterwarfen sich alle Städte an der albanischen

Küste und Skutari im nordalbanischen Binnenlande. Da die Türken schon 1417 bis Valona vorgedrungen waren, wurde die Unterwerfung der dalmatinischen und der albanischen Städte und der venezianische Besitz der Insel Korfù für ganz Europa wichtig, denn Venedig wurde damit unmittelbarer Nachbar der Türken. Zwar haben weder Sigismund noch sein ungarischer Rivale und Gegenspieler Matthias Corvinus jemals offiziell auf Dalmatien verzichtet, aber als 1433 zwischen Venedig und dem zum Kaiser gekrönten Sigismund ein Waffenstillstand abgeschlossen wurde, war von Dalmatien mit keinem Worte die Rede. Als der Doge Tommaso Mocenigo, 1414 gewählt, dem die Venezianer die abermals errungene Vorherrschaft auf der Adria zuschrieben, 1423 starb, setzten sie auf sein Grabmal in der Kirche S. Giovanni e Paolo die stolzen Worte: „Ich habe die Ungarn im Kriege gezähmt, die Flotte der Türken vernichtet, die Seeräuber überall in unserem Reiche gejagt" (Hungaros bello domui, Turcarum classem delevi, piratas ubique fugavi imperio nostro). Dabei war er ein Mann gewesen, der Frieden und Ausgleich erstrebte.

Sein Nachfolger wurde der als Haupt der Quarantia den Dogen Michiel Steno unterstützende, in den venezianischen Zentralbehörden, u. a. im Rat der Zehn, tätig gewesene und als Diplomat weit herumgekommene Francesco Foscari (1423 bis 1457), dessen politisches Wirken bei Zeitgenossen und Nachfahren heftig umstritten ist. Zog er doch die Konsequenz aus der Tatsache, daß Venedig nun einen großen Besitz auf der Terra ferma sein eigen nannte und sich damit von einer bislang reinen See- zu einer norditalienischen Landmacht zu wandeln begann. Zeitgenossen haben die Schaffung eines Kolonialreiches auf der Terra ferma beklagt, darin den Beginn des Niederganges der bisherigen Seerepublik sehen wollen, die nun in alle inneritalienischen und gesamteuropäischen Konflikte hineingezogen worden sei, aus denen sie sich bisher habe heraushalten können. Dem widersprachen die wirtschaftlichen Zwänge, die zur Sicherung der Lebensmittelzufuhr nötigten, je mehr die Türken auf dem Balkan vorrückten, Piratenschiffe türkischer

Korsaren die Handelswege im östlichen Mittelmeer gefährdeten und damit die finanziellen wie materiellen Aufwendungen für die Wahrung des Besitzstandes dort wuchsen, zumal der Handel längst nicht mehr soviel einbrachte wie im 13. und noch im 14. Jh.

Dazu kam nun die Gefahr, daß Mailand unter dem jüngeren Sohn des Gian Galeazzo Visconti, Filippo Maria, seit 1412 Herzog, in stetem Ausgreifen, gestützt auf tüchtige Söldnerführer, zur beherrschenden Macht in Norditalien wurde. Venedig hatte sich bisher aus dem Ringen zwischen Mailand und Florenz herausgehalten und beschränkte sich auf Abwarten und Vermitteln. Als Florenz in seiner Sorge und Bedrängnis in Venedig mitteilen ließ, es werde sich dem Visconti freiwillig unterwerfen, der schon Genua beherrsche, entschloß sich der Senat unter dem Drängen des Dogen zum Bündnis (1425), dem sich später auch der Herzog von Savoyen, die Gonzaga von Mantua und die Polenta von Ravenna anschlossen. Im ersten Mailändischen Krieg (1426—1428) gewann Venedig Stadt und Burg von Brescia und setzte die Rückgabe der vom Visconti den Florentinern und Savoyen abgenommenen Gebiete durch. Aber da der Herzog von Mailand den Vollzug der durch päpstliche Vermittlung vereinbarten Friedensbedingungen verweigerte, begannen die Kämpfe erneut, wobei die Söldnerführer (Condottieri) ihre großen Zeiten erlebten. Der Friedensschluß am 19. April 1428 in Ferrara brachte Venedig zu Brescia auch noch Stadt und Gebiet von Bergamo ein und hielt Mailand aus der Toscana und Romagna fern. Der venezianische Condottiere Francesco Carmagnola, einst in mailändischen Diensten, wurde als Sieger gefeiert und, da der Visconti die Friedensbedingungen nicht einhielt, sogleich wieder zum Oberbefehlshaber ernannt. Schon im Januar 1431 begann der zweite Mailändische Krieg (1431 bis 1433), in dem Venedig — so hatten sich die Verhältnisse gewandelt — sogar eine Flotte zur Befreiung Genuas von mailändischer Herrschaft unter dem Befehl des Piero Loredan, eines persönlichen Gegners des Dogen, aussandte, die vor Rapallo und Portofino einen glänzenden Sieg errang. Um so weniger glücklich verlief der Krieg zu Lande gegen den Visconti und die mit diesem verbündeten ungarischen Truppen Kaiser Sigismunds in Friaul. Der erst zögernde, dann kaum noch operierende, schließlich ein offenbar zwielichtiges Spiel treibende Oberbefehlshaber Carmagnola wurde abberufen, von der Signoria verurteilt und als Verräter enthauptet (Mai 1432). Ungeachtet dessen konnte Venedig im zweiten Frieden von Ferrara (26. April 1433) seine Erwerbungen behalten. Auch Kaiser Sigismund schloß zunächst einen befristeten Waffenstillstand mit ihm, dann, 1435, sogar ein Bündnis gegen Mailand; dafür nahm Venedig die zu Reichsitalien gehörenden, nunmehr ihm unterstehenden Gebiete vom Kaiser zu Lehen. Doch blieb dies Episode. Die Venezianer haben die Lehnshuldigung gegenüber den Kaisern nie wiederholt und Karl V. hat 1523 auf alle Lehnsrechte über die Terra ferma verzichtet.

Der Friedensschluß brachte dennoch keine Befriedung. Der streitbare Patriarch von Aquileja, Ludwig von Teck, vermochte sogar das Konzil zu Basel (1431—1449) gegen Venedig aufzuhetzen; Filippo Maria Visconti gab keine Ruhe. Die Venezianer versuchten auszugleichen. Als der byzantinische Kaiser Johannes VIII. Palaiologos und der Patriarch Joseph von Konstantinopel Anfang Februar 1438 am Lido landeten, um sich zu dem von Basel nach Ferrara verlegten Konzil zu begeben, haben die Venezianer die Unionsverhandlungen zwischen Ost- und Westkirche unterstützt und die am 6. Juli 1438 verkündete Union begrüßt. Die venezianischen Politiker hielten sich möglichst aus den aus immer neuen meist nichtigen Anlässen entstehenden Spannungen und Rivalitätskämpfen in Italien heraus, rüsteten gleichwohl — jetzt nahmen sie Erasmo de Nardi, den man die „gefleckte Katze“ (Gattamelata) nannte, in ihre Dienste, dessen großartiges Reiterstandbild vor der Kirche S. Antonio in Padua von Donatello zu den frühesten Denkmälern der Renaissance gehört — und verbündeten sich 1435 mit Florenz, dem seit kurzem von mailändischer Herrschaft frei gewordenen Genua, dem Papst — Eugen IV. war Venezianer — und dem Kaiser gegen den Visconti. Im Frühjahr 1437 brach der dritte

Mailändische Krieg aus (1437—1441). Die Last des Kampfes gegen den Visconti und seine Verbündeten und Hilfstruppen trug Venedig zunächst fast allein. Es war nicht Gattamelata, sondern vor allem Francesco Sforza, der päpstliche Söldnerführer, der im Frühjahr 1440 das belagerte Brescia entsetzte, die Mailänder aus den venezianischen Besitzungen vertrieb und Mailand zum Frieden (20. November 1441) zwang, der die Adda als Grenze zwischen Mailand und Venedig bestimmte. Ravenna und Cervia wurden dem venezianischen Herrschaftsbereich einverleibt; Ende 1445 unterstellte sich ihm auch Ancona. Zugleich wurde Venedig dadurch immer tiefer in die verworrenen Händel Italiens hineinverstrickt, und überall sah es sich der erbitterten Feindschaft des Herzogs von Mailand gegenüber, dessen Tochter inzwischen mit Francesco Sforza vermählt worden war. Alle Ausgleichs- und Schlichtungsversuche Venedigs halfen nicht; ein neuer, der vierte Mailändische Krieg (1448 bis 1454) brach aus, in dem eine erstmalig in die italienischen Händel eingreifende politische Macht auftrat: Frankreich unter König Karl VII.

Der Krieg begann sehr erfolgreich für Venedig unter einem neuen Condottiere. Zudem starb Filippo Maria Visconti; sein Schwiegersohn Francesco Sforza erhob Anspruch auf die Nachfolge.

Die venezianischen Politiker versuchten zunächst, mit den Mailändern, die Sforza ablehnten, zu einer Einigung zu kommen. Sforza griff den venezianischen Condottiere Bartolomeo Colleoni aus Bergamo an und brachte ihm im September 1448 eine schwere Niederlage bei. In Venedig versuchte man es jetzt mit dem Sforza, ließ dann aber doch die Abmachungen mit ihm fahren, um abermals mit den Mailändern zu verhandeln. Als Francesco Sforza 1450 in Mailand als Herzog angenommen wurde, auch Florenz sich mit ihm einigte, suchte man in Venedig die Verbindung mit einem weiteren Anwärter auf das Mailänder Herzogtum, mit dem König Alfons V. von Aragon und Neapel-Sizilien. Weitere Bundesgenossen, darunter Savoyen und der König von Bosnien schlossen sich an. Der nach der kurzen

Zwischenregierung Albrechts II. — Sigismund war 1437 gestorben — 1440 zum römischen König gewählte Friedrich III. versuchte vergeblich, zu vermitteln. Der Krieg schleppte sich hin. Mitten hinein kam die Nachricht von der Einnahme der Kaiserstadt Konstantiopel durch den türkischen Sultan Mehmed II. am 29. Mai 1453. Daß die Mächte am Mittelmeer und insbesondere die italienischen Kommunen und Herrschaften sich in kleinlichen Streitereien aufrieben, hat mit zum Untergang der alten Kaiserstadt beigetragen. In Venedig stand man den Dingen im östlichen Mittelmeer näher als in Mailand, wo Francesco Sforza allerdings ebenfalls ein Ende des Krieges ersehnte. Dennoch ist erst am 9. April 1454 in Lodi der Friede zwischen Mailand und Venedig abgeschlossen worden, dem sich später der Papst, der König von Neapel-Sizilien-Aragon und Florenz anschlossen. Venedig behielt alle bisherigen Besitzungen, erhielt Cremona und wahrte sich die Grenze an der Adda. Damit hatte es die Hände frei, um sich dem Osten zuzuwenden, wo die Türkengefahr stündlich drohender emporstieg.

Wie das venezianische Kolonialreich auf der Terra ferma in den jahrzehntelangen Kämpfen gegen Mailand gegründet, gefestigt und erweitert worden war, so schien auch die Stellung im Osten gesichert, auch wenn in Inneristrien schon seit 1374 die österreichischen Habsburger saßen, die die Hafenstadt Triest ausbauten, welche gelegentlich als unkontrollierbare Konkurrentin lästig wurde. Dalmatien und sogar die Küste Albaniens waren in venezianischer Hand, aber gerade die letztgenannte stellte auch eine schwere finanzielle Belastung dar, die die venezianischen Politiker gerne losgeworden wären. Aber dann wäre sie türkisch geworden, denn die Türken bauten im albanischen Valona seit 1417 Kriegshafen und Flotte aus. Als der Türkenkreuzzug des jungen Königs Władysław IV. von Polen 1444 bei Warna am Schwarzen Meer mit der Vernichtung des Heeres und dem Tod seines Führers endete, verstärkte sich die Gefahr. Venedig konnte wegen seines Engagements gegen Mailand dem dahinsiechenden Byzanz in seiner steigenden Not nicht helfen, sondern mußte selbst sehen, wie es mit den Türken zurecht kam und den 1430 geschlossenen Frieden verlängern, der 1451 nochmals erneuert wurde. Am letzten Kampf der Kaiserstadt am Bosporus gegen die türkischen Eindringlinge nahmen die Venezianer zwar tapfer teil; ein Teil von ihnen konnte entkommen, der bailo Girolamo Minotto, sein Sohn und andere Adlige und viele Popolanen, die den Kaiserpalast der Blachernen in der Nordostecke der Stadt verteidigt hatten, wurden gefangen; die Köpfe des bailo und acht anderer Venezianer fielen unter dem Beil, eine große Zahl venezianischer Adliger wurde umgebracht, ihr Besitz geplündert oder geraubt. Aber die venezianische Regierung entsandte trotz allem einen Vertreter an den siegreichen Türkensultan, der sich für das Verhalten der Venezianer bei dem Untergang der Kaiserstadt entschuldigen und die Ermordung der Landsleute nicht erwähnen sollte. Daß die bestehenden Verträge im April 1454 erneuert wurden, wurde mit Erleichterung aufgenommen.

Gewiß, dieses Verhalten ist in Europa scharf getadelt worden, und nicht nur von dem gelehrten Humanisten Enea Silvio Piccolomini, der als Papst Pius II. den Venezianern 1459 vorwarf, sie seien mehr Türken als Christen. Aber wenn eine europäische Macht den Türken Widerstand leistete, indem sie indirekt ihre Feinde unterstützte und die Besitzungen und Handelswege im östlichen Mittelmeer offenhielt, dann war es Venedig. Dem Dogen, der das Kolonialreich im Westen erweitert, im Osten bewahrt hatte, Francesco Foscari, dankten seine Mitbürger damit, daß der Rat der Zehn ihn wegen familiärer Querelen 1457 absetzte. „Es war die letzte hochaufragende Persönlichkeit in diesem wunderbar unpersönlichen Venedig“ (H. Kretschmayr). Seine Nachfolger, die bis zum Beginn des neuen Jahrhunderts in schneller Folge einander ablösten, waren ganz unbedeutend, hatten aber eine gemeinsame Eigenschaft: sie entstammten alle den „neuen“ Geschlechtern, die schon seit 1382 die alten an Reichtum und Macht überflügelt und beiseite geschoben hatten. Keiner von ihnen war in der Lage, den Staat in einer Zeit mit energischer Hand zu steuern, da dies besonders not getan hätte.

Denn die Türken begannen nicht nur den Handel zu beeinträchtigen und machten sich den Besitz der Meerengen zunutze, um den Schwarzmeerhandel zu überwachen und zu behindern. Sie besetzten Stück um Stück der Inseln. 1458 fiel Athen in ihre Hand. Der venezianische Besitz, vor allem Euböa, wurde mehr und mehr bedroht. Papst Pius II. lud schon kurz nach seiner Wahl (1458) die Vertragsschließenden von Lodi zu einem Tag nach Mantua. Die Venezianer erklärten dort, sie würden an einem Türkenkriege nur teilnehmen, wenn ganz Europa ihn mittrage. Dazu aber waren weder die europäischen Mächte bereit, noch auch vermochten die italienischen Städte und Herren etwas anderes zu tun, als sich zu streiten und — Venedig zu beneiden.

Venedig war auf sich allein gestellt, als die Türken unaufhaltsam vorrückten. Nur ein Vertrag mit Matthias Corvinus von Ungarn kam zustande, und Papst Pius II. wollte selbst als Kreuzfahrer gegen die Ungläubigen ziehen. Als wegen eines geringen Streites in dem venezianischen Koron der Krieg ausbrach (28. Juli 1463), stand Venedig allein. Er begann mit einigen Erfolgen der Venezianer, aber der Plan eines wirksamen Kreuzzuges unter Führung von Papst und Doge kam nicht zustande. Pius II. starb in Ancona, der Doge kehrte nach seinem Tode nach Venedig zurück, und der Nachfolger, Papst Paul II., obwohl gebürtiger Venezianer, hatte schon vor der Wahl Auseinandersetzungen mit seiner Vaterstadt gehabt und zog sich von dem gemeinsamen Unternehmen zurück.

Der Krieg löste sich in zahlreiche Einzelaktionen auf; die venezianische Flotte erwies sich als glücklos und wenig schlagkräftig. In Italien stieß Venedig beim neuen Papst, bei Mailand und Florenz auf offene Feindschaft, ebenso bei Frankreichs König Ludwig XI. Auch Kaiser Friedrich III., der 1469 zum zweiten Mal in Venedig war, versprach mancherlei an Hilfe, tat aber nichts. 1468 waren die Türken in der Adria, bedrohten Spalato und Zara. In Albanien kämpfte Georgios Kastriota (Skanderbeg) zäh und tapfer gegen die Türken, starb aber 1468. Damit erlitt der Widerstand der einheimischen Bevölkerung einen entscheidenden Verlust. Am 12. Juli 1470 eroberten die Türken die Stadt Negroponte. Es war der schwerste Schlag, den das venezianische Kolonialreich im östlichen Mittelmeer erlitt. Zwei Jahre später brachen türkische Scharen in Friaul ein und bedrohten Udine. Jetzt fanden sich Neapel-Sizilien und auch der Papst, es war seit 1471 Sixtus IV., zu einem Bündnis gegen die Türken bereit, und die Verhandlungen der venezianischen Gesandten führten im Frühjahr 1473 zu einem Vertrage, der zu Hoffnungen berechtigte. Venedig nahm Verbindung mit dem Schah von Persien, dem östlichen Nachbarn der Türken, auf. In der Tat kam es auch zu gleichzeitigen Angriffen der Venezianer und der Perser. Da aber die venezianische Flotte weder militärische Erfolge errang, noch auch feste politische Ziele verfocht, konnte Mehmed II. alle Kraft auf die Vernichtung der Perser verwenden. Erneute Bemühungen, den schweren Verlust durch Versuche wettzumachen, zu einem europäischen Zusammenschluß gegen die Türken zu gelangen, scheiterten. 1475 fielen Kaffa und die übrigen italienischen Kolonien am Nordufer des Schwarzen Meeres, und während die italienischen Mächte einander bekriegten und Venedig auch dort Kräfte einsetzen mußte, fiel Albanien in türkische Hand. Am 25. Januar 1479 schloß Venedig mit den Türken Frieden. Es mußte Skutari abtreten, behielt aber die albanischen Adriastädte, vorerst auch noch Durazzo. Negroponte war verloren, ebenso die Insel Lemnos. 1480 mußten die Adriainseln Kephallenia und Zakynthos an die Türken abgetreten werden, welche nun am Eingang der Adria saßen. Umfangreiche finanzielle Verpflichtungen kamen hinzu. Das Venezianerquartier in Konstantinopel blieb zwar bestehen, aber die dort lebenden Venezianer waren nie vor Raub, Plünderung, Kerker oder Mord durch die Türken sicher.

Es war ein Schlag gegen die Kolonialmacht Venedig im östlichen Mittelmeer, von dem es sich nie wieder erholt hat. Als die Türken im August 1480 vor der apulischen Stadt Otranto erschienen und sie verwüsteten, begriff man in Italien, was die Niederlage Venedigs bedeutete. Aber als man jetzt von ihm verlangte, es sollte sich an einer antitürkischen Liga beteiligen, lehnte es ab. Daß man es dafür dann beschimpfte und ihm Eigensucht vorwarf, mußte es hinnehmen.

Kein Zweifel, daß der erste Türkenkrieg für Venedig nicht nur eine Krise einleitete, sondern erste Anzeichen einer beginnenden Schwäche offenbarte, die zeitlich nur wenige Jahrzehnte nach seinen großen Triumphen auf der Terra ferma lag. Als es im Mai 1482 zu einem Krieg mit dem benachbarten Ferrara kam, zu dem Papst Sixtus IV. die Venezianer veranlaßt hatte, um sie dann schmählich im Stich zu lassen, weil er selbst in Schwierigkeiten geriet, und sogar im Mai 1483 das Interdikt über Venedig zu verhängen, das allerdings nicht beachtet wurde, zeigte sich wiederum, wie isoliert die Lagunenstadt in Italien dastand. Lediglich das Eingreifen König Karls VIII. von Frankreich, der um seiner Interessen in Mailand willen Venedig einen Freundschaftsvertrag bot, führte nach langen, zermürbenden und kostspieligen Monaten einen Umschwung herbei. Der Herzog von Mailand, Lodovico „il Moro" Sforza, fand sich zu einem Waffenstillstand bereit, im Februar 1485 sogar zu einem Bündnis, dem auch der neue Papst Innozenz VIII. beitrat. Ferrara wurde zum Frieden (abgeschlossen am 7. August 1484 in Bagnolo) genötigt, der ihm Rovigo und das Polesine einbrachte.

Freilich war die Republik 1487 gezwungen, sich gegen Übergriffe zu verteidigen, deren Opfer in Bozen venezianische Kaufleute geworden waren. Herzog Sigismund von Tirol besetzte das venezianische Rovereto und brachte den venezianischen Truppen eine Niederlage bei; aber da die Tiroler Stände den Herzog zum Frieden nötigten, der, am 13. November 1487 geschlossen, dem venezianischen Handel wieder die sehr wichtige Brennerstraße öffnete und Rovereto an die Venezianer zurückgab, blieb dieser „Roveretokrieg" (Guerra Retica) eine unangenehme Episode. Noch konnte man in Venedig der Auffassung sein, daß es in Italien keine Macht gebe, die ihm seinen Rang auf der Terra ferma ernsthaft streitig machen konnte.

Die Folge des Besitzes großer Gebiete der Terra ferma war nicht nur ein ständiges politisches Engagement in den sich un-

unterbrochen und rasch wandelnden politischen Händeln, die mitunter so verworren und unübersichtlich waren, daß sie ausländischen Beobachtern, Franzosen, Deutschen, selbst Spaniern immer neue Rätsel aufgaben. Dadurch, daß Venedig nun daran teil hatte, daß es selbst eifrig an dem politischen Spiel teilnahm, wurde es unmerklich, aber stetig zu einer italienischen Macht. Eine solche war die Seerepublik der vergangenen Jahrhunderte nicht gewesen. Sie war lange Teil des byzantinischen Reiches; ihre Interessen lagen in der Adria, im östlichen Mittelmeer; aus den italienischen Angelegenheiten hatte sie sich nach Möglichkeit herauszuhalten versucht. Seitdem die Venezianer sich auf der Terra ferma festgesetzt und dort in vielen und blutigen Kämpfen behauptet hatten, wurde das anders. Venezianische Vertreter waren schon im 13. und im 14. Jh. überall in Italien aufgetaucht, aber zunächst und vor allem als consules, als Vertreter der venezianischen wirtschaftlichen Interessen. Fortschreitend aber wurden sie zu politischen Beauftragten, zu ambasciatores, zu Gesandten, denen die Behörden der Vaterstadt regelmäßige Berichterstattung zur Pflicht machten. Zugleich mußten sie auch selbst so ausgestattet werden, daß sie mit Erfolg tätig sein konnten, d. h. sie mußten über Geldmittel verfügen, Aufwand treiben können, natürlich nicht in dem Umfang wie der bailo in Konstantinopel, der die stets offenen Hände und Taschen der Türkensultane und ihrer habgierigen Berater und Diener füllen mußte. Nicht nur die in langer Tradition und Erziehung erworbenen diplomatischen Fähigkeiten mußten sich bewähren. Auch neue Methoden wurden entwickelt, und wenn es gewiß falsch ist, die venezianische Diplomatie zur Erfinderin des Giftes als Mittel der Politik zu erklären, wie haßerfüllte Zeitgenossen es taten, so ist doch sicher, daß es von den Venezianern ebenso skrupellos benutzt worden ist wie von anderen und nicht nur italienischen Mächten.

Eine Episode in dem politischen Intrigenspiel des 15. Jh. ist die Erwerbung Zyperns gewesen. Die passive Rolle spielte dabei die blutjunge schöne Caterina Cornaro, deren Porträt Tizian gemalt hat (Florenz, Uffizien). Sie war die Tochter eines reichen venezianischen Adligen und Handelsherrn, dessen Familie umfangreiche Besitzungen auf den ägäischen Inseln ihr eigen nannte und im Salz- und Zuckerhandel Zyperns eine beherrschende Stellung einnahm. Zypern war einer der von französichen Herren seit dem 12. Jh. begründeten Kreuzfahrerstaaten im östlichen Mittelmeer. Hier war 1192 die Königsherrschaft der Lusignan begründet worden, die sich durch fast 300 Jahre erhalten hatte. Als 1458 König Jakob II. seinem Vater folgte und die seit Jahrzehnten auf Zypern eine Art Vorherrschaft ausübenden Genuesen vertrieb, war Venedig sofort bereit, dem neuen König, dessen Herrschaft nicht sehr gefestigt war, zu helfen, zumal ein Venezianer, Andrea Cornaro, zu seinen engsten Beratern gehörte. Gegen die Versuche des Königs von Aragon und Neapel-Sizilien, ihn an sich zu binden, entschied sich Jakob II. für die Heirat mit der Nichte Caterina des Andrea Cornaro, die 1472 vollzogen wurde. Jakob II. starb wenige Monate danach; die junge Witwe wurde seine Erbin, der die venezianischen Behörden Berater stellten. 1489 übergab die Königin die Herrschaft diesen venezianischen Beauftragten und erhielt das kleine Landstädtchen Asolo westlich Bassano als Witwensitz. An ihrem Hof fanden sich Humanisten ein, unter ihnen Pietro Bembo, der spätere Kardinal, und gelegentlich hat sie auch am Rande im politischen Intrigenspiel mitgewirkt, ohne daß sie den venezianischen Behörden, die sie beobachten ließen, gefährlich geworden wäre. Die Insel Zypern blieb fest in der Hand Venedigs und brachte als einzige der Besitzungen im östlichen Mittelmeer vor allem durch das Salz reichen Gewinn. Im Gegensatz etwa zu den Verhältnissen auf Kreta begegnete die venezianische Verwaltung, die in Nikosia saß, hier keinen Schwierigkeiten seitens der Einwohnerschaft. Da der Besitz der Insel vom Sultan Ägyptens garantiert worden war, haben sich auch die Türken damit abgefunden.

Mit Recht hat man das 15. Jh. trotz aller Gefährdungen und Kämpfe als den Höhepunkt der Großmacht Venedig angesehen. Ihr Ruhm und ihr Geld verbreiteten sich weit nach Norden und vor allem nach Osten. Der Großfürst Ivan III. von Moskau holte sich seinen Münzmeister aus Venedig, und Weltreisende wie Vasco da Gama oder Cooper begegneten venezianischen Zechinen in China und Indien. Venedig als einzige Macht des christlichen Abendlandes genoß im türkisch gewordenen Konstantinopel gebührenden Respekt und konnte weiterhin den Handel zwischen Ost und West vermitteln.

Dazu kam freilich noch, daß die Stadt auf den Inseln am Canal Grande inzwischen auch durch ihren Lebensstil und den Glanz ihrer Kirchen und Profanbauten, ihrer Techniker und ihrer Künstler zunehmend Weltruhm gewann. Noch im 13. Jh. war das, was an Architektur, an Kunsthandwerk und an bildender Kunst in Venedig vorhanden war, byzantinischem Vorbilde verpflichtet. Nach 1204 waren nicht nur zahllose byzantinische Kunstwerke nach Venedig gekommen, sondern auch deren Schöpfer, byzantinische Elfenbeinschnitzer, Mosaikkünstler, Glasbläser u. a., die Schüler ausbildeten. Aber in Venedig übernahm man auch Anregungen aus dem Westen, z. B. die vor allem mit dem Namen Limoges verknüpfte Kunst des Zellenschmelzes, der Emaille. In oder bei Venedig entstanden Zentren von Kunstgewerbe und industrieller Fertigung, seit 1291 auf der kleinen Insel Murano die bis in die Gegenwart berühmte Glasbläserei, Glasschleiferei, Glasfärberei und Mosaiktechnik; bald holte man sich Meister dieser Kunstgewerbe ins Ausland, wie gegenwärtig noch Mosaikkünstler, vor allem als Restauratoren, nach Irland, England, Skandinavien berufen werden. Der Seidenhandel ließ seit dem Anfang des 14. Jh. in Venedig eine Seidenindustrie erwachsen, daneben in bescheidenerem Umfang Baumwoll- und Leinenweberei und auch schon eine Spitzenklöppelei, für die die Insel Burano das Zentrum werden sollte.

Die vielfältigen Anregungen aus Ost und West begannen im Laufe des 13. Jh., an dessen Anfang noch der übermächtige Einfluß von Byzanz stand, zu einem eigentümlichen venezianischen Stile zusammenzuwachsen. Je mehr Reichtum sich am Canal Grande sammelte, desto mehr löste der Steinbau den noch im 13. Jh. weit überwiegenden Holzbau ab. Ein solcher war die 1264/65 fertiggestellte Brücke am Rialto, die einzige, die den

Canal Grande überquerte. Um die Wende vom 13. zum 14. Jh. drang die Gotik ein, und von ihr ist nicht nur der venezianische Kirchenbau mit Ausnahme von S. Marco entscheidend geprägt worden, sondern das Gesicht der ganzen Stadt. Von den ältesten gotischen Kirchen, die auf französische und deutsche Vorbilder zurückgehen, ist die Backsteinkirche S. Gregorio im sestiere von Dorsoduro noch erhalten, obwohl nicht mehr benutzt. Toskanisches Vorbild ist in den beiden großen Bettelordenskirchen SS. Giovanni e Paolo (Dominikaner) und Santa Maria dei Frari (Franziskaner) wirksam geworden. Auch S. Marco erhielt, freilich erst im 15. Jh., seine gotisch geprägte Fassade; ebenso wurde der Dogenpalast allmählich umgestaltet und verlor seinen Burgcharakter. 1319 wurden für die Prokuratoren von S. Marco Häuser an der Stelle erworben, an der heute die Prokuratien stehen, 1410 ein Uhrturm errichtet — Piazza und Piazzetta erhielten das ihnen noch heute eigene Gesicht.

Mit der Baukunst eng verbunden und ihr dienend entwickelte sich die gotische Plastik (Skulpturen am Mittelportal von S. Marco), aber hier erhielt sich noch kräftig der überlieferte byzantinische Stil. Der Einfluß, der vor allem in der Toskana durch die Tätigkeit von Niccolò und seinem Sohne Giovanni Pisano (Grabmal Heinrichs VII. in Pisa) ausging, ist über Siena nach Venedig gekommen und wurde hier eigentümlich ab- und umgewandelt. Ein besonders eindrucksvolles Beispiel ist der Sarkophag des Dogen Ranieri Zen (1253—1268) in SS. Giovanni e Paolo. Jetzt werden auch einzelne Künstlerfamilien und -persönlichkeiten, wie Filippo Calendario, die Brüder Jacobello und Pier Paolo Masegna genannt und greifbar (Lettnerfiguren von S. Marco, 1394).

Langsamer hat sich die venezianische Malerei von ihrem byzantinischen Wurzelgrunde, Mosaik und Ikone, gelöst. Paolo Vecchio, der 1362 starb, Lorenzo, der etwas jüngere und bedeutendere, beide mit dem Beinamen Veneziano versehen und noch in der halben Anonymität verharrend, lösten sich nur allmählich von den byzantinischen Vorlagen. Seit den 60er Jahren des 14. Jh. wirkte ein Schüler des im nahen Padua schon 1337 gestorbenen Giotto im Dogenpalast, Guariento, aber Wirkungen sind von ihm nicht ausgegangen. Ein so begabter Maler wie Antonio Veneziano († 1400) arbeitete in der Toskana und in Pisa, während man in Venedig noch an byzantinischen Vorbildern festhielt.

Das wurde erst im 15. Jh. anders, als Venedig die Höhe seines Schicksalsweges erklomm und überschritt und Humanismus und Renaissance ihren Einzug hielten.

IV. BEGINNENDER NIEDERGANG

Zeiten des höchsten Glanzes tragen meist den Keim beginnenden Niedergangs in sich. Das 15. Jh. endete zwar noch damit, daß sich Venedig im östlichen Mittelmeer behaupten, auf dem Festlande ein bedeutendes Herrschaftsgebiet erwerben konnte, aber es ist unverkennbar, daß damit auch die Gefährdung wuchs. Dazu kamen Ereignisse, die die politische Situation in der Welt gründlich veränderten. Es war ein unübersehbares Zeichen beginnenden Niedergangs, daß die verantwortlichen Leiter der venezianischen Politik auch dann, wenn sie von ihren Gesandten rechtzeitig und umfassend unterrichtet wurden, es vorzogen, abzuwarten, anstatt, wie früher, zu handeln. Sie „erlauerten ihre Stunde so lange, bis sie vorüber war" (H. Kretschmayr); sie verhandelten mit den italienischen Mächten, mit Frankreich, mit den Türken, aber sie wichen einer Entscheidung aus und bahnten damit selbst den Weg für die Vorgänge der nächsten Jahre, die Venedigs Stellung grundstürzend veränderten.

Lodovico il Moro Sforza, der Herzog von Mailand, hatte am 22. April 1493 ein angeblich gegen die Türken, in Wahrheit gegen Frankreich gerichtetes, auf 25 Jahre befristetes Bündnis mit dem Papst — es war der Borgia Alexander VI. — und Venedig geschlossen. Besonders auf die Hilfe der Lagunenstadt gegen den mächtigen Nachbarn, dessen junger König Karl VIII. sowohl Neapel als auch Mailand, die einst französischen Prinzen zugedacht gewesen waren, zu gewinnen entschlossen war, kam es dem Mailänder an. Als aber sein Gesandter und schließlich seine eigene Frau in Venedig nichts ausrichteten und ihre Mitteilungen über die Pläne der Franzosen keinen Glauben fanden, entschloß er sich dazu, selbst mit Frankreich zu paktieren. Die Venezianer schlugen alle Warnungen, alle Bitten um Beistand und Hilfe gegen die sicher zu erwartenden Angriffe der Franzosen in den Wind. Als Karl VIII. von Frankreich, aufs beste gerüstet, in Italien einbrach und Lodovico il Moro von Mailand sich unterwarf (September 1494), nur wenig später auch Florenz, aus dem die Medici vertrieben wurden, und als Papst Alexander VI. anfragen ließ, ob er am Rialto ein Asyl finden werde, wurden die venezianischen Politiker endlich aufgeschreckt. Sie lehnten ein Gesuch Karls VIII. um finanzielle Hilfe in Form einer Anleihe ab und drohten dem König, falls er nach Rom ziehen wolle. Karl VIII. beeindruckte das wenig. Er zog am Silvesterabend 1494 in Rom ein und strebte nach Süden. Am 22. Februar 1495 kapitulierte Neapel. Von vielen Seiten wurde Venedig gedrängt, endlich einzugreifen. Während sie offiziell Karl VIII. beglückwünschten, nahmen die Venezianer insgeheim Verbindungen mit Mailand, dem Papst, dem vertriebenen König Ferdinand von Neapel-Aragon-Spanien, mit König Maximilian I. auf und brachten ein Bündnis zustande („Liga von Venedig“, April 1495), das, wie sie dem Gesandten Karls VIII., Philippe de Commynes, erklärten, das Ziel habe, die Franzosen so schnell als möglich aus Italien zu verdrängen. Daß ein europäischer Krieg drohte, wenn Venedig jetzt Truppen nach Mailand, eine Flotte aus spanischen und venezianischen Schiffen unter venezianischem Oberbefehl nach Apulien sandte, widersprach freilich den Absichten der Signoria, mußte aber die weitere Folge sein. Karl VIII. sah sich angesichts dieser Drohungen genötigt, umzukehren. Venedig zog unmittelbaren Vorteil aus der Intervention: es erhielt pfandweise die wichtigen Hafenplätze Brindisi, Trani und Otranto sowie einige andere Städte, darunter Faenza. Es beanspruchte Pisa als Stützpunkt im westlichen Mittelmeer, sichtbares Zeichen venezianischer Vorherrschaft in ganz Italien. Die Erneuerung der Liga von Venedig (18. Juli 1496), der auch König Heinrich VII. von England beitrat, veranlaßte Maximilian I. zu seinem Italienzug, der durchaus nicht in der Absicht der Venezianer lag, die ihn vergebens davon abzubringen suchten. In Italien selbst stießen Venedigs Absichten bezüglich Pisas sowohl in Mailand wie in Florenz auf Ablehnung. Hier war es der fanatische Girolamo

Savonarola, der bei aller Bewunderung für Venedig und seine Verfassung sich doch Frankreich zuwandte. Auch der König von Neapel-Sizilien versuchte sich mit den Franzosen zu arrangieren.

In Venedig entschloß man sich jetzt, der überall in Italien spürbaren Feindschaft durch eine radikale Kehrtwendung zu begegnen. 1499 schloß Venedig, das seine Absichten gegenüber Pisa aufgab, mit dem neuen König Ludwig XII. von Frankreich zu Blois eine Liga, in der die Teilung des Herzogtums Mailand zwischen Frankreich und Venedig vereinbart wurde. Freilich, selbst die Vertreibung des Lodovico Sforza aus Mailand, das zum größten Teil von französischen Truppen bzw. im Solde Frankreichs stehenden Schweizern besetzt wurde (1500), brachte den Venezianern nichts ein, im Gegenteil: Cesare Borgia, der Sohn des Papstes, drang bis Rimini und Ferrara vor, und als Ludwig XII. von Frankreich den Venezianern einen neuen Teilungsvertrag Italiens vorschlug, lehnten diese ab.

Denn Lodovico il Moro hatte vor seinem Sturz die Türken gegen Venedig gehetzt. Die türkische Flotte brachte der venezianischen vor Modon an der Südspitze der Peloponnes (Morea) am 12. August 1499 eine vernichtende Niederlage bei. Jetzt zeigte sich, daß auch die venezianische Flotte sich gewandelt hatte, daß in ihr viele aus den Gebieten auf der Terra ferma rekrutierte, unerfahrene Leute dienten. Wenige Tage später folgte ein zweiter Schlag der Türken gegen die Venezianer, denen Ludwig XII. von Frankreich einige Schiffe zur Unterstützung gesandt hatte. Vor der Stadt Lepanto erlebte der venezianische Admiral Antonio Grimani, mehr Handelsherr als Krieger, seine zweite Niederlage. Die Türken, die die gewandelte Situation sofort erkannten und dazu noch von den Feinden der Venezianer über die wachsende innere Schwäche der Seerepublik genau unterrichtet wurden, nutzten ihren Sieg. Ihre Forderung nach Herausgabe aller Küstenplätze auf der Peloponnes wurde zwar zurückgewiesen, obgleich die wirtschaftliche Lage Venedigs schlecht war. Im Frühjahr 1499 waren zwei der reichsten Bankhäuser Venedigs (Banco Garzoni, Banco Lippomano) in Konkurs gegangen. Auswärtige Anleihen kamen nur in geringem Umfang herein. Marino Sanudo, dessen Diarien von 1496 an eine der wichtigsten Quellen zur Geschichte dieser Zeit darstellen, weiß anschaulich zu berichten, wie das tägliche Leben betroffen wurde, wie man sich einschränkte, wie die Geschäfte am Rialto ins Stocken gerieten. Sorge um die Zukunft, Angst vor den Folgen des wirtschaftlichen Niedergangs, die Aufregung über die Entdeckung eines Seeweges nach Indien beherrschten die Jahre 1500 und 1501. Dazu machte im Westen erstmals die spanische Flotte von sich reden; der König Ferdinand wie auch Ludwig XII. stellten Bedingungen für die von ihnen erbetene Hilfe. Venedig blieb lange ohne eine solche. Modon und Koron, die man die „Augen" genannt hatte, mit denen Venedig seit 1204 das östliche Mittelmeer überwachte, gingen im August 1500 an die Türken verloren. Damit war die Vormachtstellung Venedigs auf der Peloponnes (Morea) dahin. Als die spanische Flotte erschien, war es zu spät, und da sie bald absegelte und sich ein Bündnis mit Ungarn als wirkungslos erwies, ebenso Vorstöße französischer Schiffe gegen Lesbos, portugiesischer gegen die Türken im Kanal von Korfù, fiel Durazzo. Es blieb kein anderer Weg als der Ausgleich mit dem Sultan, den der bailo in Konstantinopel, Andrea Gritti, 1502/03 zustande brachte. Der Verzicht auf Lepanto und Navarino, die Festungen Modon und Koron bedeutete, auch wenn Nauplion noch bei Venedig blieb, den Zusammenbruch des Kolonialreiches im östlichen Mittelmeer. Wichtig war, daß die Kolonie in Konstantinopel in ihrem Lebensrecht bestätigt wurde. Venedig konnte angesichts der wachsenden Macht des osmanischen Türkenstaates, der sich 1516 Ägypten einverleibte, froh sein, wenigstens einen Rest der Handelsverbindungen zu retten. Schlimm wurde es, als zur gleichen Zeit, da sich im Westen die Feinde und Neider Venedigs zusammenfanden, mit Suleiman II. ein Sultan die Herrschaft in der Türkei übernahm, der nicht nur in der Schlacht bei Mohács Ungarn vernichtete (29. August 1526), sondern nach und nach und ohne sonderliche Anstrengungen zwischen 1536 und 1540 fast alle Inseln und Stützpunkte Venedigs im östlichen

Mittelmeer besetzte. Nur Kreta hielt sich und bis 1571 Zypern, aber nur dieses brachte der Mutterstadt noch nennenswerte Einnahmen.

Während Venedig im östlichen Mittelmeer Stück für Stück seines Kolonialreiches verlor, einigten sich im September 1500 Spanien und Frankreich über eine Teilung des Königreiches Neapel, dessen Herrscher Friedrich II. von Aragon als nomineller Herzog von Anjou in Frankreich starb (1504). Freilich währte die Vorherrschaft Frankreichs in Italien nicht lange. Der spanische Borgia-Papst Alexander VI. wußte König Ferdinand von Spanien von dem Vertrag mit Frankreich abzubringen und auch König Maximilian I. auf seine Seite zu ziehen. Paris, der Papst, der Habsburger warben um die mächtigste italienische Stadt, um Venedig. Jahrelang zögerten die venezianischen Politiker, bis 1502 der Papst gestorben, im Jahre darauf sein Sohn Cesare in spanischer Gefangenschaft umgekommen war. Nun griffen die Venezianer zu und besetzten die Städte der Romagna, forderten aber damit den Widerstand des am 1. November 1503 gewählten neuen Papstes Julius II. heraus. Als Venedig sich weigerte, die Romagna herauszugeben, brachte er 1504 eine Koalition zusammen, der Frankreich, Maximilian und Spanien angehörten. Vor diesem zweiten Vertrag von Blois wich Venedig zurück, räumte die Romagna und behielt lediglich Faenza und Rimini. Frankreich verzichtete auf Neapel, das zusammen mit Sizilien zum Nebenlande Spaniens wurde. Maximilian I. versuchte, sich mit Venedig wegen des Durchzugsrechts nach Rom zu einigen. Aber die venezianischen Politiker, denen es um Unterstützung für ihre antitürkischen Pläne ging, als sie mit Frankreich und Spanien Verbindung aufnahmen, glaubten ihm die kalte Schulter zeigen zu können. Als Maximilian I. im Februar 1508 von Trient aus den Romzug begann, versperrten ihm die Venezianer den Marschweg, besetzten venezianische Truppen Görz, Inneristrien und schließlich Triest. Maximilian mußte sich zum Waffenstillstand bequemen.

Alle Erfolge der letzten Jahre waren dazu angetan, die Feinde und Neider Venedigs zusammenzuführen. Seit dem Juli

1508 verhandelten der Kardinal d'Amboise im Auftrage Ludwigs XII. von Frankreich und die Statthalterin des Kaisers in den Niederlanden, die Erzherzogin Margarete, über ein Bündnis gegen die Lagunenstadt. Am 10. Dezember 1508 konnte die *Liga von Cambrai* abgeschlossen werden. Der Verpflichtung der Vertragschließenden zum Türkenkriege folgte die Vereinbarung über den Kampf gegen Venedig, das gleich den Ungläubigen als der gemeinsame Feind erscheint, dessen italienische Besitzungen aufgeteilt werden sollen. Dalmatien sollte an Ungarn fallen, aber dessen König schloß sich dem Bündnis nicht an. Auch Ferdinand von Spanien zögerte, ehe er 1509 der Liga beitrat. Papst Julius II. entschloß sich noch später zum Beitritt. Die Venezianer, vergeblich von ihren Botschaftern gewarnt, warteten, wie so oft in den letzten Jahrzehnten, ab. Im April 1509 überbrachte ein französischer Herold die Kriegserklärung; der Papst versuchte die Venezianer mit dem Bann zu schrecken. Der Krieg war da. Schon am 14. Mai 1509 erlitt das venezianische Heer bei Agnadello eine vernichtende Niederlage gegen die Franzosen. Daß nur wenige Wochen vorher die Portugiesen unter D'Almeida die Vorherrschaft im Indischen Ozean gegen die Ägypter erkämpft hatten, bedeutete mehr als nur ein zufälliges Zusammentreffen. Wie der Tag von Agnadello die Axt an die Vormachtstellung Venedigs auf der Terra ferma legte, so traf der Sieg der Portugiesen in Indien den venezianischen Osthandel; Lissabon konnte nun indische Waren, die ums Kap der Guten Hoffnung verschifft wurden, wesentlich billiger liefern als Venedig. Dazu kam, daß England die Wollausfuhr nach Venedig sperrte und Venedig in Kairo seinen Einfluß verlor.

Das Ende schien nahe. In wenigen Tagen war die venezianische Terra ferma bis auf Treviso und die Städte in Friaul von Maximilians Truppen besetzt, Istrien verloren; Triest schwor dem Habsburger Treue. Aber die venezianische Herrschaft in Oberitalien hatte sich nicht als so schlecht erwiesen, wie es die Feinde laut verkündeten. Insbesondere die Popolanen fürchteten erneute Fehden von Stadt zu Stadt. Maximilians I. abenteuerliche Pläne einer Aufteilung der Stadt Venedig selbst unter die vier Verbündeten billigten weder der Papst noch Spanien, und das Reich, Fürsten wie Städte, wollten sie nicht unterstützen. Mitte Juli eroberten die Venezianer Padua zurück; der Versuch Maximilians, es zu stürmen, mißlang. Jetzt rief die Signoria die Städte ihrer Terra ferma auf, die fremden Herren zu vertreiben. Binnen kurzem waren Vicenza, Verona, andere Städte zurückgewonnen. Die Liga von Cambrai zerbröckelte: Ungarn hielt an der Neutralität fest, Heinrich VIII. von England söhnte sich mit Venedig aus. Im Februar 1510 entschloß sich auch Papst Julius II. zu Frieden und Versöhnung mit Venedig gegen Frankreich und den Kaiser. Diese beiden erbittertsten Feinde Venedigs aber griffen im Sommer 1510 in der Lombardei an; das Waffenglück schwankte; 1511 wiederholte sich der Feldzug; dazwischen liefen die Verhandlungen. Anfang Oktober 1511 fanden sich Venedig, der Papst und Spanien mit England und den Schweizern in der Heiligen Liga gegen Frankreich zusammen. Nach einem blutigen Sommerkrieg des Jahres 1512, in dem die Franzosen trotz stolzer Siege doch aus Italien vertrieben wurden, schloß sich auch Maximilian der Heiligen Liga an. Nach Mailand kehrten als Lehnsleute des Kaisers die Sforza, nach Florenz die Medici zurück. Venedig aber hatte nur wenig davon, denn statt der Feinde hatten nun die Bundesgenossen die venezianische Terra ferma besetzt; der Kaiser verlangte Brescia, Verona, Vicenza als Teile des einstigen Königreiches Italien für sich. Ludwig XII. von Frankreich aber bot die Romagna statt der lombardischen Terra ferma; als dazu noch Julius II. starb und ihm der Kardinal Giovanni Medici als Leo X. folgte (Februar 1513), der Parteigänger Spaniens und des Kaisers, entschloß Venedig sich zum Bündnis mit Frankreich (23. März 1513). Damit war der Krieg gegen die kaiserlichen Truppen unvermeidlich. Wiederum wurde die venezianische Terra ferma verwüstet, 1514 auch Friaul. Seit dem Dezember 1513 saßen Kaiserliche in Marano im Lagunengebiet, allerdings ohne viel Schaden anrichten zu können. 1515 erneuerte der Nachfolger Ludwigs XII., Franz I., das Bündnis mit Venedig. Gemeinsam gelang es Franzosen und Venezianern 1514 und

1516, die Lombardei zu erobern. Der junge König Karl von Spanien, Maximilians Enkel, verglich sich im August 1516 zu Brüssel mit Frankreich; der Kaiser stimmte im Dezember des gleichen Jahres dem Brüsseler Vertrag zu, durch den Verona nach einer Übergangszeit an Venedig zurückfallen sollte. Allerdings verpflichtete sich die Republik zu einer nicht unbeträchtlichen Zahlung und zur Abtretung von Friauler Grenzgebieten an den Kaiser. Am 6. Januar 1517 erklärte der Senat sich zur Annahme der Bedingungen des Friedens bereit, der danach mehrfach (1518, 1521) verlängert wurde. Dabei kamen Aquileja, Marano, Gradisca an die Republik. Venedig hatte nach anderthalb Jahrzehnten schwerster Bedrängnis sein Herrschaftsgebiet auf der Terra ferma im wesentlichen behauptet, wenn es seinen Untertanen auch schwere Opfer auferlegen mußte. Eines aber hatte der mit der Liga von Cambrai beginnende, ganz Europa berührende Krieg zur Folge: die Seerepublik war, als sie den Bedingungen von Brüssel zustimmte, keine Großmacht mehr. Im europäischen Mächtekonzert, in dem Frankreich, England, Spanien und das Haus Österreich die führenden Stimmen innehatten, spielte es nur mehr eine zweite Geige, überstimmt sogar von dem kleinen Portugal, dessen Kolonialreich in Indien und im neuen Kontinent der westlichen Erdhälfte sich zu formen begann. „Venedig wird noch lange bestehen, angesehen bleiben in der politischen Welt, manche militärische Leistung noch vollbringen, wird Bannerträgerin sein in den Bereichen der Zivilisation und der Kultur — aus der Reihe der Großmächte schied es aus" (Kretschmayr).

Der Friedensschluß von Brüssel brachte Europa dennoch keinen Frieden. Die Rivalität zwischen Frankreich und dem Hause Habsburg, das in der Person Karls V. Spanien, die österreichischen Erblande, die Niederlande beherrschte, wurde verstärkt, als 1519 auch die Kaiserkrone an den jungen Habsburger fiel. Venedig stand seit 1513 mit Frankreich im Bündnis. Als 1521 der Krieg zwischen dem jungen Kaiser Karl V. und Franz I. von Frankreich ausbrach, blieb Venedig, zögernd zwar, aber entschieden an der Seite des Letztgenannten.

Der Verlauf des Krieges mit seinen Wechselfällen ließ immer deutlicher werden, daß Venedig dabei keine führende, geschweige denn ausschlaggebende Rolle spielte. Von Anfang an waren die Venezianer, deren Doge Lionardo Loredan (1501 bis 1521) lieber mit dem Kaiser als mit den Franzosen gegangen wäre, ihren Verpflichtungen nicht mit Eifer nachgekommen. Auch Karl V. suchte den Ausgleich mit Venedig, anders als sein Bruder Ferdinand, seit 1521/22 Statthalter in den dem venezianischen Friaul und Oberitalien benachbarten österreichischen Erblanden. Am 29. Juli 1523 schied Venedig aus der Front gegen Karl V. aus. Der Doge Andrea Gritti (1523—1538) schloß mit Habsburg und dem Herzog von Mailand ein Bündnis, das ihm zwar die Zahlung einer beträchtlichen Geldsumme auferlegte, aber, so schien es, eine Sicherung gegen die Türken brachte, zumal der Papst und Heinrich VIII. von England als Garanten auftraten. Freilich entschloß sich der Senat schon 1524 zum Frieden mit Frankreich, und die Herzöge von Mailand und Ferrara, die Kommune Florenz, schließlich der neue Papst Clemens VII. aus dem Hause Medici schlossen sich an. Da schlugen die Kaiserlichen die Franzosen am 25. Februar 1525 vor Pavia, und Franz I. geriet in Gefangenschaft. Der Papst machte sofort Frieden mit Karl V.; Venedig zögerte, obgleich seine Gesandten den Sieger beglückwünschten. Franz I. mußte im Januar 1526 um den Preis seiner Freilassung nicht nur auf das Herzogtum Burgund, sondern auf alle italienischen Pläne verzichten.

Die venezianischen Diplomaten als Vertreter der Macht, die vielleicht als einzige in der Lage war, die italienischen Herrschaften und Kommunen in einem Bündnis zusammenzuschließen, brachten am 22. Mai 1526 die Liga von Cognac mit Frankreich gegen den Kaiser zusammen, der Mailand, Florenz, der Kirchenstaat, etwas später auch England beitraten. Freilich sind die Venezianer dabei sehr vorsichtig zu Werk gegangen; die allgemeine Stimmung in Italien, die sich vor allem gegen die Spanier richtete, mußte ebenso berücksichtigt werden, wie die der Seerepublik nicht freundlich gesonnene Politik des Kaisers.

In den vier folgenden Kriegsjahren (1526—1529) hat Venedig sich bemüht, möglichst wenig in Erscheinung zu treten und aufs Spiel zu setzen, dafür um so mehr für sich zu gewinnen. Zwei Monate nach der Eroberung und Plünderung Roms durch die Kaiserlichen, dem furchtbaren „Sacco di Roma“, zwangen die Venezianer den Papst, dem Senat das Ernennungsrecht der Geistlichen wieder zuzugestehen, das ihm 1510 in der Stunde höchster Not abgepreßt worden war. Venedig behielt die zum Kirchenstaat gehörenden Städte Ravenna und Cervia, besetzte eine Reihe apulischer Städte und griff, freilich vergeblich, nach Neapel. Verluste auf beiden Seiten, vor allem aber die Türkengefahr ließen den Krieg sich ohne entscheidende Ereignisse hinschleppen. Als der auf französischer Seite kämpfende Generalkapitän Andrea Doria, ein Genuese, nach einem Siege über die spanische Flotte vor Genua auf die kaiserliche Seite überwechselte, war er im Grunde entschieden, was eine Niederlage der Franzosen und Venezianer am 21. Juni 1529 bei Landriano an der Adda nur bekräftigte: Karl V. behauptete sich in Italien, nahm Neapel als Lehen vom Papst, verlangte von Venedig die Herausgabe der apulischen Städte, gab Burgund an Frankreich zurück. Im Grunde endete das jahrelange Ringen um Italien ohne Sieger und Besiegte.

Nur einer machte sich die Situation in Europa zunutze: der Türkensultan Suleiman II. Am 29. August 1526, einem der schwarzen Tage der europäischen Geschichte, fiel bei Mohács König Ludwig II. von Ungarn und Böhmen. Zwar konnte König Ferdinand 1527 Böhmen für das Haus Habsburg gewinnen, sich im slovakischen Preßburg zum König von Ungarn wählen lassen, hatte hier aber gegen den von ungarischen Großen gewählten und von den Türken unterstützten Johann Zapolya zu kämpfen, so daß auch er nun zum Friedensschluß mit Venedig bereit war. Dieser erfolgte am 23. Dezember 1529 in Bologna. Venedig gab Ravenna und Cervia an den Kirchenstaat, an den Kaiser die apulischen Städte heraus und zog sich von den italienischen Bundesgenossen Mailand und Florenz zurück. Im Februar 1530 ließ sich Karl V. in Bologna zum

König von Italien krönen. Dies sollte sichtbar zum Ausdruck bringen, daß die italienischen Herrschaften und Kommunen unter seiner Führung sich einigen sollten, beschwor aber nur neue Feindseligkeiten und Kämpfe herauf, an denen Venedig sich nicht mehr beteiligte. Allerdings bot ihm jetzt die Anlehnung an die habsburgischen Brüder bessere Aussicht auf Schutz angesichts der immer größeren Gefahr im Osten. Es verzichtete damit freilich auf die ihm seit langem angetragene führende Rolle in Italien.

Es wäre im einzelnen noch zu untersuchen, inwieweit überhaupt das frühe italienische Gemeinschaftsbewußtsein (von Nationalbewußtsein im modernen Sinne wird man nicht sprechen dürfen) in Venedig Widerhall und Vertreter fand. Jedenfalls waren diese politisch nicht einflußreich genug, über gesamtitalienischen Interessen die engeren venezianischen Staatsinteressen zurückzudrängen. Die Signoria war nicht bereit, sie hintanzustellen zugunsten einer Führerrolle in Italien, dessen Zerrissenheit zu überwinden sie nicht hoffen konnte. Ungleich stärker hat sich das frühe italienische Gemeinschaftsgefühl in Florenz entfaltet, und wenn der toskanische Dialekt zur Grundlage der modernen italienischen Hoch- und Literatursprache geworden ist und nicht der venezianische, so hängt dies doch wohl nicht nur mit der überragenden Bedeutung von Dante, der florentinischen Chronisten, Macchiavellis und Guicciardinis zusammen, sondern mit dem Rückzuge Venedigs auf seinen eigenen Interessenkreis — und dieser lag am Rande des italienischen Festlandes. Die seit seiner Entstehung geübte Politik des Gleichgewichts (bilancia) zwischen Osten und Westen ließ Venedig auch dann, als es Festlandsmacht in Italien geworden war, diese fortführen, nun zwischen Frankreich und dem Kaiser; daß sich das auf die Dauer nicht durchführen ließ, daß Venedig gezwungen war, sich der stärkeren Macht anzuschließen, und dies waren gegen die Mitte des 16. Jh. Karl V. und Ferdinand, in deren Reich die Sonne nicht unterging, zeigt, daß es mit seiner politischen Macht zusehends bergab ging.

Völlig ausgeschlossen war daher, daß Venedig allein gegen die

Türken kämpfte. Es mußte hinnehmen, daß die Türken ihre Stellung im östlichen Mittelmeer ausbauten, im Dezember 1522 Rhodos besetzten — die von dort vertriebenen Ritter des Johanniterordens nahm Karl V. in Malta auf (1530) — und die Seewege nach Osten unsicher machten. Als die Türken im Herbst 1529 zum ersten Mal vor Wien standen, hat sie Venedig in der erprobten geschickten Weise nicht daran gehindert — eine Schwächung Österreichs konnte nur erwünscht sein — und durch Ludovico Gritti, einen Sohn des Dogen, mit dem Sultan und seinen Beratern gute Beziehungen unterhalten. Freilich war dies stets gefährlich und unsicher, zumal in steigendem Maße die spanische Flotte im gesamten Mittelmeer, an der nordafrikanischen Küste und auch in der Ägäis in Erscheinung trat und die Türken die Venezianer dabei als heimliche Verbündete vermuteten. Erst 1537, als die mit Frankreich verbündeten Türken vor Korfù erschienen und Spalato bedrohten, wurde der Krieg unvermeidlich. Zwar befreite der kaiserliche Flottenkommandant Andrea Doria und nicht die venezianische Flotte das von den Türken nur kurz besetzten Korfù, aber der Senat von Venedig schloß sich nun der von Papst Paul III. gewünschten „Heiligen Liga“ an, der der Kaiser, König Ferdinand, die italienischen Fürsten und der Johanniterorden beitraten. Gleichwohl hat Venedig den Verlust fast aller Inseln in der Ägäis im Winter 1537/38 tatenlos hingenommen, obwohl sie z. T. Lehensbesitz venezianischer Adelsfamilien waren, wie der Venier (Paros und Antiparos), der Cornaro (Karpathos), der Pisani (Jos), der Quirini-Grimani (Astipalaea) u. a. m. Der Angriff der vereinigten spanischen, päpstlichen und venezianischen Flotte unter Andrea Doria wurde im September 1538 von den Türken durch einen Gegenangriff bei Prevesa an der Südspitze der Küste des Epirus vereitelt. In Venedig sprach man von Verrat, und noch im Januar 1539 setzte der Rat der Zehn ein Kollegium von drei Untersuchungsrichtern, die Staatsinquisitoren, ein. Im März 1539 vereinbarte Lorenzo Gritti, der Bruder Ludovicos und Sohn des soeben verstorbenen Dogen Andrea Gritti, in Konstantinopel einen Waffenstillstand. Nach langen Verhandlungen unter

Beteiligung der französischen Abgesandten in Konstantinopel, die allerdings auch die venezianischen Absichten auszuspähen wußten, wurde im Herbst 1540 Friede geschlossen. Venedig verlor alle Inseln der Ägäis mit Ausnahme von Kreta, Zakynthos (Zante) und Zypern, konnte aber die Schiffahrtswege nach Syrien und Ägypten sichern und die Genehmigung zur Entsendung eines bailo nach Konstantinopel erreichen. Dafür verpflichtete es sich zu strikter Neutralität, an der es auch festgehalten hat, als Karls V. Feldzug gegen Algier 1541 scheiterte und im gleichen Jahre der größte Teil Ungarns von den Türken besetzt wurde. Die von den Österreichern besetzte kleine Hafenstadt Marano hat sich Venedig 1542 angeeignet, als man am Hofe König Ferdinands andere Sorgen hatte. Im 1542—1544 zwischen dem Kaiser und Frankreich um die Vorherrschaft in Italien tobenden Krieg blieb es neutral, obgleich die französische Diplomatie, auch auf dem Umwege über die Türkei, alles versuchte, um Venedig auf seine Seite zu ziehen. Es ging auch nicht auf werbende Angebote der Reichsfürsten gegen den Kaiser (1552) ein, und die Auseinandersetzungen zwischen den Lutherischen und den Anhängern der alten Kirche beobachtete es als unbeteiligter Zuschauer. Den Frieden von Cateau Cambrésis im April 1559, der den jahrzehntelangen Krieg zwischen Spanien und Frankreich beendete, hat man in Venedig freilich mit gemischten Gefühlen aufgenommen, denn er besiegelte die spanische, von dem Gesamthause Habsburg gestützte Vorherrschaft im westlichen Mittelmeer. Venedig hat in den nächsten Jahren und Jahrzehnten seine Politik der „bilancia" konsequent weiterverfolgt und sich Aufforderungen zur Wahrung der Freiheit Italiens von fremder Herrschaft, wie sie öfters an den Senat gelangten, verschlossen. Das Haus Österreich war dabei der unbequemste Nachbar, nicht nur deshalb, weil der venezianische Besitz in Oberitalien, Friaul und auf Istrien an habsburgische Länder grenzte und sich fortwährende Grenzstreitigkeiten ergaben, sondern auch deswegen, weil die kroatischen, serbischen und albanischen Flüchtlinge aus den von den Türken besetzten Gebieten, die König Ferdinand I. seit 1537 als Grenzer angesiedelt hatte, sehr bald als gefährliche Seeräuber auch in der Adria erschienen und dort nicht nur den Türken, sondern vor allem Venedig zu schaffen machten. Die Kämpfe mit diesen „Uskoken", wie sie seit 1568 genannt wurden, bargen stets die Gefahr einer Auseinandersetzung mit der Türkei in sich. Freilich hat Venedig nicht den Protest des Papstes Pius IV. unterstützt, als Ferdinand I. 1558 die Kaiserkrone nach der Abdankung Karls V. übernahm und damit das Kaisertum für die Zukunft von Rom löste.

Die Beziehungen zum Papsttum waren gute, ja, freundschaftliche, seit Papst Pius IV. (1559—1565), ein Mailänder, regierte. Venezianer wie Gasparo Contarini, nach langem und sehr erfolgreichem Staatsdienst in Venedig 1535 zum Kardinal erhoben, Gian Francesco Commendone und andere spielten auf dem von Papst Paul III. 1545 eröffneten, zweimal (1549 und 1552) unterbrochenen Reformkonzil von Trient, das 1562 fortgesetzt und 1563 beendet wurde, eine wichtige Rolle. Im gleichen Jahre 1564 bereits, da der Papst die Konzilsbeschlüsse verkündete, setzte der Große Rat sie für Venedig in Kraft. Dafür schenkte Pius IV. den Venezianern den Palazzo San Marco in Rom als Residenz ihres Gesandten; Jahrhunderte später hat er als Palazzo Venezia Mussolini als Amtssitz gedient. Venedig revanchierte sich 1586 mit der Schenkung des Palazzo Gritti in der Pfarrei S. Francesco della Vigna als Amtssitz für den päpstlichen Nuntius. Am Verhältnis von Staat und Kirche hat sich in Venedig selbst freilich dadurch nichts geändert.

Inzwischen beherrschte die türkische Flotte, ohne ernsthaften Widerstand zu finden, fast das gesamte Mittelmeer. 1565 griff sie, allerdings erfolglos, die Inselfestung Malta an. Der prahlerische Sultan Selim II., der 1566 seinem Vater Suleiman folgte, ließ die letzten noch von venezianischen Adligen beherrschten Inseln (Chios, Andros, Naxos) erobern, die bedeutendste Stadt an der Adria, Ragusa, bedrohen, äußerte Absichten auf Kreta und Zypern. Aber als der türkische Abgesandte im März 1470 offiziell die Abtretung Zyperns verlangte, wies der Senat ihn ab. Zuvor hatte er Fühlung mit dem Papst Pius V. (1566—1572) aufgenommen, der den Gedanken eines Kreuzzuges gegen Stimmen im Kardinalskollegium aufgriff. Er wandte sich an König Philipp II. von Spanien, Kaiser Maximilian II., König Sigismund II. August von Polen-Litauen und Zar Ivan IV. von Moskau um Teilnahme, aber bis auf den Spanier lehnten alle mit verschiedenen Begründungen ab. Venedig sah sich gezwungen, zunächst allein den Krieg gegen die Türken zu führen, die 1570 Zypern besetzten. Erst im Spätherbst 1570 wurden die Verhandlungen zwischen dem Papst, Spanien und Venedig aufgenommen und zum Oberkommandierenden der vereinigten Flotte der junge Stiefbruder Philipps II., Don Juan d'Austria, bestellt. Währenddessen rissen die geheimen Beziehungen Venedigs zur Hohen Pforte in Konstantinopel nicht ab; man hat im Senat mindestens die Möglichkeit eines Friedens erwogen. Erst am 20. Mai 1571 wurde die neue Hl. Liga abgeschlossen und bald darauf verkündet. Die venezianischen Schiffe, bemängelte Don Juan d'Austria, seien ungenügend ausgerüstet und bemannt — es erwies sich, daß die spanischen Schiffe, für den Ozean gebaut, erheblich stärker waren. Kurz bevor die vereinigte Flotte in See stach, war das letzte venezianische Bollwerk auf Zypern, die zur Festung ausgebaute Hafenstadt Famagusta, gefallen, waren die Venezianer auf bestialische Weise von den türkischen Siegern umgebracht worden. Sofort wurde mit der Ansiedlung von anatolischen Türken begonnen und damit ein Problem geschaffen, dessen Lösung noch in der Gegenwart Blut und Tränen kostet.

Die vereinigte Flotte der Hl. Liga traf am 7. Oktober 1571 bei *Lepanto* auf die Türkenflotte unter dem Statthalter von Alexandria und dem Vizekönig von Algier. Es wurde eine vernichtende Niederlage für die Türken, die zwei Drittel ihrer Schiffe verloren. Allerdings hatten auch die Christen, insbesondere die Venezianer, viele Tote zu beklagen, darunter zahlreiche Angehörige der ersten Adelsfamilien. Unter den spanischen Kämpfern befand sich der Dichter des ›Don Quichote‹, Cervantes, der schwer verwundet wurde. Der Ruhm der Seeschlacht von Lepanto wurde in Dichtung und Geschichtsschreibung Zeitgenossen und Nachwelt verkündet; Tintoretto, Tizian und Paolo Veronese haben sie auf Bildern dargestellt. Ihre geschichtliche Bedeutung wird man darin sehen dürfen, daß zum ersten Mal der Nimbus des unaufhaltsamen Vorrückens der Türken gebrochen, ihre Vorherrschaft im westlichen Mittelmeer beseitigt und die Bedrohung Italiens und des Reiches eingedämmt wurde. Es war der „Geist von Lepanto", der hundert Jahre später die Kämpfer des Prinzen Eugen gegen die abermals vorrückenden asiatischen Angreifer beseelt hat.

Der geschlagene Feind wurde nicht verfolgt; die vereinigte Flotte kehrte nach Korfù zurück und löste sich auf. Einer Wiederholung des Türkenzuges, wie sie Don Juan d'Austria vorschwebte, standen divergierende Interessen der beteiligten Mächte entgegen. Venedig schloß, nicht zuletzt bewogen durch die geschickte französische Diplomatie, im März 1573 mit dem Sultan Frieden. Zypern war verloren; Venedig mußte eine hohe Kriegsentschädigung zahlen und sich die Verdrängung seiner Kaufleute durch Franzosen, Engländer und Holländer aus dem türkischen Herrschaftsgebiet gefallen lassen. Einer der entscheidenden Gründe dafür war die Tatsache, daß es von der türkischen Getreideausfuhr abhängig war. Darüber hinaus kam es ihm darauf an, wenigstens Kreta, Korfù und Zakynthos zu retten. Hatte Venedig den Sieg von Lepanto noch mit erfochten, so zog es sich seither wieder auf seine Neutralitätspolitik zurück. Die venezianischen Diplomaten verstanden es, den Zorn des neuen Papstes Gregor XIII. (1572—1585) zu besänftigen und sich weder von Frankreich noch von der Hohen Pforte gegen Spanien einspannen zu lassen. Daß sie damit auf eine weitausgreifende Außenpolitik und Überseepolitik verzichteten, ist freilich unbestreitbar. Aber das Mittelmeer hatte ohnhin seine weltwirtschaftliche Bedeutung verloren; das wirtschaftliche Schwergewicht hatte sich im Laufe der letzten Jahzehnte immer mehr an die atlantischen Küsten Europas verlagert; der Überseehandel Spaniens, Portugals, in wachsendem Maße auch Englands und der Niederlande, wirkte sich jetzt in voller Schwere für Venedig aus; Europa wuchs über sich hinaus in die überseeische Welt. Daran hatte Venedig keinen Anteil mehr.

Gleichwohl ist das Ansehen Venedigs auch in den folgenden Jahrzehnten noch so groß gewesen, daß es in der europäischen Politik eine geachtete Rolle spielte. Allerdings brachte die Politik der „bilancia", der sorgfältig abgewogenen, mitunter aber doch auch ängstlichen Neutralität zu Ende des 16. und im 17. Jh. Gefahren und Krisen mit sich. Schwierigkeiten für die venezianischen Politiker bedingte die enge Nachbarschaft, ja, Umklammerung durch Österreich. Dadurch ergaben sich einmal ständige Grenzstreitigkeiten in Friaul. Auf den Grenzkonferenzen fand der venezianische Vorschlag, den Isonzo zur Grenzlinie zu machen, keine Billigung, auch nicht auf der Konferenz von Udine (1563). Venedig erbaute schließlich 1593 die Festung Palmanova, vorgeblich gegen die Türken, in Wirklichkeit gegen die Österreicher.

Die Konferenz von Udine galt indes noch einem anderen und drängenderen Problem: den Uskoken, jenen serbischen und albanischen Flüchtlingen aus den türkischen Gebieten, die die österreichische Regierung im Gebiet von Zengg/Senj, südlich von Fiume/Rijeka als Grenzwächter gegen die Türken angesetzt hatte. Seit der Erbordnung Maximilians II. von 1564 gehörten Inneristrien und die österreichischen Küstenlande an der Adria zu dem Erzherzogtum Innerösterreich. Vergeblich beschwerte sich der Senat von Venedig bei der Regierung in Graz darüber, daß die Uskoken als Seeräuber in der Adria die Handelswege unsicher machten, neben türkischen auch venezianische Schiffe überfielen und Konflikte Venedigs mit der Hohen Pforte heraufbeschworen. Man griff schließlich in Venedig zur Selbsthilfe, verfolgte die Uskoken, blockierte die Häfen Zengg, Fiume und Triest und schädigte damit die Wirtschaft Österreichs. Dazu kam, daß Triest Salinen anlegen und Salz ausführen wollte. Venedig verbot dies ebenso wie die Einfahrt oder Durchfahrt bewaffneter Schiffe in die Adria, da, wie die venezianischen Abgesandten schon 1563 in Udine erklärten, Venedig das „dominium culfi", die Herrschaft in der Adria zustehe und es daher berechtigt sei, Ein-, Aus- oder Durchfuhrverbote zu verhängen und Zölle einzufordern. Spanien sah den Landweg von Mailand nach Österreich durch das venezianische Gebiet auf der Terra ferma und den Seeweg nach Triest durch die venezianische Flotte gesperrt. Der Papst intervenierte als Schutzherr der vor den Ungläubigen geflohenen christlichen Uskoken zugunsten der Feinde der Signoria und klagte die Venezianer als heimliche Förderer der Türken an. Abkommen mit der Grazer Regierung waren von kurzer Dauer, Gewalttaten von beiden Seiten an der Tagesordnung. Vermittlungsversuche der kaiserlichen Regierung zwischen Venedig und Graz blieben erfolglos (z. B. der Vergleich von Wien vom 2. März 1613). 1615 plünderten Österreicher und Uskoken im istrischen Küstenlande Venedigs und in Friaul. Es war der Anlaß zum Krieg am Isonzo, bei dem die österreichischen Festungen Gradisca und Görz umkämpft wurden. Venedig erreichte, daß die Österreicher die Uskoken ins Inland umsiedelten und eine eigene Besatzung nach Zengg legten. Die Grenzziehung am Isonzo und die Regelung der Adriafrage blieb der Zukunft vorbehalten. Venedig behauptete seine Adriaherrschaft, wurde die Uskoken los und ließ die Durchfahrt spanischer Schiffe nach Triest auch dann nicht zu, wenn sie friedlichen Zwecken diente.

Schwieriger war die Behauptung der eigenen Stellung in dem Gegensatz zwischen Frankreich und Spanien. Der Sieg bei Lepanto war vor allem von einem spanischen Geschwader unter dem Kommando eines spanischen Infanten erfochten worden. Der Sieg der englischen Flotte über die spanische Armada (1588) änderte nichts daran, daß Spanien unbestritten den Atlantik und die amerikanischen Kolonien beherrschte und sich in den Niederlanden behauptete. Vor allem aber griff Philipp II. Frankreich an, doch konnte der junge Heinrich IV. (seit 1595) sich durchsetzen (Friede von Vervins, Frühjahr 1598). Der Ausbau der spanischen Stellung in Italien, wo seit dem Frieden von Cateau-Cambrèsis (1559) Mailand und Neapel-Sizilien als spanische Besitzungen von Frankreich anerkannt worden waren, berührte Venedig unmittelbar. Die spanischen Vizekönige in

Mailand und Neapel waren gefährliche Nachbarn. Wenn das, was man als „spanische Verschwörung“ bezeichnete — die Rebellion eines Haufens hergelaufener Landsknechte, Franzosen, Niederländer, Italiener, unterstützt von Uskoken und Ragusanern, vor allem aber von den spanischen Statthaltern in Neapel und Mailand und dem spanischen Botschafter in Venedig —, auch nur eine Episode der Jahre 1617 und 1618 war und die venezianische Justiz sich durch harte Urteile die gefangenen Rebellen vom Halse schaffte, so spiegelt sich in diesen Vorgängen die Besorgnis, ja, die Angst der Venezianer vor den mächtigeren Nachbarn.

Worauf es den venezianischen Politikern jetzt ankam, war schon nicht mehr die „bilancia“, die Politik eines Gleichgewichts der Kräfte in Italien und im Raum um die Adria, sondern die Aufrechterhaltung des eigenen Ansehens, der „riputazione“, die „den venezianischen Diplomaten schon 1620 als Grundlage und Wesen aller Staatsräson erschien“ (H. Kretschmayr). Man wird sie vielleicht doch nicht als eine „Politik des Scheines“ abwerten dürfen, wie Kretschmayr das tut, sondern als das konsequente und mit großem Geschick unternommene Bemühen um die Erhaltung und Bewahrung des politischen und wirtschaftlichen Besitzstandes und des immer noch bedeutenden Ansehens, dessen sich Venedig in einer sich wandelnden Welt erfreute.

Diese Politik der „riputazione“ hatte vielfältig Gelegenheit, sich in den nächsten dreißig Jahren, als in Mitteleuropa der Dreißigjährige Krieg tobte, zu bewähren. Am Rande des durch die religiöse Note besonders erbarmungslosen und grausamen Ringens der Kaiserlichen und der protestantischen Fürsten im Reich spielten sich allerlei lokale Auseinandersetzungen ab, darunter der Krieg um das Veltlin, einen Teil Graubündens. Dieses war einer jener politischen Zusammenschlüsse in den Alpen, die seit dem 16. Jh. zwischen den Nachbarmächten sich zu behaupten versuchten; der Krieg in den Jahren 1623—1626 berührte auch venezianische Interessen. Es ging dabei für Venedig um die Freiheit der Paßstraßen, d. h. des Handelsverkehrs, für die anderen Nachbarmächte (Spanien, Frankreich, Österreich, Savoyen, die Schweizer Eidgenossenschaft) um jeweils wechselnde Machtinteressen. Im Frühjahr 1626 vereinbarte der Kardinal Richelieu im Namen Ludwigs XIII. von Frankreich mit den Spaniern, daß das Veltlin mit Graubünden nur lose vereinigt werden und unter gemeinsamer Aufsicht der Vertragschließenden bleiben sollte. In Venedig hatte man in dem seit 1618 tobenden Kriege nördlich der Alpen strikte Neutralität gewahrt, auch wenn man Flüchtlinge, wie den böhmischen Grafen Matthias Thurn oder den Grafen Ernst von Mansfeld zeitweilig in Dienst nahm, ohne ihnen allerdings eine politische Tätigkeit zu gestatten. Wenn die Venezianer sich, wie 1630 im Streit um die Erbschaft der Gonzaga in Mantua, in kriegerische Verwicklungen hineinziehen ließen, blieb ihnen Glück versagt. Die europäischen Mächte einigten sich schließlich ohne aktive Teilnahme Venedigs (Verträge von Chierasco April/Juni 1631), wobei übrigens der Niedergang der spanischen Macht und der Aufstieg Frankreichs deutlich wurden.

Gleichwohl spielten venezianische Diplomatie und venezianisches Geld, das dieser immer noch sehr reichen Stadt zur Verfügung stand, während des Dreißigjährigen Krieges keine geringe Rolle. Sie in ihren verschiedenen Phasen und Auswirkungen zu untersuchen, ist übrigens noch eine Aufgabe der Zukunft. Venezianisches Geld in beträchtlichem Umfange floß z. B. in die Kriegskasse Gustav Adolfs von Schweden. Andererseits mußte sich die Zerrüttung der mitteleuropäischen Wirtschaft bei den engen Beziehungen Venedigs zum deutschen Wirtschaftsraum ungünstig auswirken. Dazu kam, infolge des Mantua-Krieges eingeschleppt, 1630/31 eine furchtbare Pestepidemie, die ein Drittel der Stadtbevölkerung hinwegraffte. Um so verständlicher, daß die Signoria alle kaiserlichen, schwedischen, französischen, savoyischen Bündnisangebote ablehnte und sich auch dem Gedanken eines italienischen Bundes verschloß. Nur wenn unmittelbarste Interessen verletzt wurden, wie 1642 durch den Kirchenstaat, griffen die Venezianer zu den Waffen, und gegenüber den Soldaten Papst Urbans VIII. (1623—1644) sogar mit Erfolg (1644). Im übrigen haben die venezianischen

Gesandten die politische Szenerie der dreißig Kriegsjahre genau beobachtet, und der venezianische Gesandte Alvise Contarini hat durch seine Vermittlertätigkeit für das Zustandekommen des Westfälischen Friedens zu Münster und Osnabrück (1648) so viel getan, daß die besondere Hervorhebung Venedigs und seines Gesandten im Text des Friedensvertrages als durchaus gerechtfertigt erscheint.

Mit dem Anbruch des Zeitalters Ludwigs XIV. von Frankreich hat sich auch das geändert. Dabei ist allerdings zu beachten, daß Venedig seit dem Beginn der 40er Jahre des 17. Jh. sich verstärkt dem Osten zuwenden mußte. Die ersten Jahrzehnte nach dem Frieden mit der Türkei von 1573 verliefen insgesamt friedlich. Die Signoria hielt sich von allen gegen die Türken gerichteten politischen Überlegungen, mochten sie im Osten (Persien, Moskau) oder Westen (Rom, Spanien) angestellt werden, fern. Es war nicht unwichtig, daß eine der Frauen des Sultans Selim II. eine als ganz junges Mädchen geraubte Venezianerin (Cecilie Venier) war, deren Tod (1583) für die venezianische Politik einen Verlust bedeutete. Immerhin hat Venedig es verstanden, in den nächsten Jahrzehnten trotz aller Gefahren, die durch Uskoken, türkische Seeräuber, Grenzstreitigkeiten, den Krieg zwischen dem Kaiser und der Hohen Pforte (1593—1606) u. a. m. verursacht wurden, selbst mit einem so üblen Gesellen wie Sultan Murad IV. (1623—1640) oder dessen unberechenbarem Bruder und Nachfolger Ibrahim in dessen ersten Regierungsjahren Frieden zu halten. Es war zu erwarten, daß die Türkei den Dreißigjährigen Krieg nicht ungenutzt für ihre Ziele verstreichen lassen werde. Den Anlaß bildete ein Überfall der Johanniter von Malta auf eine türkische Flotte im September 1644. Der venezianische bailo in Konstantinopel erklärte zwar, seine Vaterstadt habe mit dieser Angelegenheit nichts zu schaffen, berichtete aber über ein türkisches Getreideausfuhrverbot nach Kreta an die Signoria. Auch die Spanier warnten. Im Juni 1645 griffen die Türken Kreta an und eroberten einen Teil der Insel. Von den europäischen Mächten war niemand zur Hilfe bereit. Die türkische Flotte an der Ausfahrt aus den Dardanellen zu hindern, gelang nicht. Der Krieg auf Kreta zog sich seither jahrelang mit wechselnden Erfolgen hin; nach anfänglichen Flottenkämpfen am Ausgang der Dardanellen, bei Chios und an der dalmatinischen Küste, in denen die Venezianer und die ihnen zu Hilfe gesandten fremden Schiffe den Türken mehrfach empfindliche Niederlagen beibrachten, versickerte er in kleinen Gefechten auf Kreta und Einzelkämpfen auf See. Kaiserliche, französische Hilfstruppen, Schweizer und andere Landsknechte, viele Deutsche darunter — denn auch deutsche weltliche und geistliche Reichsfürsten unterstützten Venedig — konnten das Schicksal aber nicht wenden. Am 6. September 1669 kapitulierte Kandia (heute Iraklion), die Hauptstadt; drei Wochen später verließen alle Bewohner die Stadt. Am 26. Februar 1670 trat Venedig die Insel bis auf drei kleine Halbinseln im Nordosten an die Türkei ab; im Oktober des nächsten Jahres erfolgte der Friedensschluß auch an der dalmatinischen Grenze. Bis auf die Inseln Tinos in der Ägäis und Kythera zwischen der Peloponnes und Kreta war der gesamte venezianische Besitz im östlichen Mittelmeer nun in türkischer Hand. Der fünfundzwanzigjährige Krieg um Kreta hatte ungeheure Mengen an Material und Geld, angeblich 150 Millionen Dukaten, so behaupteten die Venezianer, verschlungen und große Blutopfer gekostet. Man begreift den Einsatz für eine weder gut noch gewinnbringend verwaltete Insel wohl nur, wenn man zur Erklärung für diesen Aufwand das Traditionsbewußtsein der Venezianer in Rechnung stellt. Gab Venedig die Insel Kreta auf, dann verlor es endgültig seine Seegeltung im Mittelmeer, wurde zur italienischen Landmacht von eng umgrenztem Machtbereich, verzichtete auf die „riputazione", deren es sich sowohl im Westen, in der abendländischen Welt, wie im Osten, in der Türkei, in Persien, aber auch in Moskau und in Polen-Litauen erfreute.

Es verwundert daher nicht, daß Venedig die nächste Gelegenheit benutzte, um die durch die Abtretung von Kreta verlorene Stellung im östlichen Mittelmeer wiederzugewinnen. Diese bot sich, als deutlich wurde, daß die Türken einen Angriff gegen

Kaiser und Reich vorbereiteten. Ohnehin war der bailo Venedigs in Konstantinopel gezwungen, bei englischen Kaufleuten Geld zu leihen, um den habgierigen und erpresserischen Großwesir Kara Mustapha, der 1677 sein Amt übernommen hatte, zufriedenzustellen. Als der Angriff der Türken tatsächlich erfolgte und sie 1683 Wien belagerten, blieb Venedig zunächst neutral, aber als König Johann Sobieski von Polen mit dem Entsatzheer die Kaiserstadt befreite und die türkischen Scharen zurückgetrieben wurden, trat es der im März 1684 gebildeten Heiligen Liga von Kaiser, Papst, Polen bei, der sich — zum ersten Mal in der Geschichte — auch Moskau unter der Regentschaft der Großfürstin Sophie, der Stiefschwester des jungen Zaren Peter I., anschloß. Das notwendige Geld sollte, wie dies schon 1646 während des Kretakrieges geschehen war, unter anderem auch durch Aufnahme in das Goldene Buch des venezianischen Adels gegen Entrichtung einer Summe von 100 000 Dukaten beschafft werden, auch wenn dies Spannungen zwischen altem und neuem Adel gab und insbesondere die jungen Neuadligen die bisher geübte wirtschaftliche Tätigkeit — sie kamen zumeist aus der wohlhabenden Kaufmannschaft oder den Kreisen der Gewerbetreibenden — als nicht mehr standesgemäß betrachteten. Zu Lande, von Dalmatien ins Innere (Bosnien) hinein, und zur See sollte gekämpft werden. Die venezianische Flotte, die übrigens jetzt zu einem beträchtlichen Teil ausländische Soldtruppen aufnahm, neben Italienern und Griechen auch Deutsche, konnte schon 1684 günstige Ausgangspositionen erkämpfen. 1685 fiel Koron, das einst eines der beiden „Augen" Venedigs im östlichen Mittelmeer gewesen war, wieder in venezianische Hand; 1686 folgte Modon, einige Wochen später Nauplion. Fast zur gleichen Zeit wurden die Türken aus Ofen, der alten ungarischen Hauptstadt, vertrieben. Flotte und Landheer unter venezianischem Kommando nahmen inzwischen die Peloponnes (Morea) und die Stadt Athen, freilich nur für einige Monate; denn im April 1688 mußte es geräumt werden, wobei ein Großteil der griechischen Bevölkerung sich anschloß. Unter den Kunstschätzen, die mitgenommen wurden, befanden sich die marmornen Löwen, die gegenwärtig noch vor dem Arsenal in Venedig stehen. Francesco Morosini, der kluge und tapfere Verteidiger Kandias, 1688 zum Dogen gewählt, konnte durchsetzen, daß die Signoria bei Verhandlungen mit den Türken in Wien die Rückgabe von Morea, Negroponte, Athen, den Golf von Korinth und die Küste des Epirus verlangte. Das war freilich zuviel, denn kurz darauf wurden die Venezianer beim Versuch, Negroponte und damit die Insel Euböa wiederzugewinnen, geschlagen. Dazu kam, daß Ludwig XIV. den Türken Hilfe zu leisten entschlossen war. Die sich bildende Allianz der atlantischen Seemächte England, Holland, auch Spanien mit dem Kaiser und Savoyen (1689), ließ einmal die Haltung der türkischen Unterhändler sich versteifen, da ein europäischer Krieg eine Entlastung der Türkei bringen mußte. Zum anderen zeigten sich Rivalitäten zwischen dem Kaiser und Venedig auf dem Balkan, als der Markgraf Ludwig von Baden, der „Türkenlouis", in Bosnien und Serbien einmarschierte, ohne auf venezianische Interessen Rücksicht zu nehmen. Da die deutschen Soldtruppen zum Kriege gegen Frankreich abgerufen wurden, beschränkten sich die Kämpfe der nächsten Jahre auf Einzelunternehmungen. Die Insel Monembasia (Malvasia) vor der Südostküste Moreas fiel 1690, aber Kreta konnte nicht wiedererobert werden. Zwar wurde im September 1694 die Insel Chios, besonders wichtig als Ausgangspunkt für Unternehmungen gegen die Dardanellen, genommen, mußte aber infolge eines mit allen verfügbaren Kräften unternommenen türkischen Gegenangriffs schon 1695 aufgegeben werden. Einzig Morea konnte gehalten werden. Die Entscheidung allerdings erzwang der Sieg des Prinzen Eugen gegen das Türkenheer bei Zenta an der Theiß (30. Oktober 1697). Damit war der Nimbus der türkischen Kriegsmacht für immer gebrochen. Ludwig XIV. hielt es jetzt für angebracht, den Frieden von Rijswijk zu schließen, der ihm immerhin den Raub von Straßburg bestätigte, und Venedig konnte sich an den Verhandlungen in Karlowitz in Syrmien (1698) beteiligen; am 15. April 1701 schloß es mit der Türkei Frieden: es behielt Morea bis zur Meerenge von Korinth sowie

Besitzungen im mittleren Griechenland mit Athen, darunter Lepanto, die Inseln Leukas und Zakynthos, Aegina, damit die Sicherung Athens, die Insel Kythera südlich der Peloponnes, von den Kykladen Tinos und einige kleine Stützpunkte und dazu in Dalmatien Knin sowie die gesamte Bucht von Cattaro, also wesentliche Grenzverbesserungen. Nur der Zugang zur Adria nördlich von Ragusa für die Türken sollte von den Venezianern respektiert werden.

Das war nicht mehr und nicht weniger als eine teilweise Wiedergewinnung des Kolonialbesitzes in der Levante, und Venedig hat sich mit Eifer an die Bewältigung der Verwaltungsaufgaben in Morea gemacht; die venezianische Verwaltung brachte angesichts des von den Türken hinterlassenen Zustandes eine erhebliche Verbesserung der Lage der Bevölkerung mit sich und gestattete schon 1708 die Deckung der Ausgaben durch die Einnahmen. Am bemerkenswertesten ist, daß die Venezianer das im ganzen friedliche Nebeneinander der griechisch-orthodoxen und der neu eingerichteten lateinischen Kirchenorganisation gegen die Hetze von seiten des orthodoxen Patriarchats in Konstantinopel durchsetzten, ein Schulwesen ins Leben riefen, das sogar die Mitarbeit der Geistlichen beider Bekenntnisse fand, und die zerstörten oder verwahrlosten Städte sich allmählich erholen ließen.

Allerdings war ihnen auf Morea nur eine kurze Frist gegönnt. Im Sommer 1715 eroberten die Türken die Insel Tinos und griffen über den Isthmus von Korinth Morea an. Im September 1715 war die Halbinsel besetzt, gingen die letzten Vorgebirge auf Kreta, die Insel Kythera, endlich Leukas verloren, und 1716 griffen die Türken Korfù an. Da aber schalteten sich Kaiser und Reich ein. Der Sieg des Prinzen Eugen bei Belgrad am 16. August 1717 brachte nicht nur das Ende der jahrhundertelangen, Europa in Schrecken versetzenden Türkengefahr, sondern bewahrte auch Venedig vor weiterem Schaden. Im Frieden von Passarowitz (21. Juli 1718) verlor Venedig zwar Morea, behielt aber die Insel Kythera und konnte seine Grenze in Dalmatien etwas nach Osten vorschieben.

Es war der letzte Vertrag, den Venedig mit der Türkei schloß (er ist 1733 für „ewig“ erklärt worden). Er besiegelte nur, was längst eingetreten war: daß Venedig zwar immer noch den Anspruch auf ein Kolonialreich in der Levante erhob und mit Zähigkeit und zeitweise mit Erfolg durchzufechten versuchte, ohne doch die Kraft zu besitzen, es zu behaupten. Selbst die Politik der Erhaltung der „riputazione“ war im 18. Jh. nicht mehr möglich.

Erst in der Dämmerung beginne die Eule der Minerva ihren Flug, sagt ein altes Wort. Als der politische Niedergang Venedigs begann, erfolgte sein kultureller Aufstieg, und es ist erregend zu beobachten, wie den zahlreichen Enttäuschungen und Mißerfolgen auf politischem und militärischem Gebiet und der fortschreitenden Einengung seines Aktionsfeldes die Ausweitung seines Ansehens als Stadt der Kunst, des Kunsthandwerks, der Wissenschaftspflege, überhaupt der allgemeinen kulturellen Blüte parallel ging.

Darin äußert sich auch ein Wandel der allgemeinen Lebensverhältnisse, der seit Beginn des 15. Jh. einsetzte. Man hat das 14. Jh., da Venedig sich dem byzantinischen Einfluß entzog und einen eigenen, auch künstlerisch sich ausprägenden Stil zu entwickeln begann, das „goldene Jahrhundert“ genannt und gemeint: „Es ist niemals so ganz Venedig gewesen wie in diesem seinem goldenen Jahrhundert“ (H. Kretschmayr). Gleichwohl sind seine Leistungen auf den Gebieten der Kunst und der Wissenschaft damals noch nicht über ein recht bescheidenes Mittelmaß hinausgelangt. Was Marco Polo, der um 1250 geborene Sohn eines Geschäftsmannes, der mit seinem Bruder bis nach Saraj, dem Hof des Khans der Goldenen Horde der Tataren an der unteren Wolga, und nach Bolgar, der Hauptstadt der Wolga-Bulgaren, gelangte, von seinen achtzehn Jahre währenden Reisen durch Ostasien und Indien in französischer Sprache niederschrieb, war seltsam trocken und unanschaulich und fand, wie wohl richtig vermutet worden ist, nicht viel Leser. Marco Polo war gewiß der bedeutendste unter den venezianischen Weltfahrern. Andrea Dandolo, der Geschichtsschreiber seiner Vaterstadt, ist zweifelsohne ein gebildeter Mann, aber einseitig und keiner der großen Stilisten seiner Zeit. Die Literatur fand den venezianischen Dialekt als Ausdrucksmittel, aber auch hier überschreitet keiner der bekannten Autoren das Mittelmaß.

Der Gewinn großer Gebiete und altberühmter Städte auf der Terra ferma, allen voran Padua, wirkte sich erst im 15. Jh. aus; dazu spannten sich von der Nordsee bis zum Persischen Golf, von Gibraltar bis auf die Krim die Handelsbeziehungen. Je enger die Berührungen mit der Welt der Renaissance wurden, desto stärker mußten ihre Wirkungen auch in Venedig sein. Neue Formen der Geselligkeit kamen auf; neben den Stadtpalast trat für die Adligen das Landgut als erstrebenswerter Besitz; dort konnte man Hof halten, Dichter, Schriftsteller, Gelehrte oder bildende Künstler um sich sammeln und der genußfreudigen Geselligkeit leben, von der im Venedig des 14. Jh. mit seinen strengen, sparsamen und harten Lebensformen noch wenig zu spüren gewesen war. Lebensfreude und Lebenslust werden mitunter von zeitgenössischen Beobachtern getadelt, und zweifellos wuchs der Aufwand für Kleidung, für die Lebenshaltung, für die Wohnung; aber wie den Mitgliedern der Räte Talare vorgeschrieben waren, die alles Modische verbargen, so klagen auswärtige Besucher über die Frugalität der venezianischen Küche. Wie die Männer der oberen sozialen Schichten wurden im 15. Jh. die Frauen in Kleidung und Schmuck Beschränkungen unterworfen; die venezianischen Maler haben Bilder ihrer schönen, eleganten, reich geputzten Zeitgenossinnen überliefert, die mitunter auch in Prozessionen in der Öffentlichkeit erschienen, sonst aber nur im eigenen Hause und bei häuslichen Festen ihre Reize zeigen durften. Seit dem Ende des 15. Jh. wurden eigene Magistrate für Luxus und Mode geschaffen, die nicht nur auf Schlichtheit und Dezenz der Kleidung, sondern auch auf die Höhe der Schuhabsätze achteten. Seit 1420 war die Mitgift bei der Verheiratung von Töchtern eingeschränkt; 1505 wurden 3000 Dukaten als oberste Grenze bestimmt.

Im gesellschaftlichen und politischen Leben spielten die venezianischen Damen der oberen sozialen Schichten gar keine, im künstlerischen, vor allem im literarischen Leben kaum eine Rolle. Auch dies hat sich erst sehr allmählich seit dem Ausgang des 15. Jh. geändert und hängt mit dem Hineinwachsen Venedigs in den Lebensstil Italiens in dieser Zeit zusammen. Jetzt breitete sich die Leidenschaft für das Kartenspiel aus; praktischen Sinnes, wie die Venezianer waren, zogen sie Vorteil für die öffentlichen Kassen daraus und richteten ein staatliches Lotto ein. Je mehr fremde Söldner, Landsknechte und Seeleute, von Venedig angeworben werden mußten, desto mehr verbreitete sich neben den Weinschenken und billigen Herbergen die Prostitution, zumal der Sklavenhandel das gesamte Mittelalter hindurch zu den Einkünften Venedigs beitrug und Sklavinnen in nicht geringer Zahl in die Stadt brachte. Schon zu Ende des 15. Jh. begannen sich soziale Differenzierungen bei den Prostituierten abzuzeichnen, traten gebildete, reiche Kurtisanen auf. Das berühmte Gemälde des Vittore Carpaccio mit den beiden Damen im Garten (um 1500, Venedig, Museo Correr), das erste einer langen Reihe von „Kurtisanenbildern“, zeigt Glanz, aber auch Elend dieser Frauen, von denen das schöne Bild der jungen Kurtisane mit dem Spiegel von Giovanni Bellini (Wien, Kunsthistorisches Museum) noch nicht viel ahnen läßt. Dabei ist zu bedenken, daß die Maler nur die schöne Schauseite einer Erscheinung darboten, deren trübe Wirklichkeit in den schmutzigen Lasterhöhlen der verrufeneren Stadtteile nur in gelegentlichen Bemerkungen und in Verordnungen der Magistrate ahnbar wird.

Luxus und Reichtum auf der einen Seite, Armut, Elend, stete Seuchengefahr durch Schmutz und Verkommenheit auf der anderen sind Erscheinungen, denen die venezianischen Behörden energisch entgegentraten. Dem 1485 zur ständigen Einrichtung gemachten Magistrato di sanità (Gesundheitsamt) entsprach der personell umfangreiche Magistrato alle acque (Wasseramt), der seit 1505 seine endgültige Gestalt gewann und von Senat und Collegio besetzt wurde; ihm oblag die Aufsicht über Flüsse und Kanäle; er war mit weitreichenden Vollmachten ausgestattet und hatte u. a. für die Sauberhaltung zu sorgen. Auch für die Versorgung der Bevölkerung wurden schon früh Behörden geschaffen, im 14. Jh. der Magistrato alle biave (Getreidekammer); später wurden die drei Provveditori agli oli (Leiter des Versorgungsamts für Öl, seit 1532), die drei Provveditori alle beccarie (Leiter des Versorgungsamts für Fleisch- und Fettwaren, seit 1545) eingesetzt; besonders wichtig war für Venedig der Magistrato al sal (Salzamt). Der Versorgung der Bevölkerung dienten auch Ämter für die Forstwirtschaft und Holzgewinnung (Magistrato alle legne) und die Bodennutzung (Provveditori ai beni inculti, seit 1556, Provveditori sopra beni comunali, seit 1574), sowie für den Bergbau (Deputati sopra la miniere, erst 1665 bestellt). Markt- und Handelsverkehr wurden sorgfältig überwacht, wobei zu bemerken ist, daß in Venedig immer der Grundsatz gegolten hat, daß der wirtschaftlich Stärkere höhere Abgaben zu entrichten habe als der Schwache. Hierin wird man die Ursache dafür zu suchen haben, daß es Aufruhr oder revolutionäre Bewegungen aus wirtschaftlichen Ursachen in Venedig nicht gegeben hat. Die direkten Steuern — für die Stadt und den Dogat die Decima und die Tansa, eine Einkommensteuer, für die Terra ferma der seit 1501 erhobene Campatico, eine Grundsteuer sowie Abgaben in Naturalien — waren im 16. Jh. eine die damit Belasteten drückende Notwendigkeit und wurden im 17. Jh. erleichtert. Dabei wurde im übrigen die Geistlichkeit nicht verschont, was oft zu Streitigkeiten führte; aber die Staatsverwaltung hat sich immer durchgesetzt. Das System der indirekten Steuern und der Zollabgaben änderte sich im 16. und 17. Jh. nur insofern, als die Zölle vereinheitlicht und vermindert, dafür aber Verbrauchssteuern eingeführt wurden. Dem Senat als oberster Finanzbehörde unterstanden die Finanzverwaltung, die Budgetpolitik bzw. die Ausbalancierung von Einnahmen und Ausgaben, das Kreditwesen, das Münzwesen usw. Im Münzwesen erfolgte insofern eine Veränderung, als die Relation von 1 Zechine (oder 1 Dukaten) zu 18 Silbergroschen sich im Laufe der Zeit zugunsten des Silbers verschoben hatte. 1472 hatte man durch die Lira Tron eine Rechnungsgrundlage von

1 Zechine (oder 1 Dukaten) gleich $6^1/_5$ Lire Tron gleich 124 Silbergroschen (Soldi) festgelegt. Seit 1562 wurde eine große Silbermünze (Ducatone, Ducato d'argento) auf dieser Grundlage geprägt, seit 1678 die Giustina maggiore (gleich 8 Lire oder 160 Soldi). Der Umrechnungsschlüssel von 1 (Gold)Dukaten gleich $6^1/_5$ Lire (Silber) blieb bis 1797 erhalten; doch änderte sich die faktische Relation zwischen Dukaten bzw. Zechine und Lira, so daß im 18. Jh. drei Valuten nebeneinander bestanden (vgl. oben S. 115/116). Staatsbeauftragte, die Camerlenghi del Comun (= Schatzamt, tesoreria) beobachteten schon seit alters die Geldprägung der Zecca und deren Gold- und Silberbestände; ihr stattlicher Palast lag an der Rialto-Brücke gegenüber dem Fondaco dei Tedeschi. Eine Reihe von Kontrollämtern und Kontrollbeamten war schon seit Jahrhunderten tätig. Im 13. Jh. war der Magistrato di Rason (ragione) eingerichtet worden, der 1396 in zwei Ämter (vecchio und nuovo) unterteilt wurde. Die Ausgaben der Gesandten und die Rechnungen der Camerlenghi prüften die Provveditori sopra conti (seit 1499), die Finanzgebarung der Verwaltung der Terra ferma und der Überseebehörden die Provveditori sopra camere. Provveditori sopra uffici, 10 Oberbeamte, die von 1421 bis 1744 ihres Amtes gewaltet haben, prüften den Magistrato di Rason und andere Finanzbehörden; die Cattaveri (die „Finder" — von catar, finden) waren mit der Kassenkontrolle beschäftigt und die Scansadori (Sparkommissare, 1587—1627), die später in der Behörde der fünf Savi di mercanzia (seit 1516 mit richterlichen und polizeilichen Funktionen ausgestattete oberste Handelsbehörde) aufgingen, haben zunächst gelegentlich, dann ständig Einsparungen in den verschiedenen Ämtern durchgesetzt. Neben den genannten gab es zahlreiche weitere Behörden, wie denn das Neben- und Durcheinander der gleichen oder ähnlichen Amtsstellen in dem Maße anwuchs, als die Beamtenschaft sich vergrößerte.

Eine Behörde wurde, wie die meisten anderen auch, aus aktuellem Anlaß geschaffen, blieb bestehen und errang sehr bald große Macht: die *Staatsinquisition.* Der Rat der Zehn hatte immer wieder aus aktuellem Anlaß aus seinen eigenen Mitgliedern zwei Inquisitoren zu Untersuchungsrichtern berufen und ihnen Vollmachten erteilt. 1539 wurden drei Inquisitoren berufen, um darüber zu wachen, daß während der Verhandlungen mit der Türkei keine Staatsgeheimnisse verraten werden konnten. Sie hatten die Funktion von Untersuchungsrichtern und Urteilsfindern. Ihre Urteile, gegen die es keine Appellation gab, sollte der Rat der Zehn vollstrecken lassen. 1592 wurden sie als Staatsinquisitoren (Inquisitori di stato) bezeichnet. Sie durften das Amt, in das sie gewählt wurden — sie waren unbegrenzt wieder wählbar — nicht ablehnen. Während der Rat der Zehn, der eigentlich als außerordentlicher Staatsgerichtshof begründet worden und allmählich zu der obersten Regierungsstelle aufgestiegen war, in den Machtkämpfen der Ämter untereinander 1582 und 1583 durch den Senat in seinen Befugnissen und Zuständigkeiten zeitweilig stark eingeschränkt wurde, erhielten die Staatsinquisitoren größere Macht. Sie durften ein Spitzelwesen aufbauen, bei Verhören die Folter anwenden, bekamen die berüchtigten Bleikammern als Gefängnis und wurden zu Wächtern des Staates. Seit 1588 sollten zwei (die „Schwarzen", neri, weil sie schwarze Talare trugen) aus dem Rat der Zehn, einer aus dem Kleinen Rat (ein „Roter", rosso, nach der roten Amtsrobe benannt) gewählt werden; dazu kam seit 1601 ein Ersatzmann. Die Staatsinquisitoren führten ihre Vernehmungen im Dunklen durch; die Prozesse fanden im geheimen statt, und es verwundert nicht, daß sie Angst und Schrecken verbreiteten.

Die laufende Vergrößerung des Beamtenapparates und die zunehmende Unübersichtlichkeit der Behördenorganisation, die Machtkämpfe zwischen den Ämtern im ausgehenden 16. und beginnenden 17. Jh. hatten ihre Ursachen in einer zunehmenden wirtschaftlichen Differenzierung der herrschenden Aristokratie, der Nobili oder Gentiluomini (venez. Zentilomeni). Neben die alten Familien (vgl. S. 97), zu denen die Badoer, Bembo, Contarini, Cornaro, Dandolo, Falier, Gradenigo, Morosini, Sanudo, Soranzo, Tiepolo, Zeno u. a. gehörten, waren schon früh neue, im Handel reich und mächtig gewordene

Familien getreten, wie die Grimani, Mocenigo, Gritti, Loredan, Trevisan, Venier, Barbaro, Foscari, Pisani u. a. m. Unter diesen gab es ebenfalls Differenzierungen insofern, als diejenigen, die Dogen gestellt hatten, als vornehmer galten. 1293 und nach dem Chioggiakrieg (1381) wurden jeweils 30 Popolanenfamilien aufgenommen (vgl. S. 97, 98); in den Kriegen um Kreta und Morea und gelegentlich später (zuletzt 1718 die Grassi) konnten sich reiche Einheimische oder Ausländer (Griechen, Deutsche) durch riesige Geldsummen in die venezianische Aristokratie einkaufen; sie bildeten die Gruppe der „neuesten Familien“, wie die Lippomano, Vendramin, die Labia, Forsetti, Lion, Rezzonico u. a. Ausländische Fürsten oder Politiker wurden nur persönlich und ehrenhalber in das Goldene Buch des venezianischen Adels aufgenommen, wie z. B. die französischen Kardinäle Richelieu und Mazarin. Versuche, den Großen Rat für Angehörige der Popolanengruppen zu öffnen, scheiterten. Dagegen ergab sich, daß viele Adelige aus den alten Geschlechtern schlechter gestellt waren als die aus den neuen und neuesten, und diese taten alles, um sie von den hohen Staatsämtern, z. B. vom Dogenamt, fernzuhalten. Da aber Handarbeit für Angehörige der Aristokratie als unzumutbar galt, wichen die verarmten Adligen, sofern nicht das Kriegshandwerk sie ernährte, als Beamte in die Behörden und Ämter aus, wo sie ein mitunter mehr als bescheidenes, aber standesgemäßes Auskommen fanden. Sie, die man „Barnabotti“ nannte, weil sie im Pfarrbezirk S. Barnabà von der Signoria zugewiesene Wohnungen hatten, waren eine Plage der Herrschenden und machten ihnen oft Sorgen. Ähnliche Erscheinungen finden sich überall dort, wo die rechtliche Abschließung des Adels vollendet worden ist, wie in weiten Teilen des agrarisch bestimmten Mittel- und Osteuropa. Kam es, wie 1582 und 1583 oder 1628, zu Auseinandersetzungen zwischen Ämtern, so stand dahinter oft der Gegensatz von alten, neuen und neuesten Familien; die breiten nichtadligen Schichten standen dabei oft auf der Seite der alten Familien, denen erst 1612 wieder die Gewinnung des Dogats gelang, von dem sie jahrhundertelang ausgeschlossen gewesen waren. Politische Gegensätze im eigentlichen Sinne gab es innerhalb der Aristokratie nicht, denn in der Verteidigung ihrer Vorrechte waren sie sich einig. Auseinandersetzungen zwischen einzelnen Gruppen hatten sehr unterschiedliche Ursachen, meist persönlicher und rangmäßiger, mitunter auch wirtschaftlicher Natur.

Von den bürgerlichen Schichten bildeten die als „Bürger" (cittadini) im engeren Sinne bezeichneten Handel- und Gewerbetreibenden die Oberschicht. Zu ihr gehörten die Angehörigen der Bürokratie der zahlreichen Behörden und Ämter sowie der freien Berufe (bürgerliche Advokaten, Ärzte, Apotheker usw.). Auch da gab es Unterschiede zwischen den Bürgern von Geburt (cittadini originarii) und Bürgern durch Verleihung des Bürgerrechts (cittadini per privilegio bzw. per grazia); nur die Erstgenannten stellten die höheren Beamten. Unter ihnen standen die Handwerker (artesani), die in Zünften organisiert waren. Daneben gab es die Soldaten, die Matrosen der Kriegs- und Handelsschiffe, die zahlreichen dienenden Gruppen von den Lastträgern am Hafen über die Gondolieri bis zu den Dienstboten, all das, was die breite Masse der Bevölkerung, den „popolo menudo" bildete, die Popolanen im eigentlichen Sinne, die politisch ohne Einfluß waren. Die Handwerker waren in über 100 Zünften (arti) organisiert, die in Gruppen (consorterie) zusammengeschlossen waren, seit dem 15. Jh. auch „Bruderschaften" (fraternitates, venez. fraglie) genannt, die ihre eigenen Statuten (matricole, venez. mariesole) besaßen. Sie hatten zwar keinerlei politische, wohl aber soziale Funktionen (z. B. Arbeitsschutz). Die Regierung Venedigs achtete darauf, daß sich keine großen Unternehmen bildeten, sondern nur kleinere Handwerks- und Gewerbebetriebe, deren Bindung an die Zünfte das Hinauswachsen über eine mittlere Durchschnittsgröße verhinderte. Die Grenzen zu den großen Bruderschaften der „Scuole" waren fließend, denn auch die freien Berufe waren in Zünften organisiert. Die „Scuole" waren religiöse und karitative Organisationen (Scuole grandi di San Marco, San Rocco, San Giovanni, San Teodoro, Santa Carità, Santa Misericordia u. a.). Die Scuole hatten eine Kirche und ein Hospital als Mittelpunkt.

Auch die landsmannschaftlichen Zusammenschlüsse der fremden Kaufleute waren z. T. nach dem Muster der Scuole grandi organisiert: die Griechen (San Giorgio dei Greci), die Armenier, die Slaven (Dalmatiner mit der kleinen Kirche S. Giorgio degli Schiavoni); z. T. besaßen die Fremden große Niederlassungen, so die Orientalen den Fondaco (venez. fontego) dei Turchi, in dem auch die persischen Kaufleute wohnten; die Venezianer hatten den seit dem 13. Jh. den Herzögen von Ferrara gehörenden Palast 1621 erworben und den orientalischen Kaufleuten überlassen.

Eine besondere Bedeutung für Venedig hatten die Juden und die Deutschen. Juden hatte es schon in Aquileja gegeben. Sie waren vor den Hunnen Attilas und vor den Langobarden mit den anderen Einwohnern auf die Laguneninseln geflohen. Im 11. Jh. siedelten sie vornehmlich auf der Insel, die nach ihnen benannt wurde: auf der Giudecca (giudei = Juden). Dort fanden viele Juden aus West, Nord und Ost Zuflucht vor den Verfolgungen in Spanien, im südwestlichen Deutschland (nach 1346), in den türkischen und arabischen Ländern. 1366 erhielten sie das Privileg, Pfand- und Leihhäuser zu eröffnen (condotta di banco), allerdings unter erschwerten Bedingungen, z. B. einem wesentlich niedrigeren Zinssatz als die übrigen privaten Bankhäuser. Daneben betrieben sie Kleinhandelsgeschäfte, z. B. Altwarenhandel. Immer wieder waren sie Anfeindungen, vor allem von seiten der Geistlichkeit, ausgesetzt. Diese erreichte 1516 die Einrichtung eines umgrenzten und bewachten Judenbezirks auf einer Insel im sestiere Cannaregio ganz nahe vom Fondaco dei Turchi, dort, wo bisher Gießereien gestanden hatten, die man der Feuergefahr wegen am Rand der besiedelten Wohnfläche konzentriert hatte. Die Bezeichnung Ghetto (von venez. gheto = Guß) für das neue, durch abends verschlossene Tore gesicherte Judenviertel wurde überall aufgenommen. Hier mußten die Juden auf engstem Raum leben und ihre Synagogen in die Privathäuser einfügen. Es gab insgesamt fünf: zwei von deutschen Juden erbaut (Scuola Grande Tedesca, 1528, Scuola Canton, 1532), eine levantinische (1538), eine spanische (1555), eine italienische (1575). Darin zeigt sich, daß die Juden an ihrer landschaftlichen Herkunft festhielten, auch als sie alle im Ghetto eingesperrt wurden. Dessenungeachtet war ihr Anteil am Wirtschaftsleben Venedigs recht bedeutend. Die Stimmung der Venezianer gegenüber den Juden spiegelt Shakespeares ›Kaufmann von Venedig‹ wider.

Neben den Juden haben vor allem die Deutschen unter den Fremden Venedigs eine bedeutende Rolle gespielt. Schon im ersten Drittel des 13. Jh. gab es ein Haus der Deutschen (bezeugt 1228), ein Absteigequartier, das die Signoria ihnen geschaffen und zugewiesen hatte. Hier mußten sie wohnen, wenn ihre Geschäfte sie in die Lagunenstadt führten. Die Gondolieri hatten Anweisung, sie nur im Fondaco abzusetzen. Er enthielt 56 Zimmer, die wohl nur gelegentlich alle besetzt waren; dafür mußte Miete bezahlt werden, die in die Staatskasse floß. Die Stadt stellte einen Hausmeister, der für Ordnung zu sorgen hatte. Die im Fondaco eingerichtete Schenke sollte lediglich den Deutschen dienen. Die Leitung des Fondaco hatten von den Signoria eingesetzte adlige Vizedomini inne (erst 2, zuletzt 4), denn alle Angestellten unterstanden (Hausmeister, Schankwirt, Schreiber, Notare, Packer, Lastträger, Auktionatoren und die sog. Sensale [oder mesetae], die Vermittler aller Käufe und Verkäufe, insgesamt über 100 Personen; Sensale waren zeitweilig Gentile und Giovanni Bellini, Tintoretto und Tizian). Seit 1385 konnten die deutschen Kaufleute ihren Sensal jeweils selbst wählen. Die Handelsgeschäfte wurden im Fondaco selbst abgewickelt. Als Partner waren nur Venezianer zugelassen. Eingeführt wurden vor allem Metalle aller Art, insbesondere Kupfer und Silber, ferner Pelzwerk, Leder, Textilien (Leinen), von den Deutschen gekauft neben Pfeffer und anderen indischen Gewürzen Zucker, griechische Weine, Seide, Glaswaren und Rohstoffe (u. a. Rohbaumwolle). Den Umfang des Handels schätzt man auf mehr als eine Million Dukaten jährlich (15. Jh.). Die Signoria und der Doge Leonardo Loredan sorgten nach dem großen Brande des Fondaco (Winter 1504/05) für den Wiederaufbau und die Vergrößerung; er wurde als dreistöckiger Gebäudekomplex mit nunmehr 80 Zimmern wiedererrichtet, erhielt Galerien zum Innenhof und wurde außen mit Fresken von Giorgione und Tizian geschmückt, von denen leider fast alle verlorengegangen sind. Seit 1510 wurde der Fondaco durch 2 gewählte Konsuln (Contimieri) von den Deutschen selbst verwaltet; unter seinen Bewohnern bzw. ständigen Besuchern überwogen die Oberdeutschen aus Regensburg, Augsburg, Ulm sowie die Österreicher aus Wien und anderen österreichischen Städten, die die eine Tafel bildeten. Die zweite unter der Führung der Nürnberger bildeten alle anderen deutschen Kaufleute aus den rheinischen und Hansestädten. An Reibereien fehlte es nicht, die die venezianischen Vizedomini schlichteten. Neben dem Fondaco lag eine deutsche Herberge zum hl. Georg, auch „zu der Fleuten" genannt, zur Aufnahme für die vielen deutschen Pilger, die zu Schiff von Venedig aus ins Hl. Land wollten. Ganz nahe davon lag die Kirche San Bartolomeo, die Kirche der Deutschen; für sie hat Albrecht Dürer das ›Rosenkranzfest‹ gemalt (heute in Prag, Nationalmuseum). Der Dreißigjährige Krieg bedeutete für den Handel mit den Ländern nördlich der Alpen eine schwere Einbuße.

Ohnehin brachte die Verschiebung der Handelswege auf den Atlantik zur Neuen Welt und um das Kap der Guten Hoffnung im 16. Jh. den venezianischen Handel zunehmend in Schwierigkeiten. Dazu kam die wachsende Konkurrenz der Engländer und Holländer im Levantehandel. 1598 wurde das Hansekontor in London, der Stahlhof, geschlossen. Venedig gab den atlantischen Handel mit England und Holland auf. Auch Frankreich erschien als Konkurrent im östlichen Mittelmeer. Dazu kam die portugiesische Konkurrenz, die zeitweilig den Venezianern große Sorgen machte. Als Portugal 1589 vorübergehend mit Spanien unter Philipp II. vereinigt wurde, machte dieses Venedig das Angebot, den Pfefferhandel, der königliches Monopol war, um eine hohe Summe jährlich zu verpachten. Die Signoria ging nicht darauf ein, weil sie einmal Spanien keine Mittel zukommen lassen wollte und zum anderen hoffte, den Orienthandel in der gewohnten Weise fortführen zu können, zumal noch Tausende venezianischer Familien in Alexandria, Kairo, Damaskus und Aleppo lebten und in Konstantinopel der venezianische bailo saß; allerdings machte sich die französische, englische, zuletzt die holländische Konkurrenz sehr bemerkbar, die die gleichen Vorrechte errang, wie sie die Venezianer besaßen.

Der allmähliche, aber unaufhaltsame wirtschaftliche Niedergang spiegelte sich auch in einer Umstrukturierung der großen Banken. Schon im 15. Jh. waren einige der Privatbanken zusammengebrochen. Als die zweite Bank, Pisani, 1582 stürzte — eine erste war Anfang des 16. Jh. in Konkurs gegangen —, begründete der Staat 1587 den Banco di Rialto als Staatsbank, über die seit 1602 alle größeren Geschäfte abgewickelt werden mußten. 1619 wurde eine zweite Staatsbank (Banco Giro) errichtet, die bis 1806 bestehen blieb, während der Banco di Rialto 1637 wieder aufgelöst wurde. Die Einrichtung der Staatsbanken war zwar die Folge des Versagens der Privatbanken, hat aber andererseits durch die Konzentrierung der Geldgeschäfte und ihre Überwachung von Staats wegen in höchst eigentümlicher Weise die kapitalistischen Kräfte gebändigt.

Während im 15. Jh. Venedig noch eine Weltmacht im Handel zwischen Ost und West darstellte und die sich entfaltenden Gewerbebetriebe dahinter zurücktraten, änderte sich dies im 16. Jh. durch die neuen atlantischen Handelswege. Die venezianischen Handwerks- und Gewerbebetriebe erlangten zunehmendes Gewicht. Führend war und blieb Venedig auch noch im 17. Jh. im Schiffbau trotz der Kritik, die z. B. nach der Schlacht bei Lepanto an den venezianischen Schiffen geäußert wurde. Erst im Verlaufe des 17. Jh. geriet er zeitweilig in eine Krise, insbesondere durch die Zulassung fremder Schiffe, und ging vom Ruder- zum Segelschiff über, behielt aber den Typ der Galeere bei. Zar Peter I. von Rußland z. B. wollte deshalb auf seiner großen Auslandsreise 1697/98 Venedig besuchen. Auch die Waffenherstellung nicht nur in Venedig selbst (Schiffsgeschütze), sondern auch in der venezianischen Terra ferma (vor allem in Brescia) gewann Weltruf. Daneben fanden die Erzeugnisse aller

Arten der Metallbearbeitung von der Zinn- und Glockengießerei bis zur Goldschmiedekunst überall, nicht zuletzt in der Türkei, Bewunderer und Käufer. Weltberühmt wurde die Glasindustrie von Murano, die seit dem 16. Jh. zum wichtigsten Produktionszweig Venedigs wurde und z. T. bis in die Gegenwart geblieben ist. Allerdings setzte auch hier durch ausländische Autarkiebestrebungen, insbesondere durch Colberts Merkantilismus, eine rückläufige Entwicklung seit der 2. Hälfte des 17. Jh. ein. Daneben hat sich, später und bescheidener, die Töpferei (Majolika, Steingut, Terrakotta) entwickelt, die meist von zugezogenen Meistern aus Faenza („Fayence") ausgeübt wurde. In der Textilindustrie waren vor allem venezianische Seidenstoffe überall gefragt; schon 1457 wurden die Seidenweber (samiteri) als besonders wichtige Handwerker genannt. Daneben hatte die Tuchfabrikation sowohl in Venedig selbst wie auf der Terra ferma (Padua, Vicenza, Verona, Bergamo) ihren angesehenen Platz. Einen besonderen Ruf errangen die venezianischen Spitzen (sowohl die Nähspitzen wie die Klöppelspitzen), die auf der Insel Burano im Kleinbetrieb hergestellt wurden. Hier wurde Venedig auch in der Mode schon seit dem 16. Jh. führend, und machte sich der Einfluß der allgemeinen Kunstentwicklung geltend.

Im 14. und frühen 15. Jh. begann Venedig sich in der Kunst vom byzantinischen Vorbilde zu lösen und erreichte in wenigen Jahrzehnten Bewunderung und Berühmtheit, übrigens auch im Osten. Zögernd nur hatte sich Venedig der Gotik geöffnet; ebenso zögernd nahm es die Renaissance auf, zunächst in der Plastik, dann in der Baukunst, endlich in der Malerei. Das bedeutete nicht die Aufgabe der in Venedig überall sichtbaren byzantinischen Tradition, sondern die Verschmelzung zu unverwechselbaren Gebilden, eben jenem eigentümlichen venezianischen Stil, den die Häuser und großen Paläste ebenso spiegeln wie alle Kirchen, angefangen mit S. Marco, die Plastiken und Malereien und selbst die flüchtig hingeworfenen Zeichnungen und Skizzen. Künstlerisch fand jetzt erst Venedig sich selbst. Viele der Künstler kamen aus der Terra ferma, wie denn die

Beziehungen sich nun zu verdichten begannen. Giottos Wirken in Padua hatte in dem nur eine Tagereise entfernten Venedig kaum Widerhall gefunden, auch nicht, als die Signoria seinen Schüler Guariento zur Ausmalung des Dogenpalastes 1365 in die Lagunenstadt holte. 1409 wurde Gentile da Fabriano (ca. 1370—1427) aus Umbrien für die Ausschmückung des Dogenpalastes verpflichtet, gleichzeitig Antonio Pisano (gen. Pisanello, 1380 bzw. 1397—1451 bzw. 1455) aus Verona, und mit ihnen hielt die Kunst der Renaissance endgültig ihren Einzug. Jetzt bildeten sich Malerschulen und Malerdynastien, die in enger Verbindung mit Padua, mit Verona, mit anderen Städten der Terra ferma, darüber hinaus mit Florenz, mit Rom standen. Ein gegenseitiges Nehmen und Geben gliederte Venedig als durchaus eigene Kunstlandschaft in die gesamtitalienische Kunst ein. Die Malerschule von Murano, begründet von Antonio Vivarini, Sohn eines Mosaikmeisters (fiolero), anfänglich mit einem Deutschen, Johannes aus Köln, zusammenarbeitend, schuf Tafelgemälde; sein Bruder Bartolomeo, sein Sohn Luigi und sein Enkel Alvise († 1503) sind mehr als Handwerker denn als Künstler zu bezeichnen, übernahmen aber schon neue Techniken, Alvise z. B. die Ölmalerei.

Neben der Schule von Murano wuchs in der Werkstatt des Jacopo Bellini (1425—1470 genannt), des „Vaters der venezianischen Renaissance“, wie man ihn bezeichnet hat, die erste eigenständige Malerschule Venedigs heran; er war der Sohn eines Zinngießers, Schüler von Gentile da Fabriano, mit dem er zeitweilig in Florenz war, und unterhielt Beziehungen zu Padua, wo er persönlich eng mit dem genialen Andrea Mantegna (ca. 1431—1506) verbunden war, der 1453 seine Tochter Nicolosia heiratete und seine jüngeren Schwäger beeinflußte. Von den Söhnen Jacopos empfing der ältere, Gentile (1429—1507), schon früh hohe Ehren, wurde 1474 Leiter der Malereien im Dogenpalast, ging 1479—1484 an den Hof Sultan Mehmeds II. und war nach seiner Rückkehr Dekan der Scuola di San Marco. Der jüngere Sohn Giovanni Bellini (Giambellin, 1430—1516), der größte venezianische Maler des 15. Jh., wurde 1480 mit der

Ausmalung des Saales des Großen Rates im Dogenpalast beauftragt. Während Gentile das venezianische Leben seiner Zeit, die großen Prozessionen und Feste abbildet, gilt Giambellin als einer der Entdecker der Landschaft, die auf seinen zahlreichen bezaubernden Madonnenbildern meist den Hintergrund bildet. Albrecht Dürer, der zweimal in Venedig war, schreibt am 7. Februar 1506 an Willibald Pirkheimer in Nürnberg, daß viele der venezianischen Maler ihn schelten, weil er nicht „antigisch" [antikisch] male, „aber Giambellin, der hätt mich vor viel Gentillomen fast sehr gelobt". Giambellin selbst hatte es mit den auch in der Malerei aufkommenden antiken Stoffen schwer, war religiösen Themen zugewandt und verstand die Malweise des Deutschen besser als dessen italienische Altersgenossen, die sich ganz der neuen Richtung verschrieben hatten.

Giovanni Bellini überragte die zahlreichen tüchtigen Maler Venedigs an Bedeutung, obwohl es selbständige und begabte Künstler wie Vittore Carpaccio (1457—1526), einen Schüler Gentile Bellinis, u. a. m. gab. Er wies durch seine Bilder die Wege, die erst seine Schüler beschritten, die sich ganz von der Tradition lösten, wie der aus Castelfranco stammende geniale Giorgione († 1510 an der Pest) und der aus dem Cadore stammende Tiziano Vecellio (1477—1576, gleich Giorgione Opfer der Pest), der weltberühmte Repräsentant der Hochblüte venezianischer Malerei im 16. Jh. Hatte Gentile Bellini von Kaiser Friedrich III. den Titel eines Pfalzgrafen erhalten, so wurde Tizian von Kaiser Karl V. hoch geehrt, den er mehrfach, am großartigsten vielleicht auf dem Bilde von 1550 (München, Alte Pinakothek) porträtiert hat. Sein Schüler Jacopo Robusti, Sohn eines Färbers, daher allgemein Tintoretto genannt (1518—1594), in seiner ersten Schaffensperiode von Tizian stark beeinflußt, hat sich zunehmend davon befreit und in titanischer Arbeitskraft Hunderte von Gemälden geschaffen, deren Höhepunkte die 56 Gemälde der Scuola di San Rocco und das ›Paradies‹ (nach Dante) im Saale des Großen Rates des Dogenpalastes waren. Sein Zeitgenosse Paolo Caliari, Sohn eines Steinmetzen aus

Verona, daher Veronese genannt (1528—1588), seit 1555 in Venedig, hat den Höhepunkt seines Schaffens in der Kirche S. Sebastiano und in den herrlichen Fresken der Villa Maser, einem Werke Palladios, in der Nähe von Asolo erreicht. Hier läßt sich der Übergang zum Barock bzw. Rokoko in der Leuchtkraft der Farben ahnen. Im 17. Jh. haben die Großen unter den venezianischen Malern des 16. Jh. keine ebenbürtigen Nachfolger gefunden; aber Jacopo Palma il Giovane (1544—1628), Schüler Tizians u. a. haben das Erbe bewahrt und 1682 ein Collegio dei pittori begründet, so daß sie deren Erbe, vor allem den unverwechselbaren venezianischen Farbenzauber, an die Maler des 18. Jh. weitergeben konnten.

Die Plastik, eng mit der Architektur verbunden, gleichfalls nur langsam sich der Renaissance erschließend, fand in Antonio Rizzo aus Verona einen bedeutenden Vertreter, der den Innenhof des Dogenpalastes gestaltete (nach 1483); er schuf die große Treppe und die Eva am Dogenpalast (heute im Dogenpalast aufgestellt) und das Grabmal des Dogen Nicolò Tron in der Frarikirche. Seit der Mitte des 15. Jh. arbeitete Pietro Solari aus Carona bei Lugano, den und dessen Söhne und Enkel man einfach die „Lombardi“ nannte, an der Fassade von S. Zaccaria, an Grabmälern von Dogen, schuf die Fassade der Scuola di San Marco und wurde nach Rizzos Flucht aus Venedig wegen Unterschlagung (1498) dessen Nachfolger. Er erbaute in den 80er Jahren des 15. Jh. sein Meisterwerk, die kleine Kirche S. Maria dei Miracoli, gemeinsam mit seinen Söhnen Tullio und Antonio das Grabmal des Dogen Andrea Vendramin in der Frarikirche; seine Schüler und Helfer, unter ihnen Bartolomeo Bon und Alessandro Leopardi, haben viele der Renaissancepaläste am Canal Grande und anderwärts erbaut oder umgebaut. Am berühmtesten ist das Reiterstandbild des Condottiere Bartolomeo Colleoni († 1475) von Andrea Verocchio († 1488) geworden, dessen Bronzeguß Alessandro Leopardi übernahm, der auch den Sockel schuf. Die Signoria erfüllte damit einen testamentarischen Wunsch Colleonis und kassierte dafür sein Vermögen von einer halben Million Dukaten.

Die zunächst gotische Baukunst fand seit dem Beginn des 15. Jh. ein geradezu unübersehbares Betätigungsfeld, denn Venedig wandelte sich seither völlig zur Stadt aus Stein. Jetzt wurden nicht nur die großen Kirchen (Frari, S. Giovanni e Paolo, S. Maria dell' Orto) vollendet, sondern zahlreiche Paläste und Wohnhäuser neu errichtet, als weithin berühmtestes die Ca' d'Oro, das „Goldene Haus" das Marino Contarini (1425 bis 1435), vor allem aber die Bauten am Dogenpalast abgeschlossen, dessen Porta della Carta (zur Piazzetta hin) 1438 von Giovanni und seinem Sohn Bartolomeo vollendet war. Die beiden Bon wurden schulbildend; sie waren ihrerseits Schüler der Masegne und noch ganz der Gotik zugehörig. Erst Bartolomeo der Jüngere, Giovannis Enkel, wandte sich der Renaissance zu. Er hat die alten Prokuratien erbaut, und er und sein Sohn Santo haben Kirche und Scuola di S. Rocco geschaffen. Von Michele Sammichele (1484—1559) aus Verona, Jacopo Tatti, der sich Sansovino nannte (1486—1570) und die Bibliothek des hl. Markus gegenüber dem Dogenpalast erbaut, die neuen Prokuratien entworfen hat, und Andrea Palladio (1508—1580) aus Vicenza, dem Venedig die Kirchen S. Francesco della Vigna (1562), S. Georgio Maggiore (1565) und die Erlöserkirche (Il Redentore, 1577) verdankt, wurden Bautraditionen geschaffen, die ins 17. Jh. überliefert wurden. Vincenzo Scamozzi (1552—1616) baute nach Sansovinos Plänen die neuen Prokuratien und gab dem Markusplatz seine endgültige Gestalt, die auf Napoleons Befehl nur noch durch die Entfernung der kleinen Kirche S. Geminiano gegenüber S. Marco (1807) und Einfügung eines Zwischentrakts (1810), in dem sich das Museum Correr befindet, verändert worden ist. Von Scamozzi lernte Baldassare Longhena (1598 oder 1604—1681), der Schöpfer der Kirche S. Maria della Salute, die die Venezianer 1630 während einer großen Pestepidemie stifteten und 1687 vollendeten; Longhena baute auch die Paläste Rezzonico und Pesaro am Canal Grande, und seine Schüler, vor allem Giuseppe Sardi († 1699), haben im Sinne ihres Meisters, der von Palladio herkommend sich ganz dem Barock zugewandt hatte, weitergebaut.

Hinter der bildenden Kunst blieb die Literatur deutlich zurück; dagegen wurde Venedig früh ein bedeutendes Zentrum der Buchdruckerei, die, von Deutschen hierher gebracht, schon um 1500 fünfzig Betriebe zählte. Unter ihnen genoß die von Teobald Pio Manuzio, gen. Aldo, in der 1495 die erste große griechische Ausgabe des Aristoteles erschien, Weltruf. Die Dichtung kam selbst mit Leonardo Giustiniani (1383—1446) über anmutige Lieder (canzonette) nicht hinaus und beugte sich im 16. Jh. endgültig dem toskanischen Dialekt als der neuen Hochsprache Italiens. Sehr lebhaft entwickelte sich in Venedig das volkstümliche Theater und Maskenspiel (momaria), besonders auch unter den Popolanen. Die Schauspieldichter Angelo Beolco gen. Ruzzante (1502—1542) aus Padua und Andrea Calmo († 1570) aus Venedig sind die Wegbereiter des später berühmt gewordenen Theaters gewesen. Andrea Palladio baute 1565 im Kloster S. Maria della Carità das „Mezzo colosseo“, ein erstes öffentliches Theater (1630 abgebrannt).

Die Musik, als Kirchenmusik vor allem in der Kapelle von S. Marco gepflegt, genoß schon im 14. und 15. Jh. einen vorzüglichen Ruf. Die kontrapunktische Musik ist allerdings durch von der Signoria berufene Fremde, vor allem Adrian Willaert aus Brügge, seit 1527 eingeführt worden. Mit Claudio Merulo (1533—1604), insbesondere aber mit Andrea (1510—1586) und seinem Neffen Giovanni Gabrieli (1557—1613) erhielt die venezianische Musik ihre ersten bedeutenden Vertreter. Im Wettstreit mit Florenz und Rom entwickelte sich eine eigene venezianische Schule. Als Claudio Monteverdi (1567—1653) im Jahre 1613 Kapellmeister von S. Marco wurde, fanden Theater und Musik in der Oper zueinander, für die er 1630 den ›Raub der Proserpina‹ schrieb. 1637 wurde das Theater San Cassiano eröffnet, dem 1678 das Theater S. Giovanni Crisostomo, eine Stiftung der Familie der Grimani, folgte. Monteverdis ›Krönung der Poppaea‹ (1642) bedeutete für die italienische Oper einen wichtigen Einschnitt. Neben ihm waren andere Komponisten tätig, die dem Musikleben Venedigs und seiner Oper seine in ganz Europa bewunderte Stellung errangen.

Mehr und mehr wurde Venedig schon in der zweiten Hälfte des 17. Jh. die Stadt, die durch die Schönheit ihrer Lage, ihrer Kunstwerke, ihres regen Musiklebens, ihre berühmten Feste, insbesondere den Karneval, die lebenslustigen, bildungshungrigen und modebewußten Fremden vor allem aus den Ländern nördlich der Alpen anzuziehen begann. Dies bedeutete auch wirtschaftlichen Gewinn, und die Signoria hat diesen frühen Tourismus gerne gesehen. Die immer noch geschickten, in langer Tradition stehenden, vorzüglich gebildeten venezianischen Diplomaten haben es verstanden, Europa und die Welt lange darüber hinwegzutäuschen, daß sie keine Großmacht, nicht einmal mehr einen italienischen Mittelstaat von einiger politischer Bedeutung zu vertreten hatten, sondern nur mehr einen Kleinstaat, dessen Bedeutung darin bestand, daß er es fertigbrachte, zu tun, als sei er noch, was er vor zwei Jahrhunderten gewesen war.

V. VENEDIG IM 18. JAHRHUNDERT UND DAS ENDE DER REPUBLIK

Die venezianischen Schriftsteller des 17. und 18. Jh., die sich mit der wirtschaftlichen Lage ihrer Vaterstadt beschäftigten, beklagten fast einstimmig, daß Venedig aus dem Mittelpunkt des Handelsverkehrs zwischen Ost und West, zwischen Europa und Asien, ins Abseits geraten sei. Im 15. Jh. habe, schreibt Gianandrea Bon 1737, „der gesamte Handel zwischen Asien und Europa" Venedig passiert. Nunmehr aber machten nicht nur Engländer, Holländer und Franzosen im Levantehandel den Venezianern schärfste Konkurrenz, sondern auch Livorno, der forciert ausgebaute Freihafen der Toskana, und Ancona, der Hafen des Kirchenstaates, und beide zögen nicht nur die Kaufleute aus Deutschland, sondern auch der venezianischen Terra ferma auf sich. Venedig werde zunehmend vom Mittelmeerhandel abgeschnitten. „Der alte Brauch, die Waren von Indien nach Alexandria, von dort nach Venedig und von Venedig in andere Gebiete zu bringen, war die Ursache seiner Handelsmacht. Jetzt aber, da diese Waren über See in unsere Gegenden gebracht werden, hat sich die Lage so geändert, daß, wenn wir früher gewohnt waren, in Venedig den Pfeffer und andere Gewürze zu kaufen, wir diese heute nach Venedig bringen und sie dort verkaufen", schrieb am 4. April 1612 ein englischer Kaufmann triumphierend an einen Geschäftsfreund. (D. Sella, ›Commerci e industrie a Venezia nel secolo XVII‹, 1961, S. 26). Einzig Carlo Antonio Marin (›Storia del commercio dei Veneziani‹, VIII, S. 45) wies darauf hin, daß nicht allein die Verlagerung der Haupthandelswege die Ursache für den Niedergang Venedigs gewesen sei, sondern der Wandel der Denk- und Lebensweise der venezianischen Oberschichten. Die Adligen zogen sich aus dem Handel zurück; sie waren nicht mehr

Seefahrer, sondern grundbesitzende Landadlige; sie investierten ihre immer noch sehr großen Vermögen nicht mehr in Schiffen und Waren, sondern in der Landwirtschaft und in der Industrie der Terra ferma, so daß die Ausfuhr von Weizen, Reis und Rohseide sich als lohnend erwies. In dem Maße, in dem die Manufakturen in Venedig selbst schrumpften, wuchsen sie in den Städten der venezianischen Terra ferma (Schio, Thiene, Bassano di Grappa, Verona). Dies erklärte in der Tat, aus welchen Gründen Venedig trotz seines „Austritts aus der Weltgeschichte“ (Ph. Braunstein, ›Venedig und der Türke‹, S. 59) den Niedergang seiner wirtschaftlichen Stellung so lange verdecken konnte, auch als es die Adria nicht mehr als mare clausum für fremde Schiffe zu sperren vermochte und selbst in diesem seinem ureigensten Herrschaftsbereich fremde Konkurrenz aufwachsen sah. Die Forschung der letzten Jahrzehnte (Roberto Cessi, Amintore Fanfani, C. M. Cipolla, Gino Luzzatto, Domenico Sella u. a. m.) hat deutlich gemacht, daß nicht allein der Niedergang des venezianischen Handels, die veränderte Stellung Italiens im europäischen Wirtschaftsgefüge mit ihren allgemeinen politischen, sozialen und ökonomischen Konsequenzen, sondern eine Vielfalt von Ursachen zu berücksichtigen sind, nicht zuletzt gewisse Wandlungen in der Lebensauffassung der führenden Schichten Venedigs, um den Niedergang der Seerepublik zu erklären.

Daneben wird man freilich die Bevölkerungsentwicklung und deren Folgen nicht vergessen dürfen. Eine Stadt wie Venedig, deren Bevölkerungszahl vom ersten Drittel des 16. Jh. bis 1790 sich kaum änderte (vgl. oben S. 110), konnte mit den europäischen Großmächten, deren eine sie noch im 15. Jh. gewesen war, nicht mehr wetteifern. Zum Jahre 1790 hat D. Beltrami eine Gesamtbevölkerungszahl des Staates Venedig einschließlich des Codore, Istriens, Dalmatiens, Albaniens, Korfùs und des levantinischen Inselbesitzes von etwas über 2,8 Millionen Einwohnern errechnet (›Storia della popolazione di Venezia‹, S. 70). Die Stadt London hatte 1801, also nur 10 Jahre später, rd. 2,2 Millionen Einwohner, Paris im gleichen Jahre rund 548 000. Die Großstaaten mit ihren Bevölkerungsmassen und ihren Massenheeren, wie sie in den Kriegen des 19. Jh. so oft aufeinandertrafen, führten für Europa eine neue Epoche herauf, an der Venedig kein Teil mehr hatte.

Dazu kamen Umstände, die durch die innere Struktur Venedigs bedingt waren. Im Verfassungskampf von 1583 hatte der Große Rat die Oligarchie des Rates der Zehn zugunsten des Senats zurückgedrängt, ihm seine Gehilfen (zonta, vgl. oben S. 104) genommen und dem Senat jene Regierungsaufgaben zurückgegeben, die die Dieci sich inzwischen angeeignet hatten. Die Mitglieder des Großen Rates, die diese Korrektur durchführten, waren meist junge Leute, zum großen Teil Angehörige der alten Geschlechter, denen der von den neuen Geschlechtern beherrschte Rat der Zehn den Zutritt zu den entscheidenden Stellungen im Staat verweigert hatte. Als es seit dem Herbst 1627 abermals zu einer schweren Auseinandersetzung zwischen den Räten kam, gingen die Risse durch die Familien, standen die Jungen gegen die Alten, die den Rat der Zehn und den Pien Collegio (vgl. oben S. 101) beherrschten, indes die Jungen im Großen Rat und Senat die Mehrheit hatten. Der Doge Giovanni Cornaro (1625—1629), Haupt der reichsten unter den alten Familien, und seine Söhne standen damals gegen Renier Zeno, ehemaliger Botschafter in Rom und Mitglied des Kleinen Rates. Die Rechte des Rates der Zehn wurden durch Gesetz vom 25. September 1628 zurückgestutzt, der Große Rat als der Souverän der Republik ausdrücklich hervorgehoben, dem Senat als der Regierung ein Teil der vom Rat der Zehn okkupierten Rechte zurückgegeben. Aber der Rat der Zehn blieb trotz der gegen ihn erhobenen Vorwürfe bestehen. 1682 wurde die Wählbarkeit in den Senat auf Senatoren beschränkt. Wiederwahl sollte erst nach drei Jahren möglich sein, aber in dieser Zeit konnten die ehemaligen Dieci Mitglieder des Kleinen Rates oder des Kreises der Savi sein. Der Rat der Zehn gewann schon bald seine beherrschende Stellung zurück; die aus seinen Reihen und der Signoria gewählten drei Staatsinquisitoren halfen mit, seine Bedeutung zu erhöhen. Entscheidend war, daß alle Räte ausschließlich dem Adel vorbehalten blieben und die Popolanen lediglich auf der Ebene der Sekretäre der Räte und der Behörden einen mitunter sicherlich nicht ganz unerheblichen, im Laufe des 18. Jh. wachsenden Einfluß geltend machen konnten.

Der Rat der Zehn und die nominell von ihm eingesetzten Staatsinquisitoren waren als Gerichtshöfe ein Herrschaftsinstrument, das die Willkür und Eigensucht der Adligen bändigen sollte, in deren Reihen die modernen Auffassungen von Staat und Gesellschaft ja immer Anhänger gefunden hatten, so wie den überkommenen Verfassungsformen aus den gleichen Kreisen Verteidiger erwuchsen. Wie im 16. Jh. der in hohen Staatsämtern tätige, 1535 zum Kardinal aufgestiegene Gasparo Contarini (1483—1542) in seiner Schrift ›Der venezianische Staat und seine Einrichtungen‹ (›De Magistratibus et Republica Venetorum‹, erschienen zuerst 1543) ein ideales Bild der venezianischen Verfassung gezeichnet und Paolo Paruta (1540 bis 1598) in seiner ›Venezianischen Geschichte‹ (›Storia Vinitiana‹, gedruckt 1605) nicht nur eine wichtige und materialreiche Geschichtsdarstellung geliefert, sondern auch die Naturrechtslehre übernommen hatte, so fanden in den geistig regen Kreisen der jungen Adligen immer wieder Diskussionen über die rechte Ordnung in Staat und Gesellschaft statt. Es konnte nicht ausbleiben, daß die moderne Philosophie ihren Widerhall in diesen Kreisen fand. Als der aus Verona nach Venedig gekommene Scipione Maffei seine Denkschrift über den ›Consiglio politico presentato al governo Veneto‹ (1736, gedruckt 1797) veröffentlichte und in ihm Gedanken einer Repräsentativverfassung äußerte, wurde darüber sofort Zensur verhängt und jede Kritik an der Verfassung streng geahndet. Daß die von Maffei geäußerten Ansichten und die aus dem Frankreich der Aufklärung kommenden Anregungen zum Durchdenken der eigenen Verhältnisse auf fruchtbaren Boden fielen, zeigte sich an der Unruhe, die kurz nach der Jahrhundertmitte der Avvogadore Angelo Querini († 1796) auslöste. Er warf den Staatsinquisitoren Überschreitung ihrer Amtsbefugnisse vor. Sie ließen ihn 1761 verhaften, aber seine Brüder und deren Anhänger setzten im Großen Rat durch, daß eine Fünferkommission die Tätigkeit der Staatsinquisitoren überprüfte; diese „Korrektoren“, unter ihnen Marco Foscarini (1762/63 für 10 Monate Doge), setzten die „Korrektion“ von 1762 durch, die zwar insgesamt konservativen Bestrebungen Rechnung trug, die Autorität des Rates der Zehn unangetastet ließ, mithin die Stellung der überwiegend konservativen Aristokraten festigte; aber es meldeten sich eben doch auch in der Person des Angelo Querini und seines Kollegen Alvise Zeno, neben Marco Foscarini in der Fünferkommission tätig, die neuen Ideen von Freiheit und Gleichheit der Staatsbürger zum Wort. Bemerkenswert ist, wie wenig Widerhall diese Männer bei den Popolanen fanden, sowohl bei den Bürokraten, die wie jede Bürokratie der Welt ihre Posten sichern wollte, als auch bei der gewerbe- und handeltreibenden Mittelschicht, der es gut ging und die keinen Wunsch nach Veränderung hegte. Auch die breiten Schichten des „popolo menudo“ (oben S. 167) waren keineswegs für die aus Frankreich kommenden neuen Ideen zu gewinnen. Anders als in Padua, wo die Universität mit Professoren und Studenten einen Ansatzpunkt für umstürzlerische Ideen bildete, oder in Verona, wo das Bürgertum sich, wie in der Lombardei, dafür gewinnen ließ, ist man in Venedig, wo es eine „bürgerliche Gesellschaft“ als bewußt handelnde Klasse noch nicht gab, sondern das, was man dazu rechnen konnte, den venezianischen Staat mit trug, bei Reformvorschlägen maßvoll und behutsam zu Werke gegangen, wie sich dies in den Schriften des Piero Mocenigo (›Discorso‹, 1784 bis 1788) spiegelt. Als man sich im Großen Rat entschloß, den Zustand des Staates überhaupt zu diskutieren und die Aufnahme von 40 adligen Familien aus der venezianischen Terra ferma in den Großen Rat bewilligte, fanden sich nur 9, wie der Prokurator Girolamo Contarini in den lebhaften Debatten, die diesem Beschluß vorausgingen, vorausgesagt hatte.

Dies deutete darauf hin, daß die Angehörigen der venezianischen Provinz kein echtes Interesse an den Staat band, wie Contarini betont hatte. Dieser Staat selbst, verkörpert in den verschiedenen Räten, geriet in den letzten Jahrzehnten des

18. Jh. zunehmend in einen Zustand, der nicht nur äußerlich an Polen vor der ersten Teilung (1772) erinnerte, wie dies der vorletzte Doge Paolo Renier (1779—1789) in einer Rede vor dem Großen Rat (1780) ausführte. Freilich, anders als in der polnischen Adelsrepublik hatte die Regierung noch Machtmittel, wenn es galt, die innere Ordnung aufrechtzuerhalten. Giorgio Pisani, seit 1774 einer der führenden Anhänger neuer Ideen, erst Avvogadore, dann Prokurator von S. Marco, wurde 1780, wie seinerzeit Angelo Querini, von der Staatsinquisition verhaftet und erst 1797 befreit. Dabei war Pisani kein Umstürzler, sondern hatte selbst vor gewaltsamen Neuerungen gewarnt. Das Ausmaß des Vorhandenseins liberaler und demokratischer Tendenzen in Venedig selbst ist noch nicht geklärt. Sicher ist z. B., daß die Freimaurerei zwar in den Städten der Terra ferma Stützpunkte besaß, sehr spät aber in Venedig selbst, ohne daß mit Sicherheit zu sagen wäre, in welchem Umfang sie Anhängerschaft unter dem Adel und den obersten Schichten der Bürgerschaft gewonnen hätte.

Starres Festhalten an der überlieferten Staatsverfassung im Inneren, gleiches starres Festhalten am Prinzip der Neutralität nach außen kennzeichnen die venezianische Politik des 18. Jh. Es war für die Mittelmeerländer bestimmt durch die Ablösung der spanischen durch die österreichische Vorherrschaft in Italien infolge des Kampfes um die Erbfolge in Spanien nach dem Aussterben der dortigen Habsburger; dazu kamen die Erbfolgekriege in Polen und schließlich in Österreich und das Emporkommen des Herzogtums Savoyen-Piemont, dem im Frieden zu Rastatt (1714) mit der Insel Sizilien die Königskrone zuerkannt worden war; zwar ging Sizilien 1720 an die spanischen Bourbonen verloren; dagegen erhielt Savoyen die Insel Sardinien. Die Toskana wurde 1737 nach dem Tode des letzten Großherzogs aus der Familie der Medici habsburgische Sekundogenitur, Parma und Piacenza Herrschaftsbereich eines spanischen Bourbonenprinzen. Die Lombardei mit Mailand und Mantua war österreichischer Besitz. Savoyen-Piemont-Sardinien rückte nach Osten bis an den Lago Maggiore vor und wurde in den nächsten Jahrzehnten zum stärksten italienischen — freilich noch nicht im Sinne des modernen Nationalismus — Staat Norditaliens, vergleichbar Venedig im 16. Jh. Wie in Venedig, entfaltete sich auch in Savoyen-Piemont-Sardinien zunächst keine vom Bürgertum getragene Bewegung, die auf Umsturz drängte. Unter den italienischen Monarchien boten die habsburgischen Gebiete, die Lombardei und die Toskana, seit 1714 gleichsam Musterbeispiele von Staaten des aufgeklärten Absolutismus, und hier hat sich das allmählich erstarkende italienische Bürgertum entwickelt, das sich zunehmend von der Erbschaft der spanischen Vergangenheit, einem dumpfen Klerikalismus einerseits, einem riesige Latifundien verkommen lassenden Adel andererseits, befreite.

Venedig hat in den Erbfolgekriegen der ersten Hälfte des 18. Jh. wie im Siebenjährigen Kriege offiziell strengste Neutralität beobachtet. An die Stelle Spaniens war nun Österreich als Vormacht auf dem italienischen Festlande getreten, und Venedig mußte es hinnehmen, daß Kaiser Karl VI. 1717 erklärte, er werde keinerlei Ansprüche der Republik auf die Überwachung des Schiffsverkehrs in der Adria mehr dulden. 1732 wurde Triest Freihafen. Auch daß der Kaiser das 1445 seiner weltlichen Souveränität beraubte Patriarchat von Aquileja teilen wollte — die Patriarchen waren seither stets Angehörige venezianischer Adelsfamilien gewesen, spielten aber im politischen wie im kirchlichen Leben keine Rolle — und bei der Kurie entsprechende Schritte unternahm, hat Venedig trotz lebhafter Proteste nicht verhindern können. Maria Theresia, die Nachfolgerin Karls VI., erreichte 1751 die Aufhebung des alten Patriarchats und die Schaffung der Erzbistümer Udine für den venezianischen, Görz für den österreichischen Teil des ehemaligen Patriarchenstaates, dessen einstige Kathedrale in dem zum Dorf herabgesunkenen Aquileja übrigens Kaiser Karl VI. hatte wiederherstellen lassen. Der seit dem 12. Jh. meist in Venedig auf der Insel Olivolo neben S. Pietro in Castello residierende Patriarch von Grado, der seit 1451 den Titel eines Patriarchen von Venedig führte, hatte damit nach jahrhundertelangem Ringen während des Mittelalters über seinen Rivalen von einst endgültig gesiegt. Freilich waren die Grenzstreitigkeiten mit Österreich damit nicht völlig beendet, und da man in Venedig während des Siebenjährigen Krieges Friedrich d. Gr. von Preußen bewunderte, gab es Spannungen mit Wien, und nach 1763 scheint Fürst Kaunitz, der österreichische Staatskanzler, mit Frankreich über einen Austausch der österreichischen Niederlande gegen die venezianische Terra ferma Verhandlungen angeknüpft zu haben. Auch unter Kaiser Joseph II. war Venedig nicht unbedroht; Wien liebäugelte auch damals mit dem Erwerb der venezianischen Terra ferma.

Daß die Republik sorgfältig Neutralität gegenüber der Türkei wahrte, versteht sich angesichts ihrer allgemeinen politischen und militärischen Schwäche von selbst. Wie die Uskoken seinerzeit den Frieden in der Adria gestört hatten, so im 18. Jh. die sog. Barbaresken, Seeräuber in Nordafrika, im westlichen Mittelmeer. Ungeachtet des gemeinsam von Österreich und Rußland geführten Türkenkrieges (1735/36—1739) wahrte Venedig seine neutrale Haltung und versuchte mit diplomatischen Mitteln die Hohe Pforte zu Abmachungen gegen die Belästigung venezianischer Schiffe durch die Barbaresken zu bewegen, die Untertanen der Türkei waren. Die großen Summen Geldes, die das Abkommen von Algier (1751) verschlang, wurden indes vergeblich geopfert. Der Handel Venedigs mit Nordafrika kam fast ganz zum Erliegen; die örtlichen Machthaber in Tunis, Tripolis und Marokko hielten sich an keine Vereinbarungen; die türkische Regierung tat nichts gegen das Seeräuberunwesen. Seit 1784 hat Angelo Emo († 1792), der letzte in der langen Reihe großer venezianischer Admiräle, den Seeräubern heftig zugesetzt, ihre Schlupfwinkel beschossen und zum letzten Mal der venezianischen Flagge Ruhm gewonnen. Den Frieden auf dem Mittelmeer für die Handelsschiffe konnte auch er nicht sichern, da er während der Kämpfe und der mit den Türken angeknüpften Verhandlungen starb und die venezianischen Räte nicht gesonnen waren, es zu einem Engagement in dieser Sache kommen zu lassen.

Zu einem Entschluß für eine Verbesserung der Infrastruktur haben sich freilich die Räte ebensowenig aufraffen können. Im Laufe des 18. Jh. trat immer deutlicher eine Rivalität zwischen der Industrie der Terra ferma und der Hauptstadt zutage; dies hätte eine energische und planmäßige Förderung der Industrie im gesamten Staatsgebiet verhindern können. Dazu wäre ein Abbau der Binnenzölle und eine Lockerung des Zunftzwanges notwendig gewesen, ein Gesamtkonzept der Wirtschaftsförderung, eine klare Entscheidung für eine liberale Handhabung der Wirtschaftslenkung. Aber die Räte schwankten, verboten zeitweilig die Konkurrenz von Fremden, ließen sie dann wieder zu, bewirkten schließlich einen Vorgang, der in seinen Einzelheiten noch zu untersuchen ist: die Flucht hauptstädtischer Bewohner in die Städte der Terra ferma, so daß die Bevölkerung dort anwuchs, während sie in Venedig selbst gleichblieb oder sogar zurückging, und dies bedeutet, daß der natürliche Zuwachs die Abwanderung nicht mehr ausgleichen konnte. Dazu kam, daß infolge falscher Denkweisen in zunehmendem Maße im Adel und im Bürgertum Arbeit als Schande empfunden wurde, wie denn niemand damit rechnen konnte, in das Goldene Buch des Adels eingetragen zu werden, der in Handel oder Industrie arbeitete. In gleicher Weise geschah nichts für die Landwirtschaft, und als sich die modernen Ansichten über die ökonomische Verbesserung der Landwirtschaft durchzusetzen begannen — 1765 wurde ein Lehrstuhl für Landwirtschaft an der Universität Padua eingerichtet — und man zu erkennen begann, welche Bedeutung dem Bauerntum und der bäuerlichen Arbeit im Gesamtgefüge der Volkswirtschaft des Staates zukam, war es schon zu spät, waren in verschiedenen Gebieten der Terra ferma nicht mehr zu reparierende Schäden angerichtet worden, während in anderen zwar die Produktion auf der bisherigen Höhe gehalten wurde, aber bei gesteigerten Ansprüchen der Stadtbevölkerung faktisch ein Bedarf an landwirtschaftlichen Erzeugnissen eintrat, der durch Einfuhren gedeckt werden mußte.

Es mutet demgegenüber fast als ein Wunder an, daß die auf

landwirtschaftlichen Erzeugnissen aufbauenden Industrien, wie die Woll- und Tuchweberei, die Seidenindustrie, die Spitzenfabrikation, diese trotz starker französischer und holländischer Konkurrenz, sich behaupten konnten. Andere Industriezweige, vor allem die Glasindustrie von Murano, der insbesondere Böhmen Konkurrenz machte, hatten es deswegen schwer, weil sie starr an den alten Traditionen festhielten und erst ganz allmählich neue Verarbeitungsmuster, wie die Glasindustrie von Murano den Kristallschliff, übernahmen. Wieder andere, wie der Buchdruck mit seinen handwerklichen und künstlerischen Nebenzweigen, Kupferstich, Holzschnitt, Lederbearbeitung (Goldschnitt!) waren auch jetzt noch nahezu unerreicht in der Höhe und Feinheit ihrer Produktion; Venedig als Druckort belletristischer und wissenschaftlicher Werke, großer Klassikerausgaben und Tafelwerke war weithin führend, und dazu kam eine vortreffliche Papierindustrie, die freilich infolge der Erschwerung des Warenverkehrs durch die Zollschranken der Nachbarländer zumeist auf den eigenen Staat beschränkt blieb. Auf allen Gebieten stagnierte die Wirtschaft, und wie der Handel sich durch die Maßnahmen der großen Nachbarn, insbesondere durch die österreichische Konkurrenz in Triest, auf einen begrenzten Raum im Norden der Adria verwiesen sah, so die Industrie vorwiegend auf das eigene Staatsgebiet. Als für dieses 1794 eine Zolleinheit beschlossen wurde, als 1786 ein Schiffahrtsgesetzbuch nach fast hundertjährigen Bemühungen geschaffen wurde, als 1781 die große technische Leistung der Steindeiche (murazzi) als Schutz der venezianischen Lidi vor dem Meer abgeschlossen wurde, ein Ergebnis, auf das die Venezianer mit Recht stolz sein konnten, waren Leistungen vollbracht, die eine neue Epoche hätten einleiten können; dazu aber war es zu spät.

Venedig hat indes im 18. Jh., wie von den europäischen Städten außer Rom nur noch Paris und in einigem Abstand Wien, eine Anziehungskraft auf Fremde ausgeübt, die in zahllosen Reiseschilderungen ihren Niederschlag fand: die einzigartige Lage der Stadt in der Lagune, die im absolutistischen Europa des 18. Jh. ungewöhnliche republikanische Verfassung, die zwar die

Herrschaft der Aristokratie verewigte, aber die Grenzen zwischen ihr und den oberen Schichten des Bürgertums doch auch milderte, schon durch den Anteil der „segretaria“, der bürgerlichen Sekretäre der Behörden und Ämter an den Geschäften, das Fehlen scharfer sozialer Spannungen macht das Leben hier auf neutralem Boden leichter als andernorts. Seitdem 1683 in den Prokuratien ein erstes Kaffeehaus eröffnet worden war und ihm zahllose andere gefolgt waren, seitdem es in Venedig Kasinos (Spielbanken) gab — der 1638 eröffnete Ridotto wurde allerdings 1774 geschlossen — und das Lotto bereits seit dem 16. Jh. als vom Staat verpachteter Betrieb Spieler anzog, wurde Venedig zur Vergnügungszentrale Europas, in dem es von den zwölf Monaten des Jahres mehr als die Hälfte hindurch Karnevalstreiben und Maskenfeste gab. Die Adligen und auch wohlhabende Bürger erwarben sich Sommersitze auf der Terra ferma, an der Brenta oder im Trevisanischen oder bei Udine im schönen Friaul, und wer die Ruhe suchte, fuhr zur Giudecca mit ihren Gärten hinüber. Die Vergnügungssucht lockte nicht nur Angehörige der Vergnügungsindustrie herbei, wandernde Musikanten, Schausteller und Possenreißer, sondern allerlei lichtscheues Volk, unter ihnen einen der größten Schwindler des Jahrhunderts, den Sizilianer Giuseppe Balsamo, der sich „Graf Cagliostro“ nannte; aus Venedig selbst stammte der Abenteurer Giacomo Casanova (1725—1798). Das Theater, mehr noch als die Oper, wurde in Venedig besonders gepflegt; Carlo Goldoni (1707—1793), der eigentlich Rechtsanwalt war und 1761 nach Paris emigrierte, und sein Rivale Carlo Gozzi (1722—1806) wetteiferten miteinander, eine neue Kunstform, die moderne Komödie, zu schaffen; in der Pflege der Oper war Venedig freilich allmählich von Neapel überrundet worden, aber immer noch so bedeutend, daß nicht nur Italiener, wie Domenico Cimarosa (1749—1801, gestorben in Venedig) sich hier ansiedelten, sondern Fremde, vorwiegend Deutsche wie Händel, Gluck, Mozart nach Venedig kamen und venezianische Musiker in Wien und anderwärts wirkten. Von den bedeutenden venezianischen Musikern sind Antonio Vivaldi (1680—1743), Benedetto Marcello (1686—1739), Baldassare Galuppi (1706—1785) hier zu nennen. Auch das venezianische Ballett war berühmt. Die venezianische Primaballerina Barberina Campanini hat der Signoria sogar diplomatische Schwierigkeiten bereitet, als sie 1744 mit einem hohen britischen Adligen nach Venedig ging, anstatt ihr Berliner Engagement anzutreten. Friedrich d. Gr. drohte mit der Verhaftung des venezianischen Gesandten in Berlin, wenn man ihm die nach Venedig entwichene Tänzerin nicht herbeischaffe. Sie ist später, nicht zuletzt infolge des Zuredens des französischen Gesandten in Venedig und seines Sekretärs — es war Jean Jacques Rousseau — nach Berlin gegangen.

Noch einmal erlebte im 18. Jh. die venezianische bildende Kunst, vor allem die Malerei, einen unvergleichlichen Aufschwung. Sebastiano Ricci aus Belluno (1660—1734) und Giambattista Piazzetta (1681—1754) leiteten ihn ein; der Schüler des Letztgenannten, Giovanni Battista Tiepolo (1696—1770; die Familie war bürgerlicher Herkunft und trug nur infolge einer Patenschaft den Namen des alten Adelsgeschlechts) hat nicht nur Venedigs Kirchen und Paläste geschmückt, sondern auf der Terra ferma — im erzbischöflichen Palast zu Udine, in Bergamo, in Vicenza und anderwärts —, dann in Mailand, in Würzburg, schließlich in Madrid gearbeitet, mit ihm seine beiden Söhne Domenico (1727—1804) und Lorenzo (1736—1777). Rosalba Carriera (1676—1758) hat als Porträtistin europäischen Ruf genossen. Die Stadt Venedig fand in den großen Vedutenmalern Giovanni Antonio Canal, gen. Canaletto (1697—1768), und seinem Neffen Bernardo Bellotto, gen. Canaletto (1720 bis 1780), Meister, die in Europa Schule machten; der erste arbeitete zeitweilig in London, der zweite in Petersburg, Warschau, Dresden und Wien. Der Schwager Tiepolos, Francesco Guardi (1712—1793), vielleicht ein Schüler Antonio Canalettos, gab der venezianischen Vedutenmalerei jenen impressionistischen Zug, der seinen Bildern einen besonderen Reiz verleiht. Tiepolo und Guardi reiht sich Pietro Falca, gen. Longhi (1702—1785), der Maler des venezianischen Alltags an, in dessen Bildern wie in Goldonis Komödien die Menschen seiner Zeit lebendig entgegentreten. Die venezianische Kunst hat das Ende der Republik überlebt, und Künstler, wie der aus Mogliano bei Mestre stammende Giambattista Piranesi (1720—1778), der berühmte Kupferstecher römischer Ruinen, halfen mit, der neuen Kunstrichtung des Klassizismus in Europa Bahn zu brechen; dies tat auch der letzte große venezianische Bildhauer Antonio Canova (1757 bis 1822) mit seinen Plastiken. Von ihm stammt unter anderem nicht nur die bezaubernde Darstellung der Fürstin Pauline Borghese, der Schwester Napoleons, sondern auch eine Statue des Korsen als antike Gottheit (1810), die Huldigung des in der Fremde, in Rom, arbeitenden Künstlers an den Verderber seiner Vaterstadt, die ihm seine Landsleute gleichwohl verziehen, als sie ihn fünf Jahre nach seinem Tode in der Frarikirche beisetzten. Der Klassizismus, wie er sich in verschiedenen Bauten, etwa dem Palazzo Grassi des Giorgio Massari (gest. ca. 1750) oder der Fassade der Kirche Santa Maria del Rosario (Gesuati) oder dem 1792 eröffneten Teatro La Fenice des Gianantonio Selva (1753—1819) ausprägte, wies bereits in die neue Zeit hinüber.

Am 9. März 1789 wählte der Große Rat den Prokurator von S. Marco, Lodovico Manin, Angehörigen einer der „neuesten", erst 1651 in das Goldene Buch eingetragenen Adelsfamilien, zum Dogen. Die Familie besaß bei Passariano unweit Udine einen prunkvollen Landsitz; der neue Doge trat sein Amt wenige Monate vor dem Sturm auf die Bastille an; niemand konnte damals voraussehen, daß er der letzte Inhaber des Amtes sein werde. Auch in Venedig nahm man an, daß die Unruhen in Frankreich, und sei es durch Eingreifen des Auslandes, bald beendet sein würden. Aber die von den Revolutionären verkündeten Ideen von Freiheit, Gleichheit und Brüderlichkeit drangen auch in Venedig ein, fanden Anhänger im Adel und Bürgertum der venezianischen Terra ferma und insbesondere unter den verarmten Adligen, den Barnabotti, und der venezianische Gesandte in Paris warnte vor der Illusion, die Revolution werde ein schnelles Ende finden. Im Januar 1793 kam Stefan Henin, ein Jakobiner, als Gesandter der französischen Republik nach Venedig und sprach offen davon, daß man die

Republik und Italien insgesamt besetzen müsse, wenn man den Nachbarn jenseits des Rheins bezwingen wolle. Ob auch französische Agenten in Stadt und Land auftauchten — die venezianische Regierung hielt an ihrer Neutralität und politischen Untätigkeit fest, auch nach Ausbruch des ersten Koalitionskrieges gegen Frankreich (1792), obgleich die Beziehungen zwischen Venedig und Paris sich zusehend verschlechterten. Alle Versuche, Venedig zum Anschluß an die antifranzösische Koalition zu bewegen, waren vergeblich. Der Senat konnte sich nicht einmal entschließen, die nötigsten militärischen Maßnahmen zur Verteidigung des Landes durchzuführen. Als 1794 das Kriegsglück die Koalitionstruppen verließ, beeilte sich die Signoria, die zunächst den französischen Emigranten, darunter dem Bruder des ermordeten Königs, dem späteren Ludwig XVIII., Zuflucht gewährt hatte, diese wieder auszuweisen, ein Schritt, der dem politischen Prestige Venedigs großen Schaden zufügte. Zäh hielten die venezianischen Räte auch nach Abschluß des Friedens von Basel (1795) und dem Beginn des zweiten Koalitionskrieges an der Neutralität fest, obwohl nun venezianisches Gebiet auf der Terra ferma von der einen wie von der anderen Partei durchzogen wurde. Die Kämpfe der Jahre 1796 und 1797 zwischen Österreichern und Franzosen spielten sich auf venezianischem Gebiet ab. Der junge General Napoléon Bonaparte versprach im Vorfrieden von Leoben (18. April 1797) ungeniert den Österreichern gegen die Abtretung von Modena Teile der venezianischen Terra ferma. Am 15. April 1797 trat sein Abgesandter vor den Dogen und den Senat, um von ihnen sofortige Genugtuung für einen antifranzösischen Aufstand in Brescia und Bergamo zu fordern. Die Signoria versuchte zu beschwichtigen. Aber am 17. April erhoben sich die Veronesen gegen die französische Besatzung, wenig später die Bürger von Vicenza und Padua gegen die französischen Parteigänger; ein französisches Kriegsschiff wurde vor dem Lido beschossen, sein Kommandant getötet.

Napoléon, den venezianische Abgesandte in Graz aufsuchten, verlangte sofortige Auflösung des Senats; als er von dem Vorfall mit seinem Kriegsschiff hörte, marschierte er auf Venedig und war am 2. Mai 1797 in Mestre. Am 30. April 1797 hielt der Senat seine letzte Sitzung ab. Ein Gremium aus dem Pien Collegio, den Savi, den drei Capi des Rates der Zehn und drei Avvogadoren wurde Trägerin der Staatsgewalt, vom Volkswitz „Beerdigungsbehörde“ (Magistratura funeraria) genannt. Diese beschloß, der Doge solle den Großen Rat um die Vollmacht ersuchen, mit Frankreich über die Verfassungsänderung zu verhandeln. Der Große Rat stimmte am 1. Mai 1797 zu. Am gleichen Tage aber erließ Bonaparte das Kriegsmanifest gegen Venedig, das er schlimmster Verbrechen gegen die Franzosen beschuldigte. Am 2. Mai erbat und erreichte die neue Regierungsbehörde einen Waffenstillstand. In den folgenden Tagen schraubte Bonaparte, der inzwischen nach Mailand weitergezogen war, seine Forderungen höher und höher: völlige Entwaffnung, Auslieferung des Arsenals an die Franzosen, Umbildung der Regierung im demokratischen Sinne u. a. m. Der Große Rat, am 12. Mai 1797 zur letzten Sitzung zusammengetreten, hörte den Dogen, der um Einführung einer Repräsentativverfassung bat und sich damit den französischen Wünschen beugte. Mit großer Stimmenmehrheit nahm der Große Rat die Selbstauflösung vor. Der Doge legte seine Würde nieder und zog sich in sein Haus im sestiere Cannaregio zurück, wo er 1802 gestorben ist. Die vor allem aus Barnabotti bestehende Gruppe der Jakobiner unter Führung der Advokaten Andrea Spada und Tommaso Gallino und des Gewürzhändlers Tommaso Zorzi glaubten sich am Ziel, aber die breiten Massen der Bevölkerung erwiesen sich tapferer als ihre Regierung, griffen die Verderber Venedigs an, wurden aber unter blutigen Verlusten von italienischen Truppen Bonapartes — durch Spada herbeigerufen — niedergekämpft. Am 13. Mai 1797 wurde die Stadt von den Franzosen besetzt, am 16. Mai verabschiedete sich die bisherige Regierung und wandte sich die neue Regierung aus 60 Mitgliedern, unter ihnen nur neun Angehörige von Adelsfamilien, an die Bevölkerung. Planmäßig wurde Venedig seiner Schiffe, seines Arsenals, seines Geldes beraubt, wurden die ionischen Inseln genommen. Österreich besetzte Istrien und Dalmatien. In der Villa Manin bei Passariano wurde am 17. Oktober 1797 von Napoléon Bonaparte und dem Grafen Cobenzl der nach dem nahen Dorf Campo Formio benannte Frieden zwischen Österreich und dem revolutionären Frankreich abgeschlossen, der den Staat Venedig von der Landkarte löschte. Die Hauptstadt selbst mit ihrem Lagunengebiet, Friaul, Istrien und Dalmatien bis zur Bucht von Cattaro fielen an Österreich, die übrige Terra ferma an die neue Cisalpine Republik.

Am 18. Januar 1798 hielten die Österreicher Einzug in die Stadt. Die kurze Revolutionsregierung, schließlich ihrer selbst um so unsicherer, als die Pariser Gesinnungsgenossen sie nicht stützten, fand ein unrühmliches Ende. Die Franzosen schleppten beim Abzug eine große Zahl von Kunstwerken, darunter die vier Bronzepferde des Lysippos von der Fassade von San Marco, Bilder und Handschriften u. a. m. nach Paris. Die Berichte französischer Beobachter, die ausgeplünderte Bevölkerung habe die Österreicher mit Jubel begrüßt, sind unverdächtige Zeugnisse der herrschenden Stimmung. Freilich war damit der Leidensweg der Lagunenstadt während der napoleonischen Zeit noch nicht zu Ende. Im Frieden von Preßburg (1805), der den dritten Koalitionskrieg gegen Frankreich abschloß, wurde Österreich gezwungen, Venedig wiederum an Frankreich, nunmehr das kaiserliche Frankreich Napoléons I., herauszugeben. Im Mai 1805 krönte sich Napoléon in Mailand zum „König von Italien“ und setzte seinen Stiefsohn Eugène Beauharnais zum Vizekönig ein. Dem neuen Königreich wurde Venetien zugeschlagen, während Istrien und Dalmatien zusammen mit Krain und Teilen der Steiermark, Kärntens und Tirols als „illyrische Provinzen“ an Frankreich kamen. Zeitweilig hoffte man in Venedig, der neue Vizekönig, Gatte einer bayerischen Prinzessin, werde Venedig zur Hauptstadt wählen; man mag geglaubt haben, er werde an die dogale Tradition anknüpfen, aber er blieb in Mailand. 1810 kam Napoléon selbst nach Venedig. Die Festlichkeiten zu seinen Ehren störte er durch öffentlichen Schimpf, den er in seinen Äußerungen der verschiedenen Serenissima antat, deren Unfreiheit er schmähte, da doch seine Spitzel nicht weniger hart zugriffen als die der Staatsinquisition. Die wirtschaftliche Not verhinderte, daß die französische Besatzungszeit bei der Bevölkerung in guter Erinnerung blieb, und als infolge der Beschlüsse des Wiener Kongresses 1815 Venedig erneut unter österreichische Herrschaft geriet, nahmen es die Venezianer ergeben hin, zumal das neue Regiment sich bemühte, die grausamen Wunden der Napoléonzeit zu heilen.

Als die Bronzepferde des Lysippos aus ihrem Pariser Exil vor die Fassade von San Marco zurückkehrten, hatte die Piazza ihr Aussehen verändert. Napoléon hatte die schöne kleine Kirche S. Gemignano, einen Bau des Jacopo Sansovino, niederreißen und die alten und neuen Prokuratien miteinander durch einen von Giuseppe Maria Soli (1745—1823) erbauten klassizistisch-langweiligen Trakt (Ala napoleonica) verbinden lassen, in dem sich das Museum Correr befindet. Über dreißig Jahre lang blieb Venedig eine Provinzstadt Österreichs. Es waren die Jahre, da es hineinwuchs in das neue Zeitalter der Einigung Italiens im Zeichen nationalen Erwachens. Die Erinnerung an das, was Venedig einst gewesen war, verblaßte, aber die auswärtigen Besucher, die Venedig in diesen Jahrzehnten kennenlernten, spürten, auch wenn romantische Schwärmerei sie dabei leiten mochte, die Trauer um die vergangene Größe. Sie sahen nicht, daß die Jugend Venedigs, Adlige und Bürgerliche, tiefer geprägt von dem napoleonischen Zwischenspiel, als ihnen selbst bewußt sein mochte, hineinwuchsen in die italienische Einigungsbewegung des Risorgimento und daß die Staatsgefängnisse, in die einst die Staatsinquisitoren Feinde der Republik sperrten, sich erneut mit Häftlingen füllten, die allerdings keine Venezianer im alten Sinne, es sei denn nur nach ihrer lokalen Herkunft waren, sondern Italiener, die für die Freiheit eines italienischen Vaterlandes ihr Leben aufs Spiel setzten.

Ihre Stunde schien 1848 zu schlagen, als die österreichischen Truppen sich aus Venedig und von den Laguneninseln zurückzogen. Unter dem sich rasch zum Diktator aufschwingenden Advokaten Daniele Manin, der nur den gleichen Namen trug wie der letzte Doge, ohne mit seiner Familie etwas zu tun zu haben, verteidigten sich die Venezianer heldenhaft gegen die Österreicher — ein letzter Nachhall des Selbstbehauptungskampfes, den die Seerepublik einst geführt hatte. Freilich waren die Opfer, so schien es, vergeblich. Erst fünfzehn Jahre später, nach dem Siege der Preußen über die Österreicher im Juli 1866, kamen Venedig und seine Lagune an das neue Königreich Italien.

SCHLUSS

Die Schicksale Venedigs als Provinzstadt Österreichs, seit 1866 Italiens, sind nicht mehr Anliegen dieses Büchleins. Für die vom europäischen Geist geformte Welt war und blieb Venedig ein Ort, der, ob er auch zur Provinzstadt des jungen geeinten Königreiches Italien herabgesunken war, von unzähligen Pilgern aufgesucht wurde, die hier die Zeugen einer großen Vergangenheit bestaunten. Sie spürten sehr wohl, daß die Venezianer sich nie ganz mit ihrem Schicksal als „Provinzler" abgefunden haben, daß, bewußt oder unbewußt, die große Vergangenheit ihrer Stadt sie bewegte und die Trauer über deren Untergang in den melancholischen Volksliedern Ausdruck fand, die sie unter sich singen, wenn die Fremden sie nicht stören, denen sie die Maske des ewig lächelnden und fröhlichen Maskenspiels zeigen, wie in den mascherate des 18. Jh.

Bedenkenswert wie so vieles andere aus der über tausendjährigen Geschichte ist, daß diese Stadt, die sich allen Versuchen der römischen Kirche hartnäckig und erfolgreich widersetzt hat, ihr das Patronatsrecht über das 1451 von Grado nach Venedig verlegte, mit dem Bistum Castello vereinigte Patriarchat Venedig zu nehmen, zwei ihrer Patriarchen noch im 20. Jh. zu Päpsten erhoben sah: den heiliggesprochenen Pius X. (Giuseppe Sarto aus Riese im Trevisanischen, 1835—1914, 1893 Patriarch von Venedig, 1903 zum Papst gewählt) und Johannes XXIII. (Angelo Roncalli aus Sotto il Monte bei Bergamo, 1881—1963, seit 1953 Patriarch von Venedig, 1958 zum Papst gewählt). Es entsprach dem Wesen der Venezianer, daß sie Ignatius von Loyola bei sich aufnahmen und schon 1542 Jesuitenprediger erbaten, aber sofort eingriffen, als dieser Orden gegen die Toleranz verstieß. Sie gewährten Griechen orthodoxen Bekenntnisses, die vor den Türken in die Lagunen flohen, ebenso

Zuflucht wie Armeniern, Juden oder Protestanten. Sie haben Paolo Sarpi (1552—1623), den bedeutenden venezianischen theologischen Denker, auch dann geschützt, als die Kurie seine Auslieferung verlangte und ihm nach dem Leben trachtete, und sich 1606/07 gegenreformatorischem Machtstreben des Papstes Paul V. (1605—1612) ebenso erfolgreich widersetzt, wie 1483 Sixtus IV. (vgl. oben S. 129). Sie blieben unbeirrt der alten Kirche treu, aber sie duldeten keine geistlichen Herrschaftsansprüche in ihrem Territorium oder gar in ihrer Stadt. Ihre Geschichte und die enge Verbindung mit einer größeren Welt, mit dem christlichen und dem mohammedanischen Nahen Osten, bestimmte ihre geistige Haltung selbst dann noch, als sie selbst nicht mehr die Meere befuhren.

Hier ist an das entscheidende Kennzeichen Venedigs in den über tausend Jahren seiner Selbständigkeit gerührt — und darin unterscheidet es sich von den übrigen städtischen Kommunen und Stadtstaaten Italiens, selbst von dem ihm in manchem verwandten Genua: die Seerepublik in den Lagunen war kein Teil des italienischen Festlandes. Seit 809, als der Zug König Pippins von Italien, des Sohnes Karls d. Gr., gegen die Lagunen scheiterte (vgl. oben S. 10), haben bis 1797 auswärtige Gegner erst gar nicht versucht, Venedig zu besetzen. Diese einzigartige Schutzlage zwischen der Laguna morta und der Laguna viva bedingte, daß Venedig nie ein Teil des Königreiches Italien bzw. des (west)römischen Kaiserreiches des Mittelalters wurde. Die jahrzehntelangen Kämpfe zwischen Guelfen und Ghibellinen in Italien berührten es nie eigentlich, und als es durch Erwerb und Behauptung eines umfangreichen Besitzes auf dem Festlande in die Rivalitätskämpfe der Nachbarmächte um die Vorherrschaft in Italien hineingezogen wurde, war es gleich Spanien und Frankreich oder dem Kaiser eben eher eine auswärtige Nachbarmacht, obwohl durch seine Bevölkerung und Sprache selbstverständlich enger an Italien gebunden, als die mit ihm rivalisierenden Staaten.

Seine einzigartige Lage wies es sozusagen von den ersten Anfängen seiner Geschichte an auf den Handel über See und vor allem nach Osten. Es galt als Teil des oströmischen Reiches noch zu einer Zeit, da dieses seine letzten Stützpunkte auf dem italienischen Festlande eingebüßt hatte; es hatte nicht nur wirtschaftliche, sondern auch vielfältige kulturelle und insbesondere auch persönliche Beziehungen zu Byzanz, und die Errichtung seines Kolonialreiches nach 1204 erfolgte auf einst byzantinischem Boden und verstärkte die Verbindung mit der Levante sehr stark. Dies hat Venedig tief geprägt; wer vom Festlande nach Venedig kam, empfand, daß er sich in einer anderen Welt befand. Es galt für die Gestaltung des Verhältnisses zwischen Staat und Kirche, aber auch, und dies ist vielfach noch nicht genügend untersucht, für die innere Verfassung, für die frühe Schriftlichkeit der Verwaltung, für die Formen der Abwicklung des Geschäftsverkehrs und für den allgemeinen Zuschnitt des Lebens auf vielen Gebieten. Wie in der Kaiserstadt am Goldenen Horn sich die Menschen aus vielen Ländern begegneten, so auch am Rialto.

Es hängt mit der Entstehung Venedigs und seiner Entwicklung in den ersten Jahrhunderten zusammen, daß die Ausbildung der führenden Schichten, des Adels und der reichen Kaufherren so ganz anders verlaufen ist, wie in den übrigen italienischen Kommunen. Die Ansätze zu einer dogalen Monarchie wurden früh abgebogen. Eine königliche, kaiserliche oder bischöfliche Autorität, der gegenüber man sich durchsetzen mußte, gab es nie, infolgedessen auch keine von einer solchen abgeleiteten Rechte. Die Pakte mit den Königen von Italien oder den Kaisern als ihren Nachfolgern waren Verträge zwischen mehr oder weniger Gleichberechtigten, und Lehnswesen und Lehnsrecht kamen in abgeleiteten Formen der allgemeinen Leihe nach Venedig, wobei sich hier besondere Leiheformen herausbildeten.

An die Stelle der allgemeinen Volksversammlung (arengo) trat in Venedig ein allmählich immer komplizierter und vielfältiger werdendes System von kollegialen Zusammenschlüssen (Räten), wie zwar auch in anderen italienischen Kommunen des 12. und 13. Jh. Aber dieses System zeigte von Anfang an die

Tendenz zum Rückzug der eigentlichen Macht in immer kleinere Gremien, so daß sich schließlich eine Oligarchie bestimmter adliger Geschlechter und einiger Personen (Rat der Zehn, Staatsinquisitoren) herausbildete. Im Gegensatz zu den italienischen Kommunen und Stadtstaaten des hohen und späten Mittelalters ist aus dieser Konzentration der Macht jedoch nie eine Signoria im gesamtitalienischen Sinne, d. h. die Herrschaft eines Geschlechts oder gar eines Mannes erwachsen. Versuche dazu wurden im Keim erstickt. Stadtherr war und blieb die Gesamtheit der herrschenden Schicht, und „Signoria“ bezeichnete den Dogen und den Kleinen Rat. Es war wiederum eine Eigentümlichkeit der venezianischen Entwicklung, daß man es hier verstand, Organisationen des Bürgertums, insbesondere die Zünfte (arti) jeden politischen Inhalts zu entleeren und — in wohlberechneter Dosierung — ab und an Angehörige der Popolanen in den Adel aufsteigen zu lassen oder (als Sekretäre) an der Verwaltung zu beteiligen; noch im 18. Jh. wird dies in der Bedeutung, die die segretaria spielte, deutlich. Infolgedessen fehlen in Venedig Kämpfe zwischen dem Adel und dem in Zünften organisierten popolo nahezu völlig, und es konnte hier nicht zu dem für das übrige Italien typischen „Versagen“ der republikanischen Kommune vor einer monarchischen Signorie kommen. Als Venedig große Teile Oberitaliens mit der für die dortigen Verhältnisse typischen Zerklüftung und signoraler Vergangenheit (Verona!) unterwarf, hat es geschickt und vorsichtig seine eigenen Verfassungszustände dorthin zu übertragen versucht mit dem Erfolg, daß gerade die breiten Schichten des popolo dies honorierten und der neuen Herrin anhingen, meist gegen ihre eigenen Adligen, die noch lange ein unzuverlässiges Element bildeten.

Venedig konnte nur solange sich entfalten und blühen, als es seine wirtschaftliche Mittlerfunktion zwischen West und Ost mit Gewinn ausübte. Sie war auf den Einfallsreichtum, die Risikofreudigkeit und den persönlichen Wagemut seiner Adligen und seiner Kaufleute gestellt. Als die Konkurrenz anderer europäischer Mächte einsetzte, begann der wirtschaftliche Niedergang, der aufgehalten und für lange Zeit aufgefangen werden konnte durch die einheimische Industrie. Mit dem Vorrücken der Türken auf dem Balkan begann freilich für Venedig ein neues Zeitalter: das der Massenheere. Diesen erwiesen sich die Venezianer schon im Kampf um Italien nicht mehr gewachsen; hierbei dürften übrigens die z. T. verheerenden Pestepidemien seit der Mitte des 14. Jh., die natürlich Venedig besonders trafen, zu berücksichtigen sein. Die zur Verfügung stehende Zahl von Menschen war begrenzt; seither mußte die Signoria wohl oder übel auch politisch zurückhaltend werden, d. h. am Grundsatz der Neutralität festhalten. Wieweit hierbei persönliche Unzulänglichkeit, wieweit objektive Zwänge entscheidend waren, wird in jedem einzelnen Fall zu prüfen sein. Damit schied Venedig freilich aus der Reihe der europäischen Großmächte aus. Aber wenn im 17. und noch im 18. Jh. seine Gesandten und beauftragten Vertreter überall in Europa und im Nahen Osten ein über das politische Gewicht ihres Heimatstaates nunmehr weit hinausgehendes Ansehen genossen, wenn es selbst in der Zeit langsamen wirtschaftlichen Niedergangs in Venedig nicht zu sozialen Unruhen kam und hier die republikanische Verfassung im absolutistischen Europa intakt blieb, ohne daß es wie in dem zweiten Staatswesen mit einer adelsrepublikanischen Verfassung, in Polen, zu innerer Auflösung und gegenseitiger Zerfleischung der adligen Führungsschicht gekommen wäre, dann erwies sich, daß Venedig selbst jetzt noch lebensfähig war.

Zwei Kräften der modernen Zeit freilich vermochte es nicht Widerstand zu leisten: dem modernen Massenheer, das unter Führung Napoléons Venedigs staatliche Existenz auslöschte und in Gestalt der österreichischen Truppen jahrzehntelang Stadt und Land besetzt hielt, und dem im übrigen Italien seit Jahrhunderten sich entfaltenden Nationalismus, der die Jugend auch der aristokratischen Schichten Venedigs ergriff und sie von Venezianern zu Italienern umformte.

BIBLIOGRAPHISCHE NACHWEISE
(Auswahl)

1. Gesamtdarstellungen, Sammel- und Reihenwerke

H. Kretschmayr, Geschichte von Venedig. 3 Bde. (1905, 1920, 1934; ausführliche Quellen- und Literaturnachweise). — F. Schillmann, Venedig. Geschichte und Kultur Venetiens (1933). — R. Cessi—A. Alberti, Rialto (1934). — R. Cessi, Storia della Repubblica di Venezia. 2 Bde. (1944—1946). — La Storia di Venezia; hrsg. von R. Cessi. 2 Bde. (1957, 1958, reicht bis zum 4. Kreuzzug). — Frederic C. Lane, Venice, a Maritime Republic (1973). — Venezia dalla I Crociata alla Conquista di Constantinopoli del 1204; hrsg. von A. Pertusi (1965). — Storia della Civiltà Veneziana. Bd. 1 ff. (1955; beginnend mit dem 13. Jh.; jeweils ein Bd. ist einem Jh. gewidmet). — Civiltà veneziana; hrsg. vom Istituto per la Collaborazione Culturale, Venezia — Roma (erscheint in 4 Reihen: Fonti e Testi, die wiederum in 3 Reihen: Storia dell' Arte, Storia della Società e dello Stato, Lettere, Musica e Teatro geteilt sind, Studi, Saggi, seit 1953). — Studi e ricerche; hrsg. vom Istituto di storia economica „Gino Luzzatto", Venedig. Bd. 1 ff. (1971 ff.).

2. Zeitschriften

Archivio Veneto, Bd. 1—40 (1870—1889). — Nuovo Archivio Veneto, Bd. 1—18 (1890—1900). — Nuovo Archivio Veneto, nuova serie (1901—1921). — Archivio Veneto—Tridentino, Bd. 1—10 (1922—1926). — Archivio Veneto (seit 1927). — Studi Veneziani (Bollettino dell' Istituto di Storia della Società e dello Stato Veneziano), Bd. I ff. (1959 ff.).

3. Quellen, Quellenkunde

Cronache Veneziane antichissime; hrsg. von G. Monticolo (1890 = Fonti per la storia d'Italia, 9). — Andrea Dandolo, Chronica per extensum descripta (46—1280); hrsg. v. E. Pastorello (1938/1952 = Muratori, Rerum Italicarum Scriptores, nova serie, XIII, 1). — Monumenta Germaniae Historica. Capitularia regum Francorum, Bd. II (1897) (darin: Pacta et praecepta Venetica 840—927, S. 129 bis 151). — R. Cessi, Pacta veneta. In: Archivio Veneto-Tridentino, Ser. V, Bd. 3, 1928, S. 118—184, Bd. 5, 1929, S. 1—77. — R. Cessi, Documenti relativi alla Storia di Venezia anteriori al mille. 2 Bde. (1939/1942). — Italia Pontificia; hrsg. von P. Kehr, Bd. VII, Teil 2: Venetia et Historia (1925). Dazu: P. Kehr, Rom und Venedig bis ins XII. Jahrhundert. In: Quellen und Forschungen aus italienischen Archiven und Bibliotheken, Bd. XIX 1927, S. 1—180. — W. Heinemeyer, Die Verträge zwischen dem oströmischen Reiche und den italienischen Städten Genua, Pisa und Venedig vom 10.—12. Jh. In: Archiv f. Diplomatik, Bd. 3, 1957, S. 79—161. — P. Lamma, Venezia nel giudizio delle fonti bizantine dal X al XII secolo. In: Rivista storica italiana 74, 1962, S. 457—479. — G. L. Tafel—G. M. Thomas, Urkunden zur ältern Handels- und Staatsgeschichte der Republik Venedig 814—1299. 2 Bde. (1856—1857; Abdruck der Quellen z. T. nicht fehlerfrei). — H. Simonsfeld, Der Fondaco dei Tedeschi in Venedig und die deutsch-venetianischen Handelsbeziehungen. 2 Bde. (1887; vorwiegend Urkundenpublikation). — Monumenti storici; hrsg. von der (R) Deputazione di storia patria Veneta (bzw. per le Venezie) (erscheinen in 4 Reihen: Documenti, Statuti, Chronache e Diari, Miscellanea). — E. A. Cicogna, Delle iscrizioni Veneziane. 6 Bde. (1824 bis 1852). — I Diarii di Girolamo Priuli (1494—1512); hrsg. von A Segre. Bd. 1 (1912—1921), 2 (1933—37), 4 (1938—41) (= Muratori, Rerum Italicarum Scriptores, editio altera, Bd. XXIV, 3). — Marino Sanuto, I diarii. 58 Bde., hrsg. von R. Fulin, N. Barozzi, G. Berchet, M. Allegri (1879—1903). — Deliberazioni del Maggior Consiglio di Venezia; hrsg. von R. Cessi. 3 Bde. (1931—1950). — Fonti per la storia di Venezia (Sezione I. Archivi publici, Sezione IV. Archivi privati), 1955 ff. (zahlreiche wichtige Quellen, z. B. die Rekonstruktion des Archivs der Quarantia von A. Lombardo, die Deliberazioni miste dei Dieci u. a. m.). — Relazioni degli ambasciatori veneti al Senato durante il secolo XVI; hrsg. von E. Albèri. 15 Bde. in

3 Serien (1839 ff.). — Relazioni degli stati europei lette al Senato degli ambasciatori Veneti nel secolo XVI; hrsg. von N. Barozzi und G. Berchet. 10 Bde. (1856—1878). — Relazioni degli ambasciatori veneti; hrsg. von A. Segarizzi. (1912—1916 = Scrittori d'Italia, Bde. 35, 49, 79, 80). — Relationen venezianischer Botschafter über Deutschland und Österreich im 16. Jh.; hrsg. von J. Fiedler (1870). — Die Relationen der Botschafter Venedigs über Deutschland und Österreich im 17. Jh.; hrsg. von J. Fiedler. 2 Bde. (1866—1867). — Die Relationen der Botschafter Venedigs über Deutschland und Österreich im 18. Jh.; hrsg. von A. v. Arneth (1863) ff.). — F. Thiriet, Régestes des délibérations du Sénat de Venise concernant la Romanie. 3 Bde. (1958—1961, umfaßt die Zeit von 1329—1463). — La storiografia veneziana fino allo secolo XVI. Aspetti e problemi (1970; wichtige Beiträge verschiedener Autoren).

4. *Einige Arbeiten über Spezialfragen*

D. Beltrami, Storia della popolazione di Venezia dalla fine del secolo XVI alla caduta della republica (1954). — J. Beloch, Bevölkerungsgeschichte Italiens. Bd. 3; hrsg. von L. Pareti und W. Hagemann (1961; Kap. VII: Die Republik Venedig; vgl. aber die anderen Zahlen bei Beltrami). — M. Uhlirz, Die staatsrechtliche Stellung Venedigs zur Zeit Kaiser Ottos III. In: Zeitschrift f. Rechtsgeschichte, Germanist. Abt., Bd. 76 1959, S. 82—110. — P. Kehr, Kaiser Friedrich I. und Venedig während des Schismas. In: Quellen und Forschungen aus italienischen Archiven und Bibliotheken, Bd. XVII, 1914/24, S. 230 bis 249. — M. Hellmann, Kaiser Heinrich VII. und Venedig. In: Historisches Jahrbuch 76 1957, S. 15—33. — A. Pertusi, Quaedam regalia insignia. In: Studi Veneziani VII (1965), S. 3—123. — R. Cessi, Venezia e Gregorio VII. In: Studi Gregoriani I 1947, S. 491 bis 500. — G. Maranini, La costituzione di Venezia (dalle origini alla Serrata del Maggior Consiglio). 2 Bde. (1932). — M. Merores, Der venezianische Adel (Ein Beitrag zur Sozialgeschichte). In: Vierteljahrsschrift f. Sozial- und Wirtschaftsgeschichte, Bd. XIX 1926, S. 193 bis 237. — G. Cracco, Società e Stato nel Medioevo Veneziano (secoli XII—XIV) (1967 = Civiltà Veneziana, Studi 22). — A. Ventura, Nobiltà e popolo nella società veneta del '400 e '500 (1964). — V. Lazzarini, Marino Faliero. Avanti il Dogado — La Congiura.

(1963). — Umanesimo europeo e Umanesimo veneziano; hrsg. von V. Branca. (1964). — H. Hackert, Die Staatsschrift Gasparo Contarinis und die politischen Verhältnisse Venedigs im sechzehnten Jahrhundert (1940 = Heidelberger Abhandlungen zur mittleren und neueren Geschichte, 69). — P. Gothein, Francesco Barbaro. Frühhumanismus und Staatskunst in Venedig (1932). — W. Andreas, Staatskunst und Diplomatie der Venezianer im Spiegel ihrer Gesandtenberichte (1943). — G. Cozzi, Il doge Nicolò Contarini. Ricerche sul patriziato veneziano agli inizi del Seicento (1958 = Civiltà veneziana, Studi 4). — J. C. Davis, The Decline of the Venetian Nobility as a Ruling Class (1962). — G. Luzzatto, Storia economica di Venezia dall' XI al XVI secolo (1961). — M. Merores, Die venezianischen Salinen der älteren Zeit in ihrer wirtschaftlichen und sozialen Bedeutung. In: Vierteljahrsschrift f. Sozial- und Wirtschaftsgeschichte, Bd. XIII (1916), S. 71—107. — C. Bauer, Venezianische Salzhandelspolitik bis zum Ende des 14. Jhs. — Ebenda, Bd. XXIII (1930), S. 273—323. — M. Merores, Die ältesten venetianischen Staatsanleihen und ihre Entstehung. Ebenda, Bd. XV (1918), S. 381—398. — Ch. Verlinden, Le recrutement des esclaves à Venise au XIVe e XVe siècles. In: Bulletin de l'Institut historique belge de Rome 39 (1968), S. 83—202. — Studi in onore di G. Luzzatto (1950; enthält wichtige Aufsätze zur venezianischen Handels- und Wirtschaftsgeschichte von V. Lazzarini, Frederic C. Lane, L. Soranzo u. a.). — R. Cessi, Politica ed economia di Venezia nel Trecento. (1952; Aufsätze zur Wirtschafts-, Handels- und Finanzgeschichte). — H. Schmidinger, Patriarch und Landesherr. Die weltliche Herrschaft der Patriarchen von Aquileja bis zum Ende der Staufer (1954). — A. Cerile, Partitio terrarum imperii Romaniae. In: Studi Veneziane VII 1965, S. 125—305. — S. Borsari, Studi sulle colonie veneziane in Romania nel XIII secolo (1966). — F. Thiriet, La Romanie vénitienne au moyen âge. Le développement et l'exploitation du domaine colonial venetien (XIIe—XVe siècles) (1959). — Venise au temps des galères (1968). — M. Novak, Autonomija dalmatinskih komuna pod Venecijam (1965). — M. Aymard, Venise, Raguse et le commerce du blé pendant la seconde moitié du 16e siècle (1966). — Venezia e l'Oriente fra tardo Medioevo e Rinascimento; hrsg. von A. Pertusi (1966). — D. J. Geneakoplos, Greek Scholars in Venice. Studies in the Dissemination of Greek Learning from Byzantium to Western Europe (1962). — G. Fedalto, Ricerche storiche sulla posizione giuridica ed ecclesiastica dei Greci a Venezia nei secoli XV—XVI

(1967 = Civiltà veneziana, Saggi 17). — G. Valentini, Appunti sul regime degli stabilimenti veneti in Albania nel secolo XIV e XV. In: Studi Veneziani VIII 1966, S. 195—266. — Aspetti e cause della decadenza economica veneziana nel secolo XVII (Atti del convegno 1957. 1961 = Civiltà veneziana, Studi, 9). — F. Chabod, La politica di Paolo Sarpi. In: Scritti sul Rinascimento 1967, S. 459 bis 588. — A. Stella, Dall'Anabattismo al Socinianesimo nel Cinquecento Veneto (1967). — A. Tenenti, Venezia e i corsari 1580—1615 (1961). — D. Sella, Commerci e industrie a Venezia nel secolo XVII (1961). — B. Caizzi, Industria e commercio della Republica Veneta nel XVIII secolo (1965). — D. Beltrami, La penetrazione economica dei Veneziani in Terraferma. Forze di lavoro e proprietà fondiaria nelle campagne venete nei secoli XVII e XVIII (1961). — M. Berengo, L'agricoltura veneta dalla caduta della Republica all'Unità (1963). — G. Dumas, La fin de la République de Venise. Aspects et reflets litéraires (1964). — M. Berengo, La società veneta alla fine del Settecento (1962). — G. Tabacco, Andrea Tron (1712—1785) e la crisi dell'aristocrazia senatoria a Venezia (1957). — G. Torcellan, Una figura della Veneta settecentesca. Andrea Memmo. Ricerche sulla crisi dell'aristocrazia veneziana (1963 = Civiltà veneziana, Saggi 13). — V. E. Giuntella, L'Italia nell' età napoleonica. In: Storia d'Italia; hrsg. von N. Valeri, Bd. III[2] (1965). — Venezia nell'unità d'Italia (1962). — Civiltà veneziana nell'Età romantica (1962). — P. M. Molmenti, La storia di Venezia nella vita privata dalle origini alla caduta della Republica. 3 Bde. (Reprint der 7. Aufl. 1973). — O. Demus, The Church of San Marco in Venice. History, Architecture, Sculpture (1960 = Dumbarton Oaks Studies, VI). Venezia e Bisanzio; hrsg. von S. Bettini (Catalogo della mostra 1974; reiche Literaturangaben; in der gleichen Reihe der « Catalogues raisonnés » sind Arbeiten über fast alle bedeutenden Künstler Venedigs — Guariento, Giorgione, Tintoretto, Paolo Veronese, Sebastiano Ricci, G. Diziani, die Guardi, P. Longhi, Giandomenico Tiepolo u. a. m. — und über einzelne Kunstarten — die gotische Plastik, die Plastik des 16. u. 18. Jh., die venezianischen Miniaturen der Renaissance u. a. m. — erschienen, auf die hier nur summarisch verwiesen werden kann). E. Arslan, Das gotische Venedig. Seine Profanbauten im 13.—16. Jahrhundert (1971). — Storia della pittura veneziana (verschiedene Bände, 1960 ff.). — Th. Hetzer, Tizian. Geschichte seiner Farbe (1935; hier nur genannt, weil besonders wichtig für die Farbgebung der venezianischen Malerei). — A. Rizzi, L'opera grafica dei Tiepoli (1970). — G. Buganti, I vedutisti (1969). — Von den zahllosen Reiseführern seien nur zwei, weil zuverlässig und praktisch, genannt: H. Honour, Venedig. Ein Führer (1966). — E. Horst, Venedig. Die Stadt im Meer. Ein Reiseführer (1967).

KARTEN

Karte 1: Stadtplan von Venedig 1796
(Entwurf: Walter Hellmann, nach: Nuova pianta iconografica dell'Inclita Città di Venezia. In Venezia 1796, Presso Teodoro Viero)

I. Kirchen

1. S. Marco
2. S. Pietro di Castello
3. S. Zaccaria
4. S. Giacomo dell'Orio
5. S. Eufemia alla Giudecca
6. S. Polo
7. Santi Giovanni e Paolo (San Zanipolo)
8. S. Barnabà
9. Santa Maria del Carmelo
10. Santa Maria Gloriosa dei Frari
11. Santa Madonna dell'Orto
12. S. Trovaso
13. S. Giobbe
14. Santa Maria della Carità (Accademia)
15. Santa Maria Formosa
16. Santa Maria dei Miracoli
17. S. Rocco
18. S. Stefano
19. Il Redentore
20. S. Fantin
21. S. Francesco della Vigna
22. S. Giorgio dei Greci
23. S. Giorgio Maggiore
24. Santa Maria della Presentazione (le Zitelle)
25. Santa Maria de Nazareth (Gli Scalzi)
26. Santa Maria della Salute
27. S. Moisè
28. S. Bartolomeo
29. S. Geremia
30. Santa Maria Assunta (Gesuiti)
31. S. Simeone Piccolo
32. San Stae (S. Eustacchio)

II. Öffentliche Gebäude

33. Dogenpalast
34. Procuratien (und S. Geminiano, 1810 abgerissen)
35. Marciana
36. Zecca
37. Rialto-Brücke
38. Fondaco dei Tedeschi
39. Fondaco dei Turchi
40. Arsenal
41. Palazzo dei Camerlenghi
42. Ghetto
43. Dogana
44. Teatro La Fenice
45. Teatro S. Benedetto
46. Scuola di S. Giovanni Evangelista
47. Scuola di S. Marco

III. Paläste

48. Ca' D'Oro
49. Ca' Rezzonico
50. Palazzo Grimani
51. Palazzo Dandolo (Albergo Danieli)

Die Grenzen der Stadtsechstel (sestieri) sind stärker umrandet. Die Inseln S. Giorgio Maggiore und Giudecca zählten nicht zum engeren Stadtgebiet.

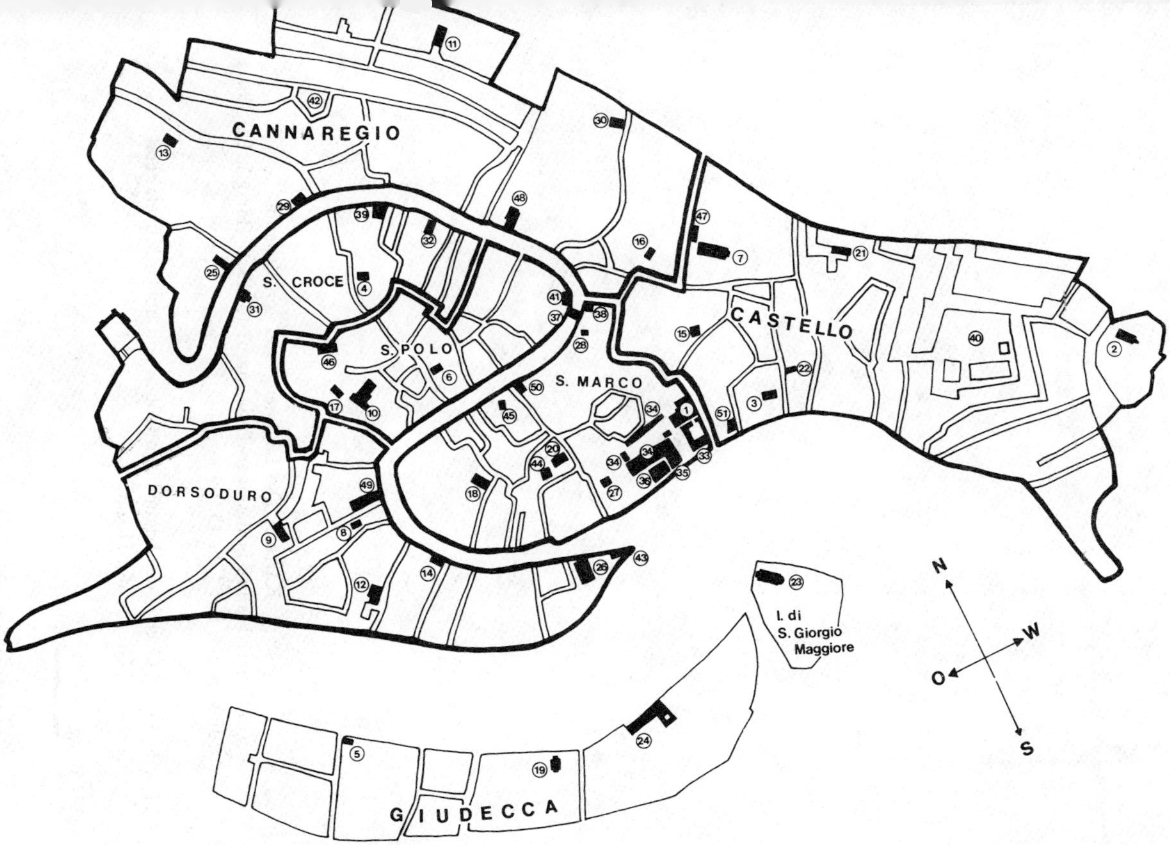
CANNAREGIO
S. CROCE
S. POLO
S. MARCO
CASTELLO
DORSODURO
GIUDECCA
I. di
S. Giorgio
Maggiore
N
W
O
S

Karte 2: Das Lagunengebiet von Venedig
(Entwurf: Hanna Schlesinger-Tode, nach: R. Cessi (Hrsg.), La Storia di Venezia, Bd. I, S. 132)

--- Grenze der Lagunen im frühen und hohen Mittelalter
-ı—ı- Grenze des Dogats

0 —— 5 km

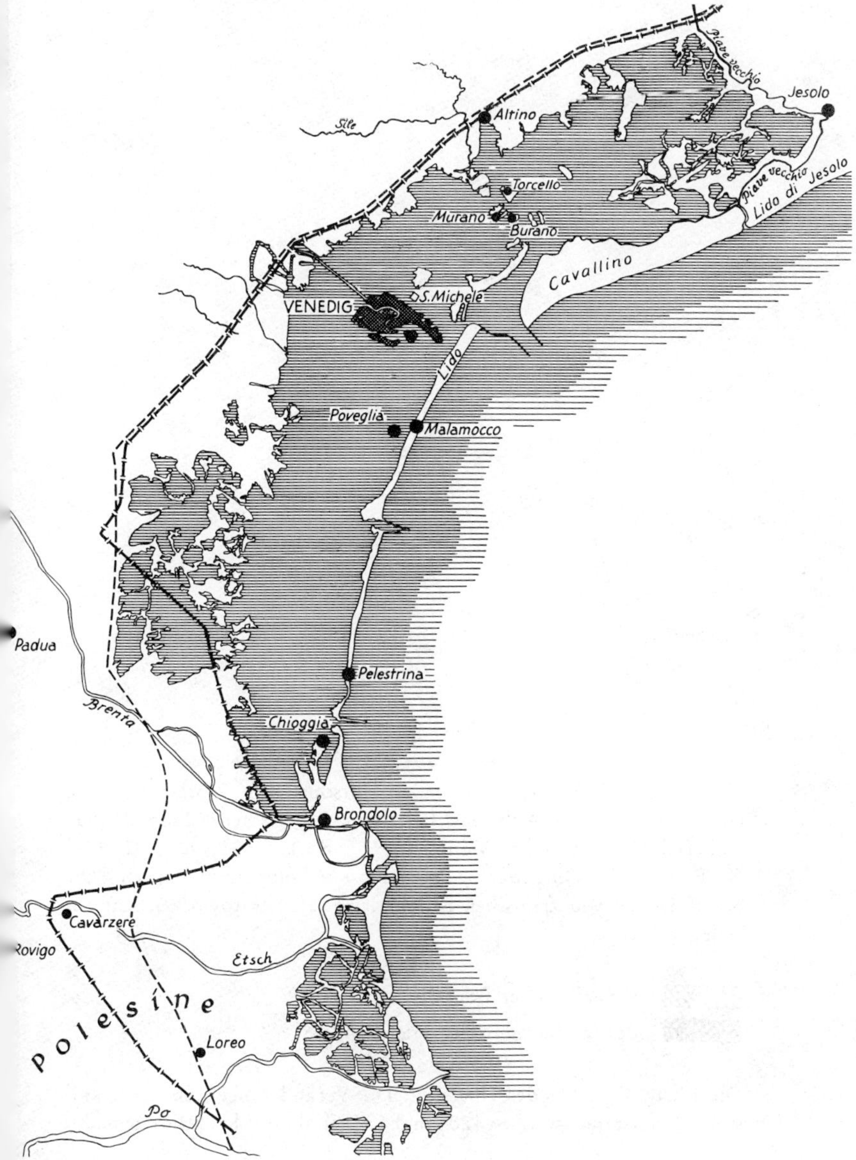
Piave vecchio
Jesolo
Altino
Sile
Torcello
Murano
Burano
Piave vecchio
Lido di Jesolo
Cavallino
VENEDIG
S. Michele
Lido
Poveglia
Malamocco
Padua
Pelestrina
Brenta
Chioggia
Brondolo
Cavarzere
Rovigo
Etsch
Polesine
Loreo
Po

Karte 3: Das venezianische Kolonialreich

(Entwurf: Walter Hellmann, nach verschiedenen Vorlagen, u. a. Großer Historischer Weltatlas, hrsg. vom Bayerischen Schulbuch-Verlag, Teil II, Mittelalter, München 1970, Karten 85 c, 90 b, 92, 120; N. P. Sokolov, Obrazovanie Venecianskoj kolonialnoj imperii [Die Schaffung des venezianischen Kolonialreiches], Saratov 1963, Kartenbeilagen 1, 2)

Venezianischer Besitz

Besitz venezianischer Adelsfamilien

Die Karte dient nur der Übersicht. Die Veränderungen im venezianischen Besitzstand zwischen 1204 und 1573 sind nicht kenntlich gemacht.

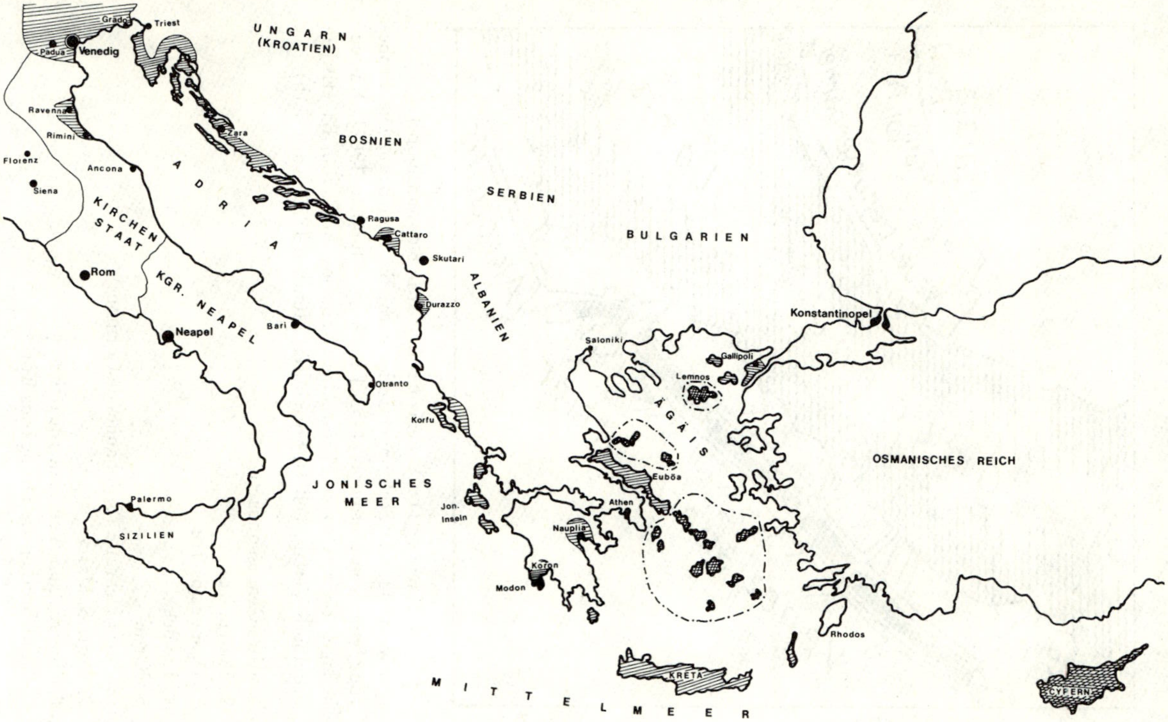
UNGARN
(KROATIEN)
BOSNIEN
SERBIEN
BULGARIEN
ALBANIEN
OSMANISCHES REICH
Grado
Triest
Padua
Venedig
Ravenna
Rimini
Florenz
Siena
Ancona
Zara
ADRIA
KIRCHEN
STAAT
Rom
KGR. NEAPEL
Neapel
Bari
Otranto
Ragusa
Cattaro
Skutari
Durazzo
Korfu
JONISCHES
MEER
Jon.
Inseln
Palermo
SIZILIEN
Saloniki
Gallipoli
Lemnos
Konstantinopel
ÄGÄIS
Euböa
Athen
Nauplia
Koron
Modon
Rhodos
KRETA
CYPERN
MITTELMEER

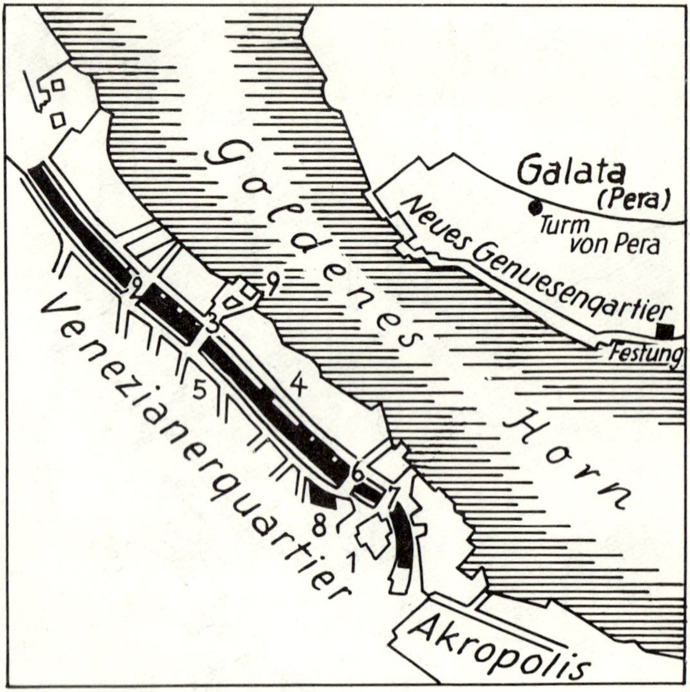

Karte 4: Das Venezianerquartier in Konstantinopel
(Entwurf: Hanna Schlesinger,Tode, nach: St. Runciman, Die Eroberung von Konstantinopel 1453 [dt. Ausg. München 1967], Kartenbeilage, sowie: Großer Historischer Weltatlas, hrsg. vom Bayerischen Schulbuch-Verlag, Teil II, Mittelalter, München 1970, Karte 70 b)

1. Altes Genuesenquartier
2. Plateia-Tor
3. Drungarios-Tor
4. Landekais
5. Kirche
6. Porta Hebraica (S. Johannes de Cornibus)
7. Porta S. Marci
8. Eingang zum Venezianerquartier
9. Landebrücken am Drungarios-Tor